歴代総理のガイドブック

覚えておきたい 総理の顔100

本間康司

政治家は心にもないことを
口にするのが常なので、
それを真に受ける人がいると
ビックリする。

第五共和政　初代フランス大統領
シャルル＝ド＝ゴール

もくじ

令和3年〜平成元年

お断り　本書では敬称を省略し、人名表記も常用・人名漢字に従いました。また「内閣の顔ぶれ」は内閣発足当時の顔ぶれです。

2

覚えておきたい総理の顔100

政府はけっして学ばない。
学ぶのは国民だけだ。

ノーベル経済学賞受賞者
ミルトン＝フリードマン

第100代 きしだふみお 岸田文雄

【在任期間】2021 年 10 月 4 日～

大切な国民の皆さんの
さまざまな声を、
この小さなノートに
書き続けてきました。

2021 年 8 月、自民
党総裁選出馬表明。
「岸田ノート」を手に記
者会見で。

就任時の年齢・64 歳

●生年月日
1957 年 7 月 29 日～

●出生地
東京都渋谷区

●出身校
早稲田大学法学部

●選挙区
衆議院広島 1 区

●党派
自由民主党

●初当選
1993 年第 40 回
衆議院議員総選挙

●血液型
AB 型

●座右の銘
春風接人

●ニックネーム
キッシー

●趣味
スポーツ観戦　囲碁
フィジカルトレーニング

●特技
人の話をしっかり聞くこと

●好きな食べ物
お好み焼き　カキ　納豆

6

岸田文雄 の横顔

◆ 酒豪

酒豪で知られ、他国の外相と飲み比べしたこともあったという。

乱れることはほとんどないが、30、40代を振り返ると年に1回は記憶がなくなるまで飲んでいたらしい。

♥ 広島カープファン

物心ついたときから広島カープの大ファン。小学生時代は東京で暮らしていたが、当時はスポーツ用品店に行ってもカープの帽子が売っていなかった。そこで、何も印がない帽子を買ってきて、当時の広島カープのマーク「H」のフェルトを貼り付けて帽子を作っていたという。

1975年、後楽園球場で広島カープ初優勝を決めた瞬間は、現地で観戦していた。

♠ 岸田ノート&岸田ボックス

2021年8月、自民党総裁選に出馬表明。記者会見で「今の自民党には国民の声が届いていない」と訴え、小さなノートを取り出し、「大切な国民の皆さんのさまざまな声を、この小さなノートに書き続けてきました。」と発言、「岸田ノート」と呼ばれ話題に。

その後、SNSで寄せられた質問を「#岸田BOX」からランダムに選び、一問一答の形式で答えていくインスタライブを行い、親しみやすさをアピールして注目を浴びた。

♣ 「島耕作」シリーズ

弘兼憲史氏の漫画「島耕作」シリーズを愛読している。2021年2月に、作中で主人公の島耕作が新型コロナウイルスに感染した際、「ぜひ、島耕作さんにおかれましても戦後最大の国難を乗り越えていくその戦いにおいて、しっかりとその一員としてがんばっていただければと思います」と、激励して話題となった。

岸田文雄内閣の顔ぶれ

岸田文雄内閣成立　令和3年10月4日

内閣総理大臣	岸田文雄
総務大臣	金子恭之
法務大臣	古川禎久
外務大臣	茂木敏充
財務大臣　内閣府特命担当大臣（金融）デフレ脱却担当	鈴木俊一
文部科学大臣　教育再生担当	末松信介
厚生労働大臣	後藤茂之
農林水産大臣	金子原二郎
経済産業大臣　内閣府特命担当大臣（原子力損害賠償・廃炉等支援機構）	萩生田光一
国土交通大臣　水循環政策担当	斉藤鉄夫
環境大臣　内閣府特命担当大臣（原子力防災）	山口壯
防衛大臣	岸信夫
内閣官房長官　沖縄基地負担軽減担当拉致問題担当	松野博一
デジタル大臣　行政改革担当内閣府特命担当大臣（規制改革）	牧島かれん
復興大臣　内閣府特命担当大臣（沖縄及び北方対策）	西銘恒三郎
国家公安委員会委員長　内閣府特命担当大臣（防災　海洋政策）	二之湯智
内閣府特命担当大臣（地方創生　少子化対策　男女共同参画）	野田聖子
内閣府特命担当大臣（経済財政政策）	山際大志郎
内閣府特命担当大臣（科学技術政策　宇宙政策）	小林鷹之
東京オリンピック競技大会・東京パラリンピック競技大会担当大臣ほか	堀内詔子
内閣府特命担当大臣（消費者及び食品安全　クールジャパン戦略　知的財産戦略）	若宮健嗣

菅義偉
すがよしひで

【在任期間】2020 年 9 月 16 日〜 2021 年 10 月 4 日

就任時の年齢・71 歳

●**生年月日**
1948 年 12 月 6 日〜

皆さんこんにちはガースーです。

2020 年 12 月、インターネット番組に出演し、冒頭で自らの愛称（ガースー）を交えて挨拶、親しみやすさをアピールして。

令和おじさん

●**出生地**
秋田県雄勝郡秋ノ宮村
（後の雄勝町、現湯沢市）

●**出身校**
法政大学法学部第一部
政治学科卒業

●**選挙区**
衆議院神奈川 2 区

●**所属政党**
自由民主党

●**初当選**
1996 年
第 41 回衆議院議員総選挙

●**血液型**
O 型

●**座右の銘**
意志あれば道あり

●**ニックネーム**
令和おじさん
ガースー（菅の逆読み）

●**趣味**
渓流釣り，ウォーキング

菅政権のころの出来事

西暦	年号	首相	重要事項
2016	平成28	安倍晋三	1 日本銀行がマイナス金利政策を導入することを決定
			3 東日本大震災から5年
			民主党と維新の党が合流し、「民進党」が発足
			4 熊本で震度7の地震
			7 新東京都知事に小池百合子氏。相模原障害者施設殺傷事件
			8 天皇陛下、退位の意向示唆
			リオデジャネイロオリンピック開催
			10 大隅良典氏がノーベル医学生理学賞受賞。
			11 米大統領選でトランプ氏勝利
			12 もんじゅ廃炉決定
2017	29		5 沖縄復帰45年
			6 「共謀罪」法成立。イギリス総選挙、保守党敗北
			7 都議選、自民最低23議席、小池氏系過半数の79議席。
			香港民主派が大規模デモ、中国の圧力に反発―返還20年
			8 第3次安倍第3次改造内閣が発足。
			9 日米韓首脳会談
			11 第4次安倍内閣が発足
2018	30		1 築地市場最後の初競り
			3 森友学園をめぐる財務省決裁文書改ざん。
			4 イラク派遣の日報存在
			6 長崎・天草地方の『潜伏キリシタン』世界遺産に
			10 本庶佑氏がノーベル医学生理学賞受賞
			12 政府、IWC脱退を発表
2019	令和元		2 沖縄県民投票、移設反対7割超
			4 新元号は「令和」。強制不妊救済法成立。
			7 ジョンソン英首相が就任
			9 第4次再改造内閣が発足。ラグビーW杯開幕
			10 天皇陛下、即位を宣言。吉野彰氏がノーベル化学賞受賞。
			11 ベルリンの壁崩壊30年
2020	2		1 イギリスがEU離脱。中国・武漢で新型肺炎発生。
			3 東京五輪、来年7月23日開幕に延期
			4 政府が布マスク配布。補正予算案が成立国民に一律10万円
			5 黒人暴行死、デモ全米に拡大
			7 都知事選小池百合子氏が圧勝。
			「Go To トラベル」キャンペーン開始、東京は除外
		菅義偉	9 第4次安倍内閣総辞職に伴い、菅義偉内閣発足
			11 大阪都構想、住民投票で反対多数、大阪市は存続
			12 米大統領、バイデン氏確定。GoTo、28日全国停止
			「桜」夕食会で安倍前首相を不起訴・東京地検
2021	3		1 新型コロナで1都3県に緊急事態宣言。
			アメリカ、トランプ氏支持者が米議会乱入
			2 ミャンマーでクーデター、国軍が全権掌握

菅義偉 の横顔

◆ たたき上げの苦労人

秋田県のいちご農家に長男として生まれる。高校卒業後、集団就職で上京し、段ボール会社で働きながら学費を貯めて法政大学に。その後、横浜市議を経て国会議員になった。

♥ 運動

朝晩の腹筋100回と毎朝の散歩。散歩の時もスーツ姿。その理由は、何かあったらすぐに官邸にいかなくてはならないから。

♠ 好きな食べ物

大の甘党で知られ、とくにパンケーキが好物。お酒はまったく飲めない。

早く済ませられるという理由で、昼飯は蕎麦を好んで食べる。つゆに蕎麦をつけて食べるのではなく、蕎麦につゆをぶっかけて食べ、3分くらいで食べ終える。

♣ 菅ブルー

愛用する青系のスーツのことを「菅ブルー」と呼ばれた。
ネクタイも青か紫を多く使用している。

◆ 総裁選出馬後に人気?

安倍退陣後に総裁選に出馬した菅義偉、石破茂、岸田文雄。次の首相・自民党総裁に誰がふさわしいかという朝日新聞が行った世論調査では、6月時点で3人を比べると石破31%、岸田4%、菅3%だったが、9月に菅が出馬した後、菅38%、石破25%、岸田5%という結果に。

菅義偉内閣の顔ぶれ

菅義偉内閣成立　令和2年9月16日

内閣総理大臣　　**菅 義偉**
内閣法第九条の第一順位指定大臣（副総理）
財務大臣　内閣府特命担当大臣（金融）
デフレ脱却担当　　**麻生太郎**
総務大臣　　**武田良太**
法務大臣　　**上川陽子**
外務大臣　　**茂木敏充**
文部科学大臣　教育再生担当　**萩生田光一**
厚生労働大臣　働き方改革担当　**田村憲久**
農林水産大臣　　**野上浩太郎**
経済産業大臣　産業競争力担当
ロシア経済分野協力担当　原子力経済被害担当
内閣府特命担当大臣（原子力損害賠償・廃炉等支援機構）
　　梶山弘志
国土交通大臣　水循環政策担当　**赤羽一嘉**
環境大臣　内閣府特命担当大臣（原子力防災）
　　小泉進次郎
防衛大臣　　**岸 信夫**
内閣官房長官　沖縄基地負担軽減担当
拉致問題担当　　**加藤勝信**
デジタル大臣　内閣府特命担当大臣（個人情報保護委員会）
　　平井卓也

復興大臣　福島原発事故再生総括担当
　　平沢勝栄
国家公安委員会委員長　国土強靱化担当
領土問題担当　内閣府特命担当大臣（防災　海洋政策）
　　小此木八郎
　　→令3.6.25 ─**棚橋泰文**
行政改革担当　国家公務員制度担当
内閣府特命担当大臣（沖縄及び北方対策　規制改革）
　　河野太郎
一億総活躍担当　まち・ひと・しごと創生担当
内閣府特命担当大臣（少子化対策　地方創生）
　　坂本哲志
経済再生担当　全世代型社会保障改革担当
内閣府特命担当大臣（経済財政政策）
　　西村康稔
国際博覧会担当　内閣府特命担当大臣（消費者及び食品安全　クールジャパン戦略　知的財産戦略　科学技術政策　宇宙政策）
　　井上信治
東京オリンピック競技大会・東京パラリンピック競技大会担当
女性活躍担当　内閣府特命担当大臣（男女共同参画）
　　橋本聖子
　　→令3.2.18 ─**丸川珠代**

菅政権・印象に残った顔

二階俊博
（1939 ～）

1983年衆議院選挙に自民党から初当選。1993年、小沢一郎らと共に自民党を離党。新生党や自由党で行動をともにした後、自民党に復党。小渕内閣、森内閣で運輸大臣、北海道開発庁長官、福田内閣、麻生内閣、小泉内閣で経済産業大臣。幅広い人脈で知られ、自らの議員外交で中国や韓国などに太い人脈を築き上げ、安倍内閣時では自民党総裁3選の後ろ盾としても知られた。2020年9月、田中角栄の持つ自民党幹事長在任日数の最長記録を更新。

菅義偉 語録集

「国民のためになる、国民のために働く内閣をつくります」

　　　　—首相就任会見で（2020・9・16）

「『全集中の呼吸』で答弁させていただきます」

—衆院予算委員会で、社会現象となった人気アニメ「鬼滅の刃」に便乗、鬼退治に臨む際などに使用している呼吸法の名前を引用して。（2020・11・2）

「他の方の距離は十分にあったが、国民の誤解を招くという意味においては真摯に反省している」

—ステーキ店で二階自民党幹事長らと大人数で会食したことについて記者団に。（2020・12・16）

「夏の東京オリンピック、パラリンピックは人類が新型コロナウィルスに打ち勝った証として、また東日本大震災からの復興を世界に発信する機会としたい」

—総理大臣就任後、初めての施政方針演説で（2021・1・18）

「失礼じゃないでしょうか。私は昨年9月に総理に就任してから一日も早い安心を取り戻したい。その思いで全力で取り組んできた」

—参院予算委員会で、立憲民主党の蓮舫氏が「もう少し言葉ありませんか。そんな答弁だから言葉が伝わらない。そんなメッセージだから国民に危機感が伝わらないんですよ。あなたは総理としての自覚や責任感を言葉で伝えようとする、そういう思いはあるんですか。と、強く非難したことに対して。（2021・1・27）

「確認してません。私と長男とは完全に別人格だ。長男にもプライバシーがある」

—放送事業会社「東北新社」に勤める長男が、放送行政などを所管する総務省幹部に個人接待をしていたとする内容の記事を週刊文春が報じたことについて。（2021・2・4）

「国民の命と安全を守るのは私の責務。そうでなければできないと申し上げているじゃないですか」

—野党4党代表による党首討論で、共産党の志位委員長から「国民に長期間の我慢を強いながら、そうまでして東京オリンピック・パラリンピックを開催しなければいけない理由を」と、追及され。（2021・6・9）

「先手先手で予防的措置を講ずることとし、東京都に緊急事態宣言を今ひとたび発出する判断をした」

　　　—4度目の緊急事態宣言の記者会見で。（2021・7・8）

「安心・安全な大会を実現するのが政府の責務だ」

—東京五輪の無観客開催が決まったことを受けて。（2021・7・19）

「やめることは一番簡単なこと、楽なことだ。挑戦するのが政府の役割だ」

—東京五輪について米紙インタビューで。（2021・7・21）

「コロナ対策と総裁選の選挙活動は莫大なエネルギーが必要で、両立はできない。感染拡大を防止するために専念したい」

—自民党総裁選に立候補しない考えを記者団に。（2021・9・3）

神奈川

11

<ruby>小<rt>こ</rt></ruby><ruby>池<rt>いけ</rt></ruby><ruby>百<rt>ゆ</rt></ruby><ruby>合<rt>り</rt></ruby><ruby>子<rt>こ</rt></ruby>

【在任期間】1992 年 7 月 26 日〜2016 年 7 月 14 日

第 20・21 代 東京都知事 2016 年 8 月 2 日〜

密です！

NO!! 3密

3つの 密 を避けて行動を

1 換気の悪い 密 閉空間
2 多くの人の 密 集する場所
3 近距離での 密 接した会話

2020 年 4 月 9 日、小池百合子東京都知事が、新型コロナウイルス感染拡大防止のため発した言葉。コロナ関係のコメントに殺到する報道陣に「密です」と連呼する姿が報じられ、ネット上で話題に。

●生年月日
1952 年 7 月 15 日〜

●出生地
兵庫県芦屋市

●出身校
カイロ大学文学部卒

●選挙区
旧兵庫 2 区→兵庫 6 区→比例
近畿ブロック→東京 10 区→比
例東京ブロック→東京 10 区

●所属政党
日本新党→新進党→自由党→
保守党→保守クラブ→自民党
→都民ファーストの会→希望の
党／都民ファーストの会→都民
ファーストの会

●初当選
1992 年 7 月、第 16 回参
議院選挙に日本新党から比例
区 2 位で出馬し、初当選。
翌 1993 年、第 40 回衆議
院選挙に鞍替え立候補し、旧
兵庫 2 区から出馬し、当選。
東京都知事、都民ファースト
の会代表、希望の党代表など
を歴任

●血液型
A 型

●座右の銘
そなえよつねに

●趣味
テニス、ゴルフ、アラビア文
学書道

小池百合子
の横顔

◆ 小宮悦子アナウンサーとそっくり?!

政治家になる前は、語学力、トーク力を武器にテレビ東京「ワールドビジネスサテライト」の初代キャスターを務めるなど、ニュースキャスターとして活躍。当時、テレビ朝日の「ニュースステーション」で活躍した小宮悦子アナウンサーと似ていると言われ、小宮悦子アナは選挙の時に取材先で「小池さん、がんばって」と声をかけられ、小池百合子候補は逆に「小宮さん、がんばって」と何度も言われた。

♥ カタカナ語

2016年、女性初の東京都知事に就任。記者会見などで「アウフヘーベン(止揚)」「改革マインド」「オーバーシュート」「東京アラート」「ウィズ・コロナ」など、数々のカタカナ語を連発して話題に。

♣ 愛犬「そうちゃん」

生まれてすぐから一緒に暮らしていた愛犬、ヨークシャテリア(メス)のそうちゃん。名前の由来は「総理大臣」の「そう」からといわれているが真相は不明。毎朝愛犬に「行ってきます」と言って仕事に出かけて行くほど溺愛していた。2021年に亡くなるまで、20年近く一緒に時を過ごし、よきパートナーであった。

◆ 好きな食べ物

ラーメンは週に1回は食べるほどの大好物。蕎麦、きつねうどんなど麺類。お好み焼き。

♣ 苦手

子供の頃からヘビが嫌い

♠ カラオケ

十八番は「涙そうそう」

◆ 先が読める抜群の能力

政界進出後は、政治家として抜群の能力を発揮。細川護熙が結成した日本新党から参議院選挙に出馬し初当選すると、その後、小沢一郎、小泉純一郎と時の権力者の近くで活躍、環境大臣時代には「クールビズ」という言葉を流行らせ、日本の文化を変えるなどして支持を集め、2016年、女性初の東京都知事の座を射止めた。

政治グループニックネーム

麻垣康三(あさがきこうぞう)

2006年9月、ポスト小泉の首相候補として有力視された麻生太郎、谷垣貞一、福田康夫、安倍晋三4氏の名前を1字ずつ取って組み合わせた総称。この後、4氏とも自民党総裁になったが、谷垣貞一は野党時代であったため、首相にはなれなかった。

3A(すりーえー)

安倍政権時代から盟友の安倍晋三、麻生太郎、甘利明3氏の名前の頭文字をとった通称。ちなみに「2F」は菅政権時代のキングメーカーと呼ばれた二階俊博のこと。テレビや新聞などで「3A対2F」などと使われた。

小石河連合(こいしかわれんごう)

2021年9月の自民党総裁選に立候補した河野太郎を石破茂、小泉進次郎が支持。知名度の高いこの3氏の名前の頭文字から「小石河連合」と呼ばれた。

第95代 野田佳彦

(のだよしひこ)

在職 482 日 【在任期間】2011 年 9 月 2 日～2012 年 12 月 26 日

就任時の年齢・54 歳

松下政経塾（松下電器産業『現・パナソニック』の創業者である松下幸之助によって設立された政治塾）から初の首相。

●生年月日

1957 年 5 月 20 日

●出生地

千葉県船橋市

●出身校

早稲田大学政経学部

●選挙区

衆議院（旧千葉県第 1 区）

→千葉県第 4 区

●党派

民進党

●血液型

B 型

●好きな食べ物

レバニラ炒め、ギョーザ

●所属政党

民主党→民進党

●初当選

1993 年第 40 回衆議院議員選挙。旧千葉 1 区に日本新党から出馬しトップ当選。

●趣味

格闘技観戦。プロレスラーの故・ジャンボ鶴田を敬愛している。

ノーサイドにしましょう、もう。

2011 年 8 月 29 日、民主党新代表を選出する両院議員総会、決選投票で、海江田万里を破り新代表就任の挨拶での言葉。

野田政権のころの出来事

西暦	年号	首相	重要事項
2011	23	菅直人	4 震災による福島第一原子力発電所の事故レベルが「レベル7」となる
			5 世界遺産に「小笠原」と「平泉」が登録される
		野田佳彦	9 菅首相の「退陣3条件」が整い、正式に退陣表明。民主党の代表選挙が行われ、野田佳彦が新代表に就任。野田政権が発足
			11 TPP（環太平洋経済連携協定）への参加を表明
			12 朝鮮民主主義人民共和国（北朝鮮）の金正日総書記が死去。三男の金正恩が最高指導者に
2012	24		2 東日本大震災からの復興施策を管轄する復興庁が発足
			3 自立式電波塔として世界一の高さとなる東京スカイツリー（634m）が完成
			東京電力の原子力発電17機がすべて稼働停止に
			8 社会保障と税の一体改革が成立
			9 日本政府、尖閣諸島の3島の所有権を買い上げ、国有化。原子力規制委員会が発足
			10 京大の山中伸弥教授がノーベル生理学・医学賞を受賞
		安倍晋三	12 衆院選で自民党が大勝。政権に復帰
2013	25		4 改正公職選挙法により、インターネット選挙運動が解禁
			6 富士山が世界文化遺産に登録決定
			7 参院選で自民、公明両党が過半数獲得、ねじれ解消
			9 2020年夏季オリンピック・パラリンピックの開催地が東京に決定
			10 2014年4月に消費税率を8％に引きあげることを決定
			11 アメリカのキャロライン・ケネディ駐日大使が着任
			12 特定秘密保護法の成立。猪瀬直樹東京都知事が辞職表明
2014	26		2 東京都知事に舛添要一が当選
			4 消費税率が8％に引きあげられる
			6 富岡製糸場と絹産業遺産群が世界文化遺産に登録決定
			7 集団的自衛権容認の憲法解釈変更を閣議決定
			8 およそ70年ぶりにデング熱の国内感染が広がる
			10 赤崎勇、天野浩、中村修二の3氏がノーベル物理学賞を受賞
			11 アベノミクスの継続や消費増税の先送りを争点に衆議院が解散
			12 衆院選で自公両党が大勝、第3次安倍内閣が発足
2015	27		1 2014年に日本を訪れた外国人が過去最多の1341万人となる
			3 2017年4月に消費税を10％に引きあげることを決定
			4 天皇、皇后両陛下が『慰霊の旅』でパラオをご訪問
			6 改正公職選挙法が成立、選挙権年齢を18歳に引き下げ
			7 アメリカとキューバが54年ぶりに国交回復
			9 安全保障関連二法が成立
			10 スポーツ庁、防衛装備庁発足。大村智、梶田隆章の両氏がそれぞれノーベル生理学・医学賞、物理学賞を受賞

千葉

野田佳彦
の横顔

◆ 好きな言葉
「どじょうがさ　金魚のまねすること
　ねんだよなぁ」(相田みつを)

♥ 性格
温厚。堅実、慎重でじっくり話すタイプ。
親分肌で「お酒の席で愚痴をじっくり聞いてくれ
る」と若手からの信頼は厚い。

♠ 好きな芸能人
モーニング娘。AKB48

♣ ニックネーム
「横綱」「ドスンパンチ」
小泉政権時代、どんな相手も重い一撃で追い
詰めることから。

◆ 駅前演説
「駅前留学は NOVA、駅前演説はノダ」と笑
わせるように、2010 年の入閣前まで24 年間、
地元の駅前などで街頭演説を毎日続け、巧み
な言葉遣いを身につけた。誰も注目してくれな
いので1 日13 時間同じ場所に立ち演説をした
ことも。

♣ 柔道 2 段
学生時代は柔道部。柔道の大会でロス五輪
金メダリストの山下泰裕に秒殺された相手に秒
殺されたというエピソードも。2011 年の民主
党代表選の演説で「政界に入ってからも寝技
は苦手」と語ったが、学生時代の友人によると
寝技で押さえ込んで着実に勝っていくタイプの
柔道だったという。

野田佳彦内閣の顔ぶれ

野田佳彦内閣成立　平成 23 年 9 月 2 日

内閣総理大臣　**野田佳彦** 内閣法第 9 条の第一順位指定大臣 (副総理) 行政改革担当　社会保障・税一体改革担当 内閣府特命担当大臣 (行政刷新)	環境大臣　原発事故の収束及び再発防止担当 内閣府特命担当大臣 (原子力行政) 　　　　　　　　　　　　　　**細野豪志**
岡田克也	防衛大臣　　　　　　　　**森本 敏** 内閣官房長官　　　　　　**藤村 修**
総務大臣　内閣府特命担当大臣 (沖縄及び北方対策地域主権推進)	復興大臣　東日本大震災総括担当 　　　　　　　　　　　　　　**平野達男**
地域活性化担当　　　　　**川端達夫**	国家公安委員会委員長
法務大臣　　　　　　　　**滝 実**	内閣府特命担当大臣 (消費者及び食品安全)
外務大臣　　　　　　　　**玄葉光一郎**	拉致問題担当　　　　　　**松原 仁**
財務大臣　　　　　　　　**安住 淳**	郵政民営化担当
文部科学大臣　　　　　　**平野博文**	内閣府特命担当大臣 (金融)　**松下忠洋**
厚生労働大臣 内閣府特命担当大臣 (少子化対策)	国家戦略担当　内閣府特命担当大臣 (経済財政政策　科学技術政策)
小宮山洋子	宇宙開発担当　　　　　　**古川元久**
農林水産大臣　　　　　　**郡司 彰**	内閣府特命担当大臣
経済産業大臣　原子力経済被害担当 内閣府特命担当大臣 (原子力損害賠償支援機構)	(防災「新しい公共」　男女共同参画)
枝野 幸男	公務員制度改革担当　　　**中川正春** 内閣法制局長官　　　　　**山本庸幸**
国土交通大臣　海洋政策担当	
羽田雄一郎	

16

野田内閣・印象に残った顔

岡田克也
（1953 〜）

鳩山内閣、菅内閣で外相。2010 年 9 月、民主党代表選挙で再任された菅首相の要請を受け 3 度目の民主党幹事長に。2012 年 1 月の野田改造内閣では副総理、行政改革、社会保障・税一体改革など 4 ポストを兼任。「真面目でクリーン」といったイメージで、飲み屋の勘定はつねに割り勘、贈り物はすべて返却するという「堅物伝説」で有名（2016 年 3 月、民進党初代党首に就任）。

小宮山洋子
（1948 〜）

2009 年 9 月に発足した野田内閣で厚生労働大臣に就任。嫌煙家として有名で、超党派による禁煙推進議員連盟に所属。「たばこ税を一箱 700 円くらいにするべきだ」と発言した後「個人的感情を述べないで下さい」と身内の議員からも反論を受けた。元 NHK 解説委員・アナウンサーとしても知られる。

野田佳彦 語録集

「心の底からうれしい。無給で応援してくれたボランティアの皆さんの思いを大切に政治活動をしていきたい」
――衆院選で日本新党から出馬し、初当選（1993・7・18）

「『モーニング娘。』に『天童よしみ』が入ってきたような違和感」
――小沢一郎率いる自由党と民主党が合併したことについて（2003・9）

「小泉家にとっては、たしか 4 世です。ルパンだって 3 世までですよ」
――衆院本会議の討論で（2009・7・14）

「ルックスはこの通りです。私が仮に総理になっても支持率はすぐには上がらないと思います」
――民主党新代表を選出する両院議員総会での演説で（2011・8・29）

「福島の再生なくして日本の再生はない」
――福島第一原発を訪問、緊急対策室で東電社員らを激励して（2011・9・8）

「四方八方から弾が飛んでくる。最近は後ろの方、仲間からも飛んでくる」
――千葉県船橋市内のホテルで開かれた船橋高校の同期会挨拶で愚痴（2012・1・3）

「ネバー、ネバー、ネバー、ネバーギブアップ」
――官邸で年頭の記者会見。消費税率引き上げを柱とする社会保障と税の一体改革の実現に強い意欲を表明。消費税率引き上げの打開策を問われて（2012・1・4）

「私の政権の時に結論を出したい。今さえよければいいという政治をやっていくわけにはいかない」
――東京、三田の慶応大学で講演、税と年金の一体改革について（2012・2・4）

「国民の生活を守るために大飯発電所 3・4 号機を再稼働すべきというのが私の判断だ」
――関西電力大飯原発 3・4 号機（福井県おおい町）の再稼働問題について首相官邸で記者会見（2012・6・8）

「民主党の代表として大変重たい責任を感じている。国民に深くおわびを申し上げなければならない」
――衆院予算委員会で、民主党の小沢一郎元代表らが離党届を提出したことについて（2012・7・9）

「（消費税増税を柱とする社会保障・税一体改革関連法案を）成立した暁には近いうちに信を問う」
――自民党の谷垣総裁、公明党の山口代表と国会内で会談、衆院解散の時期について（2012・8・8）

「政権交代の前に時計の針を戻して古い政治に戻るのか。前へ進むか、後ろに戻るか。これが問われる選挙だと思います」
――衆議院を解散、総理大臣記者会見で（2012・11・16）

17

第94代 菅直人

かんなおと

在職 452 日　【在任期間】2010年6月8日〜2011年9月2日

就任時の年齢・63歳
東京都選出は鳩山一郎以来56年ぶり、村山富市以来の非世襲首相。異例の市民運動出身の首相。

●生年月日
1946年10月10日

●出生地
山口県宇部市

●出身校
東京工業大学理学部

●選挙区
衆議院東京第18区

●党派
民進党

●血液型
O型

●好きな食べ物
焼き魚、漬物、焼酎

●所属政党
社会市民連合→社会民主連合→
新党さきがけ→旧民主党→民主党→
民進党

●初当選
1980年第36回衆議院議員選挙。
参議院議員選挙も含め3度の落選を経験、4度目の挑戦で初当選。

今までは仮免許だった。

2010年12月12日、都内で開いた支援者との会合で、半年の政権運営を振り返って。

西暦	年号	首相	重要事項
2010	22	鳩山由紀夫	3 足利事件が再審無罪に。高校授業料無償化法案が成立
			4 米ロ新核軍縮条約に署名
			5 普天間基地の移設問題で、辺野古への移設を閣議決定
		菅直人	6 子ども手当の支給がはじまる。鳩山首相が基地移設問題などの責任をとって辞任。菅直人が首相に就任
			8 クラスター爆弾禁止条約の発効
			10 国連地球生き物会議が名古屋で開催
2011	23		1 チュニジアの独裁政権が崩壊。北アフリカに「アラブの春」のうごきが広がる
			3 東日本大震災が発生。三陸沖を震源とする国内史上最大の巨大地震となる
			4 震災による福島第一原子力発電所の事故評価が「レベル7」となる
			5 世界遺産に「小笠原」と「平泉」が登録される
		野田佳彦	9 菅首相の「退陣3条件」が整い、正式に退陣表明。民主党の代表選挙が行われ、野田佳彦が新代表に就任。野田政権が発足
			11 TPP（環太平洋経済連携協定）への参加を表明
			12 朝鮮民主主義人民共和国（北朝鮮）の金正日総書記が死去。三男の金正恩が最高指導者に
2012	24		2 東日本大震災からの復興施策を管轄する復興庁が発足
			3 自立式電波塔として世界一の高さとなる東京スカイツリー（634m）が完成 東京電力の原子力発電17機がすべて稼働停止に
			8 社会保障と税の一体改革法が成立
			9 日本政府、尖閣諸島の3島の所有権を買い上げ、国有化。原子力規制委員会が発足
			10 京大の山中伸弥教授がiPS細胞でノーベル生理学・医学賞を受賞
		安倍晋三	12 衆院選で自民党が大勝。政権に復帰
2013	25		4 改正公職選挙法により、インターネット選挙運動が解禁
			6 富士山が世界文化遺産に登録決定
			7 参院選で自民、公明両党が過半数獲得、ねじれ解消
			9 2020年夏季オリンピック・パラリンピックの開催地が東京に決定
			10 2014年4月に消費税率を8%に引きあげることを決定

東京

菅 直人 の横顔

◆ 座右の銘
「人生唯一度」

♥ 趣味
スキューバーダイビング、囲碁。
夜中にインターネットで囲碁を打つことも。

♠ 特技
敵の弱点を見つける能力は抜群。

♣ 政治哲学
「最小不幸社会」
政治の最大の役割は不幸になる人をできるだけ少なくすること。

◆ ニックネーム
「イラ菅」
官僚をどなり散らしたり、記者の質問に切れるなど、短気な性格から。

♣ お遍路さん
2004年、小泉政権の閣僚の国民年金未納が相次いで判明、「未納三兄弟」と皮肉ったが自身の未加入が発覚。代表辞任後、頭を丸め、白装束、金剛づえ、菅笠のお遍路姿で四国88か所の霊場をめぐる遍路に出た。

♠ 麻雀点数計算機
東京工業大学在学中に麻雀の自動計算機を発明した。その名は「ジャンタック」。特許も取得し、いくつかの企業に商品化を持ちかけたが断られた。現在、千葉県いすみ市の麻雀博物館に保管されている。

◆ ペテン師
2011年6月、内閣不信任決議案への対応として一旦退陣する意向を示唆しながら続投への意欲を見せた際には、退陣を促した鳩山前首相から「ペテン師」と厳しく批判された。

菅直人内閣の顔ぶれ

菅直人内閣成立　平成22年6月8日

役職	氏名
内閣総理大臣	菅 直人
総務大臣・内閣府特命担当大臣（地域主権推進）	原口一博
法務大臣	千葉景子
外務大臣	岡田克也
財務大臣	野田佳彦
文部科学大臣・内閣府特命担当大臣（科学技術政策）	川端達夫
厚生労働大臣・年金改革担当	長妻 昭
農林水産大臣	山田正彦
経済産業大臣	直嶋正行
国土交通大臣・内閣府特命担当大臣（沖縄及び北方対策）	前原誠司
環境大臣	小沢鋭仁
防衛大臣	北沢俊美
内閣官房長官	仙谷由人
国家公安委員会委員長・内閣府特命担当大臣（防災）・拉致問題担当	中井 洽
郵政改革担当・内閣府特命担当大臣（金融）	亀井静香
事務代理 平22.6.11―仙谷由人＊ →平22.6.11―自見庄三郎	
国家戦略担当・内閣府特命担当大臣（経済財政政策 消費者及び食品安全）	荒井 聡
公務員制度改革担当・内閣府特命担当大臣（「新しい公共」少子化対策 男女共同参画）	玄葉光一郎
内閣府特命担当大臣（行政刷新）	蓮 舫
内閣法制局長官	梶田信一郎

菅直人内閣・印象に残った顔

枝野幸男
(1964 ～)

鳩山内閣の行政刷新担当相を経て菅政権の幹事長、菅改造内閣で内閣官房長官に就任。2011年、東日本大震災の発生に際して、震災情報を伝えるため連日不眠不休で記者会見を開き、その働きぶりを海外メディアも取り上げた。福島原発問題で野菜や飲料水などから放射能が検出された時に「ただちに健康への影響はない」という言葉を何度も繰り返し使って話題に。

蓮舫
(1967 ～)

2009年11月、鳩山内閣で内閣府が設置した事業仕分け(行政刷新会議)の文部科学省予算仕分けの際、「仕分け人」として次世代スーパーコンピュータ開発の予算削減を決定、要求予算の妥当性についての説明を求めた発言「世界一になる理由は何があるんでしょうか？ 2位じゃダメなんでしょうか？」が話題に。2010年6月、菅内閣で内閣府特命担当大臣・行政刷新担当に就任。

菅直人 語録集

東京

「金権腐敗の政治家をなくすには、候補者はすべて個人の資産を公開すべきだ」

—衆院選出馬を前にした記者会見で
(1976・11・11)

「長い間、国の責任を明確にできず、重荷を負わせ続けてきた。厚生省を代表して心からおわび申し上げる」

—厚相として薬害エイズ訴訟原告らと面会し、国の責任を認めて謝罪(1996・2・16)

「全国のカイワレが危ないみたいに多少誤解されたかもしれない。そういう点では申しわけない」

—病原性大腸菌O157との関連が疑われ、風評被害が起きたカイワレ大根を食べ、安全性をアピール(1996・8・15)

「鳩山由紀夫さんは論争をして説得をしていくタイプの政治家ではない。私が代表になれば、民主党の政策的優位性、自民党のできない改革ができることを国民に知らせることができる」

—国会内での党代表選出馬記者会見で
(2002・8・19)

「日本の構造改革を妨げている最大の抵抗勢力は小泉首相だ。小沢一郎さんと一緒に細川政権がやり残した改革を実行したい」

—自由党との合併合意を受け、仙台市内での街頭演説で(2003・8・8)

「初出馬以来、自民党に代わる政党をつくって政権交代を実現したいとの思いでやってきた。33年かかったが、きょうは鳩山内閣が発足し、私自身にとっても国民にとっても大きな喜びだ」

—副総理就任後の記者会見で(2009・9・16)

「小沢氏はしばらく静かにしていただいたほうが、ご本人にとっても、民主党にとっても、日本の政治にとってもいいのではないか」

—鳩山後継を選ぶ民主党代表選で立候補を正式表明、記者会見で小沢一郎の影響力排除を目指す考えを明らかに(2010・6・3)

「この20年にわたる日本の行き詰まりを打破できる体制をつくる」

—民主党新代表に選出、民主党本部で記者会見
(2010・6・4)

「震災の取り組みに一定のめどがついた段階で、若い世代に責任を引き継いでもらいたい」

—内閣不信任案採決の衆院本会議に先立つ民主党代議士会で。ところが直ちに総辞職することなく3か月も居座ることに(2011・6・2)

「総理を辞すると決意したのは、何か間違ったことをやったから責任を取るのではありません」

—参院財政金融委員会で(2011・8・23)

<ruby>鳩<rt>はと</rt></ruby><ruby>山<rt>やま</rt></ruby><ruby>由<rt>ゆ</rt></ruby><ruby>紀<rt>き</rt></ruby><ruby>夫<rt>お</rt></ruby>

在職 266 日　【在任期間】2009 年 9 月 16 日～2010 年 6 月 8 日

就任時の年齢・62 歳
2009 年、第 45 回衆議院議員総選挙で鳩山由紀夫率いる民主党が単独政党としては史上最多 308 議席を獲得し、民主党初の総理大臣に就任。

● **生年月日**
1947 年 2 月 11 日

● **出生地**
東京都小石川区(現・東京都文京区)

● **出身校**
東京大学工学部
スタンフォード大学大学院

● **選挙区**
衆議院旧北海道第 4 区→北海道第 9 区

● **党派**
民主党

● **血液型**
O 型

● **所属政党**
自由民主党→新党さきがけ→
旧民主党→民主党

● **初当選**
1986 年第 38 回衆議院議員選挙。旧北海道第 4 区・自民党から出馬し当選。初選挙のスローガンは科学者を志望していたことから「政治を科学する」。3 期目はさきがけ、4 期目は旧民主党から、5 期目からは民主党から出馬。

確かに私は愚かな総理かもしれません。

2010 年、4 月 21 日の党首討論にて、自民党の谷垣総裁から、米紙ワシントン・ポストで「ルーピー(愚かだ)」と報道されたことを指摘されて。

鳩山政権のころの出来事

西暦	年号	首相	重要事項
2007	平成 19	福田康夫	12 ゴア前米副大統領がノーベル平和賞受賞
2008	20		1 京都議定書の約定期間がはじまる
			3 中国のチベット自治区で騒乱、反中国デモおこる
			4 後期高齢者医療制度がはじまる
			5 中国四川省で大地震、6 万人以上の死者が出た
			7 北海道洞爺湖サミット
		麻生太郎	9 福田首相が辞任。自民党総裁選で麻生太郎が首相に
			11 G20（20 か国・地域首脳会合）、金融規制強化で合意
			12 クラスター爆弾禁止条約に署名
2009	21		1 米大統領にアフリカ系アメリカ人のオバマが就任
			3 海上自衛隊がソマリア沖に派遣される
			4 オバマ大統領が「核なき世界」発言
			5 裁判員裁判の制度がはじまる
			8 衆議院議員選挙で民主党が単独過半数の議席を獲得
		鳩山由紀夫	9 消費者庁が発足。麻生内閣が総辞職、鳩山由紀夫内閣が成立
			11 予算要求の無駄を判別する「事業仕分け」がはじまる
			12 オバマ大統領がノーベル平和賞を受賞
2010	22		1 日本年金機構が発足
			3 足利事件が再審無罪に。高校授業料無償化法案が成立
			4 米ロ新核軍縮条約に署名
			5 普天間基地の移設問題で、辺野古への移設を閣議決定
		菅直人	6 子ども手当の支給がはじまる。鳩山首相が基地移設問題などの責任をとって辞任。菅直人が首相に就任
			8 クラスター爆弾禁止条約の発効
			10 国連地球生き物会議が名古屋で開催
2011	23		1 チュニジアの独裁政権が崩壊。北アフリカに「アラブの春」のうごきが広がる
			3 東日本大震災が発生。三陸沖を震源とする国内史上最大の巨大地震となる
			4 震災による福島第一原子力発電所の事故評価が「レベル 7」となる
			5 世界遺産に「小笠原」と「平泉」が登録される
		野田佳彦	9 菅首相の「退陣 3 条件」が整い、正式に退陣表明。民主党の代表選挙が行われ、野田佳彦が新代表に就任。野田政権が発足
			11 TPP（環太平洋経済連携協定）への参加を表明

北海道

鳩山由紀夫の横顔

◆ **座右の銘**
「友愛」

♥ **趣味**
クラッシック音楽鑑賞。大の落語ファンで、毎日のように落語を聞いてから寝る。

♠ **4世**
曽祖父・鳩山和夫。祖父・鳩山一郎元首相。父・鳩山威一郎。ブリヂストン創業者の石橋正二郎は母方の祖父。麻生内閣で総務大臣を務めた鳩山邦夫は弟。

♣ **好きな食べ物**
ラーメン、幸夫人の手料理

◆ **前職**
専修大学経営学部助教授

♣ **ニックネーム**
「宇宙人」

2001年、民主党代表時代に宇宙人をイメージしたキャラクターグッズを製作され、「宇宙人に似ている」とよく言われることから。また、「政治は愛」「政治を科学する」など他の政治家では聞かれない言葉を口にするためとも言われている。

♠ **金色ネクタイ**
首相指名の日、国連演説の日など、大一番で必ず身に付けていた金色ネクタイ。それにあやかろうと金色・黄色のネクタイに相次ぐ問い合わせが。百貨店では鳩山内閣発足後すぐに、金・黄色のネクタイを集めた特設コーナーを設けるほどの人気に。ちなみに鳩山首相が身に付けていたネクタイはイタリア・ブランド「ゼニア」。

◆ **シングルレコード**
1988年、レコード「Take HEART ～翔びたて平和の鳩よ～」をテイチクレコートに製造を委託して自主製作盤として発表。2009年10月にCDとして再発売された。

鳩山由紀夫内閣の顔ぶれ

鳩山由紀夫内閣成立　平成22年9月16日

内閣総理大臣　　　　　　　　　**鳩山由紀夫**
内閣法第9条の第一順位・指定大臣（副総理）
財務大臣・内閣府特命担当大臣（経済財政政策）
　　　　　　　　　　　　　　　　菅 直人
総務大臣・内閣府特命担当大臣（地域主権推進）
　　　　　　　　　　　　　　　原口一博
法務大臣　　　　　　　　　　　**千葉景子**
外務大臣　　　　　　　　　　　**岡田克也**
文部科学大臣・内閣府特命担当大臣
（科学技術政策）
　　　　　　　　　　　　　　　川端達夫
厚生労働大臣・年金改革担当
　　　　　　　　　　　　　　　　長妻 昭
農林水産大臣　　　　　　　　　**赤松広隆**
経済産業大臣　　　　　　　　　**直嶋正行**
国土交通大臣・内閣府特命担当大臣
（沖縄及び北方対策）

環境大臣　　　　　　　　　　　**前原誠司**
　　　　　　　　　　　　　　　小沢鋭仁
防衛大臣　　　　　　　　　　　**北沢俊美**
内閣官房長官・内閣府特命担当大臣
（消費者及び食品安全担当
少子化対策担当及び男女共同参画担当）
事務代理　　　　　　　　　　　**平野博文**
国家公安委員会委員長・
内閣府特命担当大臣（防災）拉致問題担当
　　　　　　　　　　　　　　　　中井 洽
内閣府特命担当大臣（金融）
郵政改革担当　　　　　　　　　**亀井静香**
内閣府特命担当大臣（「新しい公共」）
公務員制度改革担当・国家戦略担当
　　　　　　　　　　　　　　　仙谷由人
内閣府特命担当大臣（行政刷新）
　　　　　　　　　　　　　　　枝野幸男

鳩山内閣・印象に残った顔

亀井静香
(1936 ～)

2009年9月、民主党、社民党、国民新党の連立によってできた鳩山由紀夫内閣で内閣府特命担当大臣（金融担当大臣）に就任。小政党の国民新党代表でもある亀井大臣は、鳩山首相の迷走が続く中、言いたい放題の強気の発言で鳩山内閣をかき回し、どちらが首相か分からないような印象を与えた。

福島瑞穂
(1955 ～)

社民党党首。2009年9月、民主党・国民新党と連立して鳩山内閣を発足。内閣府特命担当大臣（消費者及び食品安全・少子化対策・男女共同参画担当）として入閣。しかし、普天間問題で一貫して沖縄県外、日本国外への移設を主張、辺野古地区への移設で日米が合意したため反発、閣議了解の書類に署名せず罷免され、社民党は連立を離脱した。

北海道

鳩山由紀夫 語録集

「裏切ったと言う人もいるだろうが、選挙のために政治家になったのではない。国民も利権屋政治への決別を選び始めたのではないか」
　　　　　—自民党離党の記者会見（1993・6）

「政治は愛を原点にしないといけない。痛みを伴う小泉改革は愛のみじんもない」
　　　—参院選遊説で小泉首相を批判（2001・7）

「全員野球で総力を結集し、大きな日本の大掃除をやろうじゃありませんか」
　　　—小沢後継の民主党代表選で新代表に選出され
　　　　　　　　　　　　　　　　　（2009・5・16）

「最低でも県外の方向で積極的に行動したい」
　　—民主党代表として訪れた沖縄市の集会で、米軍
　　普天間基地移設問題について（2009・7・19）

「あなた方に言われたくない。こんな財政にしたのは誰なんだ」
　　　—衆院代表質問で谷垣禎一自民党総裁に答弁
　　　　　　　　　　　　　　　　（2009・10・28）

「トラスト・ミー（私を信じてほしい）」
　—日米首脳会談で普天間問題についてオバマ大統
　　　　　　　　　　　　領に（2009・11・3）

「恵まれた家庭に育ったから自分自身の資産管理が極めてずさんだった」
　　　　　—資産報告訂正について記者団に
　　　　　　　　　　　　　　　　（2009・11・11）

「友愛精神に基づいた『人間のための経済』が日本の新たな成長をつくる」
　　　　　—成長戦略の基本方針決定後の記者会見
　　　　　　　　　　　　　　　　（2009・12・30）

「小沢一郎民主党幹事長を信じている。どうぞ戦ってください」
　　　—元秘書らが逮捕された小沢一郎の幹事長続投
　　　　　　　　　　　表明について（2010・1・16）

「いのちを守りたい。いのちを守りたいと願うのです」
　　　—施政方針演説の冒頭での言葉（2010・1・29）

「民主党らしさが戻ってきたな、事業仕分けやっているなという姿を見せていきたい」
　　　—枝野行政刷新担当相起用で記者団に（2010・2・10）

「正直、政権交代する前の方が楽だった。名前には「山」がつくが、谷ばかりだ」
　　　—63歳の誕生日を前にしたパーティーで（2010・2・10）

「私は今、腹案を持ち合わせている」
　　　　　—党首討論で普天間問題について
　　　　　　　　　　　　　　　　（2010・3・31）

「すべてを県外というのは現実的に難しい。沖縄に負担をお願いしなければならない」
　　　—仲井真弘多沖縄県知事に（2010・5・4）

小沢一郎
おざわいちろう

【衆議院在籍期間】1969 年 12 月～

自民党を
ぶっ壊したのは
本当はボクですよ。

1993 年、宮沢内閣
の不信任案に賛成して
自民党を離党。直後に
行われた衆院選で自民
党は敗北。55 年体制
が崩壊した。

● 生年月日
1942 年 5 月 24 日

● 出生地
東京府東京市下谷区（現・台東区）

● 出身校
慶応大学経済学部

● 選挙区
衆議院岩手県第 4 区（旧岩手県第 2 区）

● 所属政党
立憲民主党

● 血液型
B 型

● 初当選
1969 年第 32 回衆議院議員選挙。
27 歳で当選。

小沢一郎
の横顔

◆ 所属政党

自由民主党 → 新生党 → 新進党 → 自由党 → 民主党 → 国民の生活が第一 → 日本未来の党 →生活の党 → 生活の党と山本太郎となかまたち → 自由党→ 国民民主党→ 立憲民主党

♥ 自民党を二度も下野させた「剛腕」

1993年に誕生した細川連立政権、2009年の鳩山政権と、自民党を2度も下野させるなど、平成政治に大変なインパクトを与えた。離党、新党結成を繰り返し、「剛腕」「政界の壊し屋」と呼ばれ、絶大な影響力を誇示してきたが、民主党を離党してからは少数政党の党首になり、存在感が低下していった。

♣ 最初は物理学者を目指した!?

小学校一年のとき、ノーベル賞を受賞した湯川秀樹に感銘を受け、物理学者になろうと決意。しかし、数字と物理が大の苦手になる。高校生の頃には幕末、明治維新についての歴史に興味を持つようなり、同時に政治に興味を持つようになり、政治家を目指した。

◆ 好きな食べ物

寿司、焼き肉などとビールの組み合わせ。心臓病を患ってからはカロリーに気をつけて和食が中心で朝食に海苔と納豆は欠かさない。

♣ 座右の銘

「百術は一誠に如かず」「敬天愛人」「至誠通天」

♠ 趣味

読書（歴史小説）、囲碁、釣り、散歩

◆ 名前の由来

父・小沢佐重喜（おざわさえき）は、読みにくく、字画の多い自分の名前が嫌いだった。吉田茂内閣で入閣した際、吉田茂が昭和天皇に閣僚名簿を上奏した時に、誤って「さじゅうき」と読み上げたエピソードが残っている。
覚えやすく読みやすい名前を、と望んだため「一郎」と名づけられた。

♥ ニックネーム

「剛腕」「壊し屋」「乱世の小沢」

♠ 髪型

きっちりと短く整えて分けている髪形は右分けの時と左分けの時の両方ある。

◆ 酒

健康のため、1日ビール1本日本酒2合までと決めている。

♣ 動物好き

自宅にはカナリア、インコ、文鳥、キジなど40羽以上。柴犬も飼っている。

♠ 健康法

毎朝の散歩

ワン・ワン・ライス

細川内閣（1993年）、羽田内閣（1994年）で、当時の与党の要職に就いていた小沢一郎（新生党代表幹事）、市川雄一（公明党書記長）、米沢隆（民社党書記長）を指す言葉。

小沢一郎の一（ワン）(one)、市川雄一の一（ワン）(one)、米沢隆の米（ライス）(rice)に因んで。

羽田政権崩壊後、小沢、市川、米沢の3名は羽田政権時の与党議員を中心とする新進党の結党に揃って参加。小沢と市川の関係は「一・一ライン（いち・いち・）」と呼ばれた。

第92代 麻生太郎

在職 358 日　【在任期間】2008 年 9 月 24 日〜2009 年 9 月 16 日

就任時の年齢・68 歳
自民党総裁に選出されたのは、2008
年 9 月 22 日。奇しくもこの日は祖父で
ある故・吉田茂元首相の 130 回目の
誕生日だった。

●生年月日
1940 年 9 月 20 日

●出生地
福岡県飯塚市

●出身校
学習院大学政経学部

●選挙区
衆議院福岡県第 8 区
（旧福岡県第 2 区）

●党派
自由民主党

●血液型
A 型

●好きな食べ物
ミートスパゲティ、カステラ、
冷たい牛乳

●初当選
1979 年第 35 回衆議院議員選挙。

アサナマタロウではなく
アソウタロウです

2008 年、自民党総裁選
でテレビ出演などで。

麻生政権のころの出来事

西暦	年号	首相	重要事項
2006	平成 18	安倍晋三	9 安倍晋三内閣が発足、戦後最年少 52 歳
			12 教育基本法の改正
2007	19		1 防衛省が発足。宮崎県知事に東国原英夫が就任
			EUにブルガリアとルーマニアが加盟、27 か国に
			2 社会保険庁の年金記録管理で 54 万件の不明が判明
			5 国民投票法が成立
			8 アメリカのサブプライムローン問題が顕在化
		福田康夫	9 安倍首相が突然辞任。福田康夫内閣の成立
			10 郵政民営化のスタート
			11 京大の研究所が iPS 細胞をつくることに成功
			12 ゴア前米副大統領がノーベル平和賞受賞
2008	20		1 京都議定書の約定期間がはじまる
			3 中国のチベット自治区で騒乱、反中国デモおこる
			4 後期高齢者医療制度がはじまる
			5 中国四川省で大地震、6 万人以上の死者が出た
			7 北海道洞爺湖サミット
		麻生太郎	9 福田首相が辞任。自民党総裁選で麻生太郎が首相に
			11 G20（20 か国・地域首脳会合）、金融規制強化で合意
			12 クラスター爆弾禁止条約に署名
2009	21		1 米大統領にアフリカ系アメリカ人のオバマが就任
			3 海上自衛隊がソマリア沖に派遣される
			4 オバマ大統領が「核なき世界」発言
			5 裁判員裁判の制度がはじまる
			8 衆議院議員選挙で民主党が単独過半数の議席を獲得
		鳩山由紀夫	9 消費者庁が発足。麻生内閣が総辞職、鳩山由紀夫内閣が成立
			11 予算要求の無駄を判別する「事業仕分け」がはじまる
			12 オバマ大統領がノーベル平和賞を受賞
2010	22		1 日本年金機構が発足
			3 足利事件が再審無罪に。高校授業料無償化法案が成立
			4 米ロ新核軍縮条約に署名
			5 普天間基地の移設問題で、辺野古への移設を閣議決定
		菅直人	6 子ども手当の支給がはじまる。鳩山首相が基地移設問題などの責任をとって辞任。菅直人が首相に就任
			8 クラスター爆弾禁止条約の発効
			10 国連地球生き物会議が名古屋で開催

福

岡

麻生太郎
の横顔

◆ 座右の銘
「天下をもって公となす(孫文)」

♥ 趣味
ゴルフ、クレー射撃、漫画。
クレー射撃でモントリオール五輪に出場した経歴を持つ。「ゴルゴ13」を愛読するなど自他ともに認める漫画オタク。

♠ 前職
麻生家グループ会社・麻生セメント社長
日本青年会議所会頭

♣ 健康法
腹八分目

◆ パフォーマンス
べらんめえ調の軽妙な語り口が持ち味で、街頭演説などで聴衆の人気を博した。毒舌も織り交ぜた発言で失言が問題視されることも。

♣ ニックネーム
「偉大なる楽天家」
どんな逆境も常にプラス思考で考え行動することから。自民党総裁選も4度目の挑戦だった。
「ローゼン閣下」
「ローゼン麻生」
漫画好きで知られ「ローゼンメイデン」という作品の読者であることがオタク層で話題になった。秋葉原のオタク層からは絶大な人気があり、秋葉原には「オレ達の太郎!ショップ」が開店した。

麻生太郎内閣の顔ぶれ

麻生太郎内閣成立　平成20年9月24日

内閣総理大臣　**麻生太郎**
総務大臣・内閣府特命担当大臣(地方分権改革)
　　　　　鳩山邦夫
　　　　　→平21.6.12─**佐藤勉** *
法務大臣　**森 英介**
外務大臣　**中曽根弘文**
財務大臣・内閣府特命担当大臣(金融)
　　　　　中川昭一
　　　　　→平21.2.17─**与謝野馨** *
文部科学大臣　**塩谷 立**
厚生労働大臣　**舛添要一**
農林水産大臣　**石破 茂**
経済産業大臣　**二階俊博**
国土交通大臣　**中山成彬**
　　　　　→平20.9.28─**金子一義**
環境大臣　**斉藤鉄夫**
防衛大臣　**浜田靖一**
内閣官房長官・拉致問題担当
　　　　　河村建夫

国家公安委員会委員長・
内閣府特命担当大臣(沖縄及び北方対策防災)
　　　　　佐藤 勉 *
　　　　　→平21.7.2─**林幹雄**
内閣府特命担当大臣(経済財政政策)
　　　　　与謝野 馨 *
　　　　　→平21.7.2─**林 芳正**
内閣府特命担当大臣(規制改革)
行政改革担当・公務員制度改革担当
　　　　　甘利 明
内閣府特命担当大臣(科学技術政策・食品安全・消費者)(消費者は平21.9.1～)
消費者行政推進担当(～平21.9.1)・
宇宙開発担当　**野田聖子**
内閣府特命担当大臣
(少子化対策・男女共同参画)
　　　　　小渕優子
内閣法制局長官　**宮崎礼一**
備考　氏名の後の「*」：同一人が就任期間の全期間又は一定期間に2つ以上の職を担当したことを示す。

麻生内閣・印象に残った顔

麻生内閣で財務大臣・金融担当大臣に就任。2009 年 2 月にイタリアのローマで開催された G7 財務大臣・中央銀行総裁会議終了後、ろれつが回らない状態で「もうろう記者会見」を行い、批判を浴びて 3 日後に大臣を辞任。同年 8 月の衆議院総選挙では対立候補の民主党、石川知裕候補に惨敗。比例復活も出来なかった。同年 10 月に病死。

中川昭一
（1953 ～ 2009）

麻生内閣では福田改造内閣から内閣府特命担当大臣（経済財政政策）に再任。2009 年 2 月、財務大臣・金融担当大臣の中川昭一が「もうろう会見」で辞任。その後任に指名され、一人で経済関連 3 閣僚を兼任した。2005 年に自民党を離党して以来、無所属での活動を続け、新しい保守政党の構想を示唆してきた平沼赳夫と中心になり、新党「たちあがれ日本」の結党を発表。2011 年 1 月に離党し、菅再改造内閣にて経済財政政策担当大臣に就任。

与謝野馨
（1938 ～ 2017）

麻生太郎 語録集

「皆さんの支援に応え、じいさん（吉田茂元首相）に負けぬ政治家になる」
―衆院議員に初当選直後の抱負（1979・10・8）

「日本は貧しいときの哲学は出来上がっているが、豊かになってからの哲学はない。それに合わせて教育も変えていかないといけない」
―衆院文教委員会で質問（1989・11・24）

「90% の内閣支持率はファシズムの 1 歩手前で行き過ぎだ。抵抗勢力があるのはいいことだ」
―驚異的高支持率の小泉内閣について。党政調会長（2001・6・25）

「今の自民党の不幸はいい野党がいないこと。相手が強くないとこっちも強くなる必要がなく、だらける」
―自由党との合併構想が浮上していた民主党について講演で。（2002・12・1）

「自称『秋葉原オタク』の皆さん」
―東京・秋葉原で行われた総裁選の街頭演説で聴衆に呼びかけ。（2006・9・9）

「最近、少々キャラが立ちすぎて、古い自民党の方々にあんまり評判の良くない麻生太郎です」
―渋谷駅・ハチ公前で行われた自民党総裁選の街頭演説で（2007・9・16）

「日本を明るく強い国にすることがわたしの使命。経験のすべてとこの身を尽くして難題に立ち向かう」
―首相就任記者会見で（2008・9・24）

「たくさんの人と会うときにホテルのバーは安全で安い所。作り変えるような話はやめた方がいい」
―ホテルのバーなどでの連夜の会食を「庶民感覚と懸け離れているのでは」と記者団に質問され（2008・10・22）

「みぞうゆう（未曽有）の自然災害」
―日中交流事業のあいさつで四川大地震について。これ以降、漢字の間違いが話題に。（2008・11・12）

「一億円あっても、さもしく欲しい人もいるかもしれない」
―定額給付金について長崎県で演説（2008・12・6）

「私は郵政民営化に賛成でなかった」
―衆院予算委で郵政民営化方針について（2009・2・5）

「今回は必ず惜敗を期して、再び勝って」
―東京都議選の立候補予定者激励で「必勝を期して」と言うべきところを言い間違えて（2009・6・20）

「政治はばくちじゃない。ちょっと（民主党に）やらせようというのは違う話だ。事の優先順位が分かっていない人が多過ぎる」
―街頭演説で（2009・8・25）

「われわれは野党になるんだから、野党になる決意をした上で戦う政党として政権奪還を目指す政党に生まれ変わらねばならぬ」
―自民党両院議員総会（2009・9・8）

第91代 福田康夫
_{ふくだやすお}

在職 365 日 【在任期間】2007 年 9 月 26 日〜2008 年 9 月 24 日

就任時の年齢・71 歳
父親は福田赳夫元首相。初の親子 2
代で首相に就任して話題になったが、
父親と同じく 71 歳での総理総裁就任。

● **生年月日**
1936 年 7 月 16 日

● **出生地**
東京府東京市世田谷区
（現・東京都世田谷区）

● **出身校**
早稲田大学経済学部

● **選挙区**
衆議院群馬県第 4 区（旧群馬県第 3
区）

● **党派**
自由民主党

● **血液型**
A 型

● **好きな食べ物**
蕎麦、うどん、カレーライス、肉類

● **前職**
丸善石油従業員
衆議院議員秘書

● **初当選**
1990 年第 39 回衆議院議員選挙。
初当選後の取材では「2 世批判はある
でしょうが、政治家の息子とはいえ私は
50 歳代。独立した一人の人間として見
ていただきたい」とクールに語った。

あなたとは違うんです！

2008 年 9 月 1 日、
退陣表明記者会見
で。

福田政権ののころの出来事

西暦	年号	首相	重要事項
2005	平成 17	小泉純一郎	9 郵政選挙で自民党が衆議院で過半数を超す勝利
			在外邦人選挙権の制限に違憲判決
			イスラエル、ガザ地区から軍を撤退
			10 郵政民営化法案が成立
2006	18		1 ライブドア事件で堀江社長が証券取引法違反で逮捕される
			ニューヨークで原油高騰
			3 日銀が量的緩和政策を解除
			北朝鮮で核実験
			8 冥王星が惑星から「準惑星」に格下げ
		安倍晋三	9 安倍晋三内閣が発足。戦後最年少 52 歳
			12 教育基本法の改正
2007	19		1 防衛省が発足。宮崎県知事に東国原氏が就任
			ＥＵにブルガリアとルーマニアが加盟、27 か国に
			2 社会保険庁の年金記録管理で 54 万件の不明が判明
			5 国民投票法が成立
			8 アメリカのサブプライムローン問題が顕在化
		福田康夫	9 安倍首相が突然辞任。福田康夫内閣の成立
			10 郵政民営化のスタート
			11 京大の研究所が iPS 細胞をつくることに成功
			12 ゴア前米副大統領がノーベル平和賞受賞
2008	20		1 京都議定書の約定期間がはじまる
			3 中国のチベット自治区で騒乱、反中国デモおこる
			4 後期高齢者医療制度がはじまる
			5 中国四川省で大地震、6 万人以上の死者が出た
			7 北海道洞爺湖サミット
		麻生太郎	9 福田首相が辞任。自民党総裁選で麻生太郎が首相に
			11 G20（20 か国・地域首脳会合）、金融規制強化で合意
			12 クラスター爆弾禁止条約に署名
2009	21		1 米大統領にアフリカ系アメリカ人のオバマが就任
			3 海上自衛隊がソマリア沖に派遣される
			4 オバマ大統領が「核なき世界」発言
			5 裁判員裁判の制度がはじまる
			8 衆議院議員選挙で民主党が単独過半数の議席を獲得
		鳩山由紀夫	9 消費者庁が発足。麻生内閣が総辞職、鳩山由紀夫内閣が成立
			11 予算要求の無駄を判別する「事業仕分け」がはじまる
			12 オバマ大統領がノーベル平和賞を受賞

群馬

福田康夫 の横顔

◆ **座右の銘**
「誠実に日々一生懸命」「信」

♥ **趣味**
クラシック鑑賞、読書(歴史小説)

♠ **結婚のエピソード**
桜内義雄元衆議院議長のめい貴代子さんと
41年に挙式。約束した結婚の条件は「君を
政治家の女房にはしない」。

♣ **健康法**
太らないこと、記者をまくほどの早歩き。

◆ **ニックネーム**
「弁明長官」
森内閣では、首相の失言や外交機密費流用

問題など、弁明に追われる事が多かったため。

「影の外務大臣」
小泉内閣では外務官僚が、外務大臣よりもま
ず官邸に赴くことが常態化したため、こう呼ば
れた。

♣ **あなたとはちがうんです**
2008年9月1日退陣表明記者会見で、「総
理の会見が国民には他人事のように聞こえると
いうふうな話がよく聞かれておりました。今日の
退陣会見を聞いても、やはりそのように印象を
持つ」と述べたところ、「他人事のようにという
ふうにあなたはおっしゃったけれども、私は自分
自身を客観的に見ることはできるんです。あな
たとは違うんです。そういうこともあわせて考え
ていただきたい」と発言。当時の流行語になっ
た。

福田康夫内閣の顔ぶれ

福田康夫内閣成立　平成19年9月26日

内閣総理大臣　**福田康夫**	国家公安委員会委員長・
総務大臣・内閣府特命担当大臣(地方分権改革)	内閣府特命担当大臣(防災・食品安全)
地方再生担当・道州制担当・郵政民営化担当	**泉 信也**
増田寛也	内閣府特命担当大臣(沖縄及び北方対策・
法務大臣　**鳩山邦夫**	科学技術政策・国民生活・規制改革)
外務大臣　**高村正彦**	消費者行政推進担当・宇宙開発担当
財務大臣　**額賀福志郎**	**岸田文雄**
文部科学大臣　**渡海紀三朗**	内閣府特命担当大臣(金融)・行政改革担当・
厚生労働大臣　**舛添要一**	公務員制度改革担当
農林水産大臣　**若林正俊**	**渡辺喜美**
経済産業大臣　**甘利 明**	内閣府特命担当大臣(経済財政政策)
国土交通大臣・観光立国担当・海洋政策担当	**大田弘子**
冬柴鉄三	内閣府特命担当大臣
環境大臣・地球環境問題担当	(少子化対策男女共同参画)
鴨下一郎	公文書管理担当　**上川陽子**
防衛大臣　**石破 茂**	内閣法制局長官　**宮﨑礼一**
内閣官房長官・拉致問題担当	
町村信孝	

福田内閣・印象に残った顔

古賀誠
(1940 〜)

2007年9月、安倍総理の辞任表明を受けて行われた自民党総裁選で麻生太郎と福田康夫が立候補、いち早く福田支持を表明、山崎派や谷垣派などと連携を行って麻生太郎包囲網で重要な役割を果たす。福田内閣が誕生し、選挙対策委員長に就任。党新役員の記者会見では「党四役」という表現が使われた。次の麻生内閣でも選挙対策委員長に留任。

長妻昭
(1960 〜)

2007年9月、民主党の「次の内閣」の年金担当大臣を務め、消えた年金問題の追及で「ミスター年金」の異名をとった。2009年9月、鳩山内閣では厚生労働大臣として初入閣。厚生労働相に起用され官邸入りする際、ほとんどの閣僚が車で乗り付ける中、徒歩で官邸入りして話題になった。大臣になってからは慎重な発言が多く「ミスター検討中」と言われた。

群馬

福田康夫 語録集

「あんな年寄り（父：福田赳夫）と一緒にしないでよ」

—新人議員として初登院記者会見で
（1990・2・27）

「ガキ以下だ」（翌日、野党に謝罪文を提出）

—内閣不信任案採決後の野党議員の対応についての記者会見（2000・11・21）

「私は弁明長官。これからもしばらく、これが続く」

—群馬県高崎市の会合、外務省不祥事など森内閣の難題処理について（2001・1・20）

記者　「森首相がえひめ丸沈没の報を聞いた後もゴルフを続行していたことをどう受け止めていますか？」
福田　「まだ受け止めておりません」
記者　「ゴルフに行くことを止めなかったのか」
福田　「トゥーレイト（遅すぎた）」

—米原潜と実習船が衝突したえひめ丸沈没事件の当日に首相がゴルフをしていた事に関して
（2001・2・14）

「秘密主義長官、影の外務大臣、影の防衛庁長官。いろいろ名前はありますが、まあ、しょせん影ですから」

—官房長官在任期間が歴代一位に並び（在任記録が1259日となり、それまで歴代1位だった後藤田正晴の在任記録を更新）、自らのネーミン

グについての会見（2004・4・6）

「コメントを求めたが生体反応はなかったと書いてくれ」

—安倍晋三の自民党総裁選出馬報道で記者団に
（2006・5・24）

「こんなことになるとは夢にも思わなかった。平時なら引き受けなかった。平時でないから、やらなければいけないと思った」

—町村派総会での党総裁選出馬表明で
（2007・9・14）

「誰とお話をすれば信用できるのか、そのことも是非お示し、教えていただきたい。大変苦労しているんですよ。かわいそうなくらい苦労しているんですよ」

—日銀人事案の採決後、3か月ぶりの小沢代表との2度目の党首討論で民主党が政府提案を認めなかったことを巡り不満爆発！
（2008・4・9）

「誠に光栄ですが、ご辞退申し上げます。花深く咲く処（ところ）行跡（ぎょうせき）なし」

—「あなたとは違うんです」が、2008年新語・流行語大賞にもノミネートされトップ10に選ばれたが、コメントを事務局に寄せたうえで受賞を辞退

35

第90・96・97・98代 安倍晋三

あ べ しん ぞう

在職 3188 日

【在任期間】第 1 次・2006 年 9 月 26 日～2007 年 9 月 26 日

第 2 次～4 次・2012 年 12 月 26 日～2020 年 9 月 16 日

在職日数は通算3188日。第2次政権以降、連続2822日と、どちらも憲政史上最長。

就任時の年齢・59 歳
総理大臣の再登板は、
戦後では 1948 年の吉田茂以来、
64 年ぶり 2 人目。

●生年月日
1954 年 9 月 21 日

●出生地
東京都

●出身校
成蹊大学法学部

●選挙区
衆議院山口県第 1 区
→山口県第 4 区

●党派
自由民主党

●血液型
B 型

●好きな食べ物
焼き肉、ラーメン、スイカ、
アイスクリーム

●前職
神戸製鋼所
実父(安倍晋太郎)秘書

●初当選
1993 年
第 40 回衆議院議員選挙。

日本を取り戻す！

2012 年に行われた
衆院選の自民党のキャ
ッチコピー。CM で安
倍総裁が「取り戻す」
を連呼し、「取りもろす」
に聞こえると話題に。

安倍政権のころの出来事

西暦	年号	首相	重要事項
2004	平成 16	小泉純一郎	6 年金改革法、有事法制関連 7 法が成立
			イラクで暫定政府が発足
			10 新潟県中越地震が発生
			スマトラ沖地震により大規模津波が発生
2005	17		2 京都議定書が発効
			7 アスベストによる健康被害が判明
			9 郵政選挙で自民党が衆議院で過半数を超す勝利
			在外邦人選挙権の制限に違憲判決
			イスラエル、ガザ地区から軍を撤退
			10 郵政民営化法案が成立
2006	18		1 ライブドア事件で堀江社長が証券取引法違反で逮捕される
			ニューヨークで原油高騰
			3 日銀が量的緩和政策を解除
			北朝鮮で核実験
			8 冥王星が惑星から「準惑星」に格下げ
		安倍晋三	9 安倍晋三内閣が発足、戦後最年少 52 歳
			12 教育基本法の改正
2007	19		1 防衛省が発足。宮崎県知事に東国原氏が就任
			ＥＵにブルガリアとルーマニアが加盟、27 か国に
			2 社会保険庁の年金記録管理で 54 万件の不明が判明
			5 国民投票法が成立
			8 アメリカのサブプライムローン問題が顕在化
		福田康夫	9 安倍首相が突然辞任。福田康夫内閣の成立
			10 郵政民営化のスタート
			11 京大の研究所が iPS 細胞をつくることに成功
			12 ゴア前米副大統領がノーベル平和賞受賞
2008	20		1 京都議定書の約定期間がはじまる
			3 中国のチベット自治区で騒乱、反中国デモおこる
			4 後期高齢者医療制度がはじまる
			5 中国四川省で大地震、6 万人以上の死者が出た
			7 北海道洞爺湖サミット
		麻生太郎	9 福田首相が辞任。自民党総裁選で麻生太郎が首相に
			11 G20（20 か国地域首脳会合）、金融規制強化で合意
			12 クラスター爆弾禁止条約に署名

山口

安倍晋三
の横顔

◆ 座右の銘

「初心忘るべからず」
「至誠にして動かざるものは
　　いまだこれ有らざるなり(孟子)」

♥ 趣味・特技

読書　映画鑑賞　ゴルフ

♠ ジューシー

首相時代は、訪問先や視察先などで全国各地の特産品を口にする機会が多く、試食後に必ずといっていいほど「ジューシー」という感想を言って話題になった。ちなみに好きな食べ物は焼き肉、スイカ。

♣ アンポハンタ～イ

1960年、当時の総理大臣だった祖父、岸信介は安保締結を断行し、「昭和の妖怪」と呼ばれた。東京・渋谷の南平台にあった岸の邸宅には、連日、日米安保条約改定に反対する

デモ隊が押し寄せた。当時5歳だった晋三と、2歳上の兄・寛信が「アンポハンターイ!アンポハンターイ!」と、そのデモ隊のまねをして駆け回るのを、岸はニコニコとして見ていたという。

◆ 安倍マリオ

2016年、リオデジャネイロ五輪の閉会式で、リオから東京への引き継ぎセレモニーの時、安倍首相が任天堂のゲームキャラクター、スーパーマリオになって登場するというサプライズが会場を沸かせ、「安倍マリオ」と呼ばれ話題になった。

♣ アベノマスク

2020年、新型コロナウイルス感染症の世界的な流行により、2月以降、日本国内でマスクの入手が困難に。そこで、緊急対応策として全世帯に布マスクを2枚ずつ配布。「アベノミクス」にかけて「アベノマスク」と揶揄され、税金の「無駄遣い」と批判が相次いだ。また、4月の緊急事態宣言時、歌手の星野源の「うちで踊ろう」に便乗した動画「アベノコラボ」も話題になった。

安倍晋三内閣の顔ぶれ

安倍晋三内閣成立　平成18年9月26日

内閣総理大臣	安倍晋三	国家公安委員会委員長 ほか	河野太郎
内閣法第九条の第一順位指定大臣(副総理)		内閣府特命担当大臣(沖縄及び北方対策	
財務大臣　内閣府特命担当大臣(金融)		クールジャパン戦略 知的財産戦略	
デフレ脱却担当	麻生太郎	科学技術政策 宇宙政策) ほか	島尻安伊子
総務大臣	高市早苗	経済再生担当　社会保障・税一体改革担当	
法務大臣	岩城光英	内閣府特命担当大臣	
外務大臣	岸田文雄	(経済財政政策)	甘利 明
文部科学大臣　教育再生担当	馳 浩	→平28.1.28	石原伸晃
厚生労働大臣	塩崎恭久	一億総活躍担当　女性活躍担当	
農林水産大臣	森山 裕	再チャレンジ担当 ほか	加藤勝信
経済産業大臣 ほか	林 幹雄	内閣府特命担当大臣(地方創生)	
国土交通大臣　水循環政策担当	石井啓一	まち・ひと・しごと創生担当	石破 茂
環境大臣 ほか	丸川珠代	東京オリンピック競技大会・	
防衛大臣	中谷 元	東京パラリンピック競技大会担当	遠藤利明
内閣官房長官		内閣法制局長官	横畠裕介
沖縄基地負担軽減担当	菅 義偉	以降	
復興大臣		第2次安倍内閣―平成24年12月26日成立	
福島原発事故再生総括担当	髙木 毅	第3次安倍内閣―平成26年12月24日成立	

安倍内閣・印象に残った顔

橋下徹
(1969～)

2012年9月、橋下徹大阪市長率いる地域政党「大阪維新の会」が「日本維新の会」を結成。国政政党として国政選挙へ乗り出し、坂本龍馬の「船中八策」にならって、「維新八策」を発表。11月、石原慎太郎前東京都知事率いる「太陽の党」との合流を発表。党名は「日本維新の会」で代表代行に。代表には石原慎太郎前東京都知事が就任した。2012年12月に行われた衆院選挙で第3党となる54議席を確保した。

石破　茂
(1957～)

2012年9月、自由民主党総裁選に出馬。第1回の投票で党員票で過半数以上を集め、立候補者5名中1位となるも、決選投票で安倍晋三元首相に19票差で敗れた。自民党きっての防衛政策通で、「軍事マニア」「防衛オタク」などと呼ばれることも。防衛大臣、農林水産大臣、自民党政調会長などを歴任。趣味は、鉄道、プラモデル作り。高校時代からアイドルグループのキャンディーズの大ファン。

安倍晋三 語録集

「日本が世界の国々から信頼、尊敬され、子供たちが日本に生まれたことを誇りに思える『美しい国、日本』をつくりたい」

—首相就任後、初の記者会見で。(2006・9・26)

「拉致問題の解決なくして国交正常化なしの原則は私が首相である限り必ず守っていく」

—政府主催の拉致問題の集会で。(2006・12・14)

デフレ脱却が政権に課せられた使命だ

—第2次安倍政権発足後、記者会見で(2012・12・26)

I am back（私は返り咲いた）。日本もそうならなくては。

—ワシントンの戦略国際問題研究所での政策演説で(2013・2・22)

状況はコントロールされている。今後も東京にダメージを与えることはない。私が保証する。

—福島第一原発の汚染水漏れを巡り、東京五輪招致のプレゼンで(2013・9・7)

世界経済回復のためには3語で十分だ。「Bay my Abenomics（アベノミクスは買いだ）」

—ニューヨーク証券取引所での講演(2013・9・25)

戦争に関わりのない世代に、謝罪を続ける宿命を背負わせてはならない。

—戦後70年談話発表の記者会見(2015・8・14)

私や妻、事務所が関わっていれば、首相も国会議員も辞める。

—学校法人「森友学園」への国有地売却問題を巡り衆院予算委員会で(2017・2・17)

こんな人たちに負けるわけにはいかない。

—東京都議選の応援演説で、「安倍やめろ」とやじを飛ばされて(2017・7・1)

あの悪夢のような民主党政権の時代に戻すわけにはいかない。

—自民党大会で(2019・2・10)

考えうる政策手段を総動員して、国民とともに、この戦後最大の危機を乗り越えていく決意だ。

—新型コロナウィルス感染拡大に伴う緊急事態宣言の発令を受け、会見で(2020・4・7)

私自身の責任で、国民の皆さまに心からおわびしたい。もっと早く判断しておけば良かった。

—新型コロナウィルス対策の10万円給付を巡る混乱に関し、記者会見で(2020・4・17)

山口

小泉純一郎
（こ いずみ じゅん いち ろう）

在職 1980 日 【在任期間】2001 年 4 月 26 日～2006 年 9 月 26 日

就任時の年齢・59 歳
戦後の内閣総理大臣の在任期間として
は、佐藤栄作、吉田茂に次いで第 3
位の記録。

●**生年月日**
1942 年 1 月 8 日

●**出生地**
神奈川県横須賀市

●**出身校**
慶応大学経済学部。
卒業後、
ロンドン大学に留学。

●**選挙区**
衆議院神奈川県第 11 区（旧神奈川
県第 2 区）

●**党派**
自由民主党

●**血液型**
A 型

●**好きな食べ物**
蕎麦。酒はウイスキー党。ワインも好む。
ビールはあまり飲まない。ちなみに嫌い
な食べ物は漬物。

●**初当選**
1972 年第 33 回衆議院議員選挙。
通算 12 回当選。

●**世襲**
祖父、父に続く 3 世。

恐れず、ひるまず、とらわれず

2001 年 5 月 7 日
の衆議院本会議、
首相就任後初めての
所信表明演説で。

小泉政権のころの出来事

西暦	年号	首相	重要事項
2001	平成 13	森喜朗	1 中央省庁が 1 府 12 省庁に再編
		小泉純一郎	4 小泉純一郎内閣成立。小泉メールマガジンの配信
			8 小泉首相、13 日に靖国神社に参拝
			9 アメリカで同時多発テロ事件が発生
			10 米・英軍がアフガニスタンを空爆
			テロ対策特措法が成立
			11 自衛隊をインド洋に派遣
			台湾・中国が WTO に加盟
2002	14		5 日本経団連の発足
			ユーロの流通がはじまる。東ティモール独立
			8 住民台帳ネットワークの稼働
			9 小泉首相の訪朝、日朝首脳会談が行われる
			10 北朝鮮による拉致事件の被害者 5 人が帰国
2003	15		3 国際刑事裁判所(ICC)発足
			米・英軍がイラクを攻撃、イラク戦争はじまる
			SARS(重症急性呼吸症候群)がアジアを中心に広まる
			5 個人情報保護関連 5 法が成立
			中国共産党の総書記・国家主席に胡錦濤が就任
			6 有事法制関連 3 法が成立
			7 イラク復興支援特別措置法が成立
2004	16		1 鳥インフルエンザ発生
			2 陸上自衛隊をイラクに派遣
			EU の東方拡大(中東欧の 10 か国が加盟、25 か国に)
			6 年金改革法、有事法制関連 7 法が成立
			イラクで暫定政府が発足
			10 新潟県中越地震が発生
			スマトラ沖地震により大規模津波が発生
2005	17		2 京都議定書が発効
			7 アスベストによる健康被害が判明
			9 郵政選挙で自民党が衆議院で過半数を超す勝利
			在外邦人選挙権の制限に違憲判決
			イスラエル、ガザ地区から軍を撤退
			10 郵政民営化法案が成立
2006	18		1 ライブドア事件で堀江社長が証券取引法違反で逮捕される
			ニューヨークで原油高騰

神奈川

41

小泉純一郎
の横顔

◆ 座右の銘
「和して同ぜず」
「人の己を知らざるを憂えず」

♥ 趣味
スキー、野球、水泳、ゴルフ、読書、
映画鑑賞、歌舞伎鑑賞。音楽

♠ X-JAPAN
音楽はオペラからロックまで幅広く、自民党の
コマーシャルに大ファンの X-JAPAN の
「Forever Love」を採用した。

♣ ニックネーム
「変人」(田中真紀子命名)

◆ パフォーマンス
マスコミ報道を利用した「劇場型政治」や「ワン
フレーズポリティクス」などと評され、幅広い層
から支持を集めて「小泉劇場」「ワイドショー内
閣」などと呼ばれた。

♣ 空前の人気
発足時の内閣支持率は 80 パーセントを超え
る空前の高率を記録した。ポスターや写真集
が飛ぶように売れたり、「小泉内閣メールマガ
ジン」を発行し、登録者が 200 万人に及んだ
ことが話題になった(ちなみに小泉首相のメッ
セージタイトルは「らいおんはーと」)。

♠ イメージキャラクター
髪形がライオンのたてがみに似ているとして「シ
シロー」というイメージキャラクターもつくられた。

小泉純一郎内閣の顔ぶれ

小泉純一郎内閣成立 　平成 13 年 4 月 26 日

内閣総理大臣	小泉純一郎	金融担当大臣	柳沢伯夫
総務大臣	片山虎之助	経済財政政策担当大臣	
法務大臣	森山真弓		竹中平蔵
外務大臣	田中真紀子	行政改革担当・規制改革担当大臣	
	→平 14.1.30—小泉純一郎(兼)		石原伸晃
	→平 14.2.1 —川口順子 *	内閣法制局長官	津野 修
財務大臣	塩川正十郎		
文部科学大臣	遠山敦子	以降	
厚生労働大臣	坂口 力	第 2 次小泉内閣—平成 15 年 11 月 19 日成立	
農林水産大臣	武部 勤	第 3 次小泉内閣—平成 17 年 9 月 21 日成立	
経済産業大臣	平沼赳夫		
国土交通大臣	扇 千景	3 次の小泉政権を通して、すべての内閣に入	
環境大臣	川口順子 *	閣したのは竹中平蔵と石原伸晃。第 2 次以	
	→平 14.2.8 —大木 浩	降入閣しているのは谷垣禎一と小池百合子。	
内閣官房長官	福田康夫		
国家公安委員会委員長・防災担当		備考　氏名の後の「*」:同一人が就任期間の全期間又	
	村井 仁	は一定期間に 2 つ以上の職を担当したことを示す。	
防衛庁長官	中谷 元		
沖縄及び北方対策担当大臣・			
科学技術政策担当大臣			
	尾身幸次		

小泉内閣・印象に残った顔

山崎 拓
（1936 ～）

2001 年、盟友の小泉純一郎内閣が誕生、党幹事長に就任。しかし、独断的な党内運営に批判が相次ぎ、週刊誌による女性スキャンダルも重なって辞任要求が高まる。2003 年、第 2 次小泉内閣改造で幹事長から副総裁に。直後の総選挙で現役副総裁のまさかの落選。落選後も、小泉内閣の首相補佐官に任命された。

塩川正十郎
（1921 ～ 2015）

2001 年、第 1 次小泉内閣は、17 人の閣僚中、女性を 5 人起用するなどの人事で話題になったが、80 歳前の塩川正十郎を財務大臣に起用したことでも世間は驚いた。ところが塩川は、記者会見などでの語り口が親しまれ、若者たちからは「塩爺」（しおじい）と呼ばれて人気を集め、小泉構造改革の旗振り役をつとめた。

小泉純一郎 語録集

「小泉内閣は改革断行内閣だ」
　　　　　　　　　―内閣発足を受けて（2001・4・26）

「今の痛みに耐えて明日を良くしようという米百俵の精神こそ改革を進める」
　　　　　　　　　―所信表明演説で（2001・5・7）

「私の内閣になって（郵政民営化論は）タブーでなくなった。旧郵政省の訳のわからない論理は小泉内閣では通用しない」
　　　　　　　　　―衆院の各党代表質問（2001・5・9）

「痛みに耐えてよく頑張った、感動した。おめでとう」
　　　―大相撲夏場所で優勝した横綱貴乃花の表彰式で
　　　　　　　　　　　　　　　　　　　　（2001・5・27）

「ある程度の痛みに耐えないと明るい展望が開けることはありえない。改革なくして成長なし」
　　　―経済財政諮問会議の「経済財政運営の基本方針」決定後、記者団に。（2001・6・21）

「自民党が小泉の改革をつぶそうというなら私が自民党をぶっつぶす」
　　　　　　　　　―参院選遊説で（2001・7・8）

「今イラクのどこが非戦闘地域で、どこが戦闘地域か、そんなの私に聞かれたって分かるわけがないじゃないですか」
　　　―イラクへの自衛隊派遣で民主党の菅直人代表との党首討論で（2003・7・23）

「集団的自衛権を認めるなら、憲法を改正した方がいい」
　　　　　　　―参院外交防衛委員会（2003・7・25）

「人生いろいろ、会社もいろいろ、社員もいろいろです」
　　　―参院決算行政監視委員会。勤務実態がなく、厚生年金に加入していたと追及する民主党の岡田克也代表に（2004・6・2）

「おれの信念だ。殺されてもいい」
　　　―参議院で参院郵政民営化法案の否決が濃厚になり衆議院解散を思いとどまらせようとした森前首相に（2005・8・6）

「今回の選挙は、いわば、郵政選挙であります。郵政民営化に賛成してくれるのか、反対するのか、それを国民に問いたい」
　　　　　　　―衆院解散後の記者会見（2005・8・8）

「格差が出ることが悪いとは思わない。今まで悪平等だという批判が多かったし、能力のある人が努力すれば報われる社会にしなければならない」
　　　　　　　―参院予算委員会で（2006・2・1）

「15 日を避けても批判、反発は変わらない。いつ行っても同じだ。ならば、今日は適切な日ではないか」
　　　　　　　―靖国参拝後、記者団に（2006・8・15）

野中広務
のなかひろむ

【衆議院在籍期間】1983 年 8 月〜2003 年 10 月

毒まんじゅう食ったんか！

2003 年 9 月の自民党総裁選で、政界引退を表明した野中広務が小泉首相支持に回った一部の政治家を非難する際に使った言葉。
「毒まんじゅう」とは具体的には密約されたポストをさす。この年の流行語になった。

●生没年
1925 年 10 月 20 日
〜2018 年 1 月 26 日（92 歳没）

●出生地
京都府船井郡園部村（現・南丹市）

●出身校
旧制京都府立園部中学校卒業
（後の京都府立園部高等学校）

●選挙区
衆議院京都府第 4 区（旧京都府第 2 区）

●党派
自由民主党

●血液型
B 型

●初当選
1983 年衆議院旧京都府第 2 区補欠選挙で初当選。
2003 年引退まで当選回数 7 回。

野中広務の横顔

小渕、森内閣時代に官房長官・幹事長代理・幹事長として仕切ったことから、「影の総理」と呼ばれた。

◆ 華麗なる遍歴

京都府船井郡園部町長、京都府副知事、衆議院議員（7期）、自治大臣、国家公安委員会委員長、内閣官房長官、沖縄開発庁長官、自由民主党幹事長などを歴任。

金丸信の不祥事による議員辞職に端を発した竹下派分裂の際に、反小沢一郎（当時自由民主党）グループの急先鋒として名を知られるようになる。

♥ 好きな食べ物

和菓子など、大の甘党で知られている。

♣ 口癖

「人生において、国政は付け足し」

◆ 趣味

仕事一筋。

タバコも酒もやらず、まわりからは政治の事を24時間ずっと考えていると言われている。

♣ 人物

自身の戦争体験から国防に関してはハト派。戦争は絶対にしてはならないという強い信念の持ち主。沖縄の特措法改正案を採決した本会議では「大政翼賛会にならないで欲しい」と訴えた。

♠ ニックネーム

「政界の狙撃手」

攻撃的な政治手法から。

◆ 現実主義者

1998年、参議院で自民党が惨敗すると、自自連立、さらに自自公連立をつくりあげる原動力になる。自自連立の際「悪魔」とまで呼んだ小沢一郎自由党党首に「ひれ伏してでも」と頭を下げて一転して協力を呼びかけた。

♥ 流行語大賞

2003年、引退表明を行った際、一部の議員がポスト目当てに小泉支持に動いていると批判して「毒まんじゅうでも食べたのか！」という言葉を残し、「毒まんじゅう」はこの年の流行語大賞に選出され、授賞式に出席した。

♣ 健康法

毎晩のように足裏をハンマーで叩いている。

政治グループニックネーム

YKK（ワイケーケー）

自由民主党の山崎拓、加藤紘一、小泉純一郎による盟友関係3人を指す言葉。

3人の頭文字（Yamasaki, Kato, Koizumi）から。1991年、自民党で実権を握っていた竹下派（経世会）に対抗する勢力として、加藤が同期のグループをつくろうと山崎と小泉に呼びかけたのが始まり。3人は1972年初当選の同期組であり、1期生の頃、国会での議席が隣り合っていたため、仲が良かったと同時に宿命のライバル（山崎の師は中曽根康弘、加藤の師は大平正芳、小泉の師は福田赳夫）でもあった。1994年、3人が中心となって政策集団「グループ・新世紀」を旗揚げ。

国会の三大野次将軍（こっかいのさんだいやじしょうぐん）

自民党衆議院議員の浜田幸一、鈴木宗男、松田九郎の3人のあだ名。議席の名札を拍子木のように叩きつけながら絶叫するという独特のスタイルで有名。

三大野次将軍のひとり、浜田幸一によると、「野次の三原則」があり、「女性を野次らない」「国民の皆さんに生きがいを与えるものでなくてはならない」「ナイス・ジョークでなくてはならない」という。

第85・86代 森 喜朗
もり よしろう

在職 387 日 【在任期間】2000 年 4 月 5 日〜2001 年 4 月 26 日

私はたたかれても、体重は100キロをキープしています。

2000年6月10日、
地元支援者に。

就任時の年齢・62 歳

●生年月日
1937 年 7 月 14 日

●出生地
石川県能美郡根上町（現・能美市）

●出身校
早稲田大学商学部

●選挙区
衆議院石川県第 2 区（旧・石川県第 1 区）

●党派
自由民主党

●血液型
O 型

●初当選
1969 年第 32 回衆議院議員選挙。
旧石川県第 1 区から無所属で立候補し、
32 歳でトップ当選。

森政権のころの出来事

西暦	年号	首相	重要事項
1998	平成 10	橋本竜太郎	2 長野冬季五輪開催
			北アイルランド紛争の和平合意
			6 中央省庁等改革基本法成立。金融監督庁発足
			インド・パキスタンで地下核実験
		小渕恵三	7 参議院議員選挙で自民党惨敗、橋本首相が引責辞任。小渕恵三内閣の成立
			10 金融再生関連法の成立
1999	11		4 統一地方選で東京都知事に石原慎太郎当選。コメの関税化実施
			EU11 か国で通貨統合を実施
			5 ガイドライン関連法、情報公開法が成立
			7 地方分権一括法、中央省庁改革関連法（1 府 12 省庁）の成立
			8 国旗・国歌法、通信傍受法の成立
			東ティモールで独立を問う住民投票
			9 東海村核燃料工場で臨界事故
2000	12		2 公職選挙法の改正（衆院比例区の定数が 20 削減）
		森喜朗	4 小渕首相が病気入院で辞任。森喜朗内閣の発足。介護保険制度はじまる
			ロシア大統領にプーチン就任
			7 沖縄・九州サミットの開催。金融庁の発足
			初の韓国・北朝鮮首脳会談
			10 長野県知事に田中康夫当選
			ユーゴスラビアで新政権発足
2001	13		1 中央省庁が 1 府 12 省庁に再編
		小泉純一郎	4 小泉純一郎内閣成立。小泉メールマガジンの配信
			8 小泉首相、13 日に靖国神社に参拝
			9 アメリカで同時多発テロ事件が発生
			10 米・英軍がアフガニスタンを空爆
			テロ対策特措法が成立
			11 自衛隊をインド洋に派遣
			台湾・中国が WTO に加盟
2002	14		5 日本経団連の発足
			ユーロの流通がはじまる。東ティモール独立
			8 住民台帳ネットワークの稼働
			9 小泉首相の訪朝、日朝首脳会談が行われる
			10 北朝鮮による拉致事件の被害者 5 人が帰国

石川

森 喜朗 の横顔

◆ 座右の銘
「滅私奉公」

♥ 趣味
ゴルフ、ラグビー

♠ 前職
サンケイ新聞記者、衆議院議員今松治郎秘書。

♣ 人物
明朗闊達にして人情家。「ノミの心臓」と評されるだけあって、細心な面も持ち合わせている。また、失言には事欠かなかった。

◆ ニックネーム
「シンキロウ」（森喜朗の音読み）

♣ 党三役と総裁すべて経験
自由民主党の幹事長、総務会長、政調会長の党三役全てに就任して総裁も勤めた唯一の人物。他に安倍晋太郎が党三役全てに就任いるが、総裁にはなれなかった。

♠ 「Who are you?」
2000年5月、森・クリントンの間で行われた会議で、アメリカのビル・クリントン大統領に「How are you?」（調子はいかがですか？）と言うつもりが「Who are you?」（あなたは誰ですか？）と間違って挨拶。クリントン大統領もこれには驚いたが、すぐに森首相のジョークだと判断、「I'm Hillary's husband!」（私はヒラリーの夫です。）と答えた。すると、森首相は「Oh, Me too!」（僕もだよ）と言ったという森首相の伝説。
後に毎日新聞論説委員高畑昭男による創作だったことが判明。

森 喜朗内閣の顔ぶれ

森喜朗内閣成立　平成12年4月5日

職名	氏名	職名	氏名
内閣総理大臣	森 喜朗	北海道開発庁長官	二階俊博 *
法務大臣	臼井日出男	防衛庁長官	瓦 力
外務大臣	河野洋平	経済企画庁長官	堺屋太一
大蔵大臣	宮沢喜一	科学技術庁長官	中曽根弘文 *
文部大臣	中曽根弘文 *	環境庁長官	清水嘉与子
厚生大臣	丹羽雄哉	沖縄開発庁長官	青木幹雄 *
農林水産大臣	玉沢徳一郎	国土庁長官	中山正暉 *
通商産業大臣	深谷隆司	内閣法制局長官	津野 修
運輸大臣	二階俊博 *		
郵政大臣	八代英太		
労働大臣	牧野隆守		
建設大臣	中山正暉 *		
自治大臣	保利耕輔 *		
内閣官房長官	青木幹雄 *		
国家公安委員会委員長	保利耕輔 *		
金融再生委員会委員長	谷垣禎一		
総務庁長官	続 訓弘		

備考　氏名の後の「*」：同一人が就任期間の全期間又は一定期間に2つ以上の職を担当したことを示す。

加藤紘一
（1939〜2016）

2000年11月、森おろしを目指し自民党の加藤紘一・山崎拓らが起こした倒閣運動（加藤の乱）で注目を浴びた。野党が森内閣不信任決議案を提出する動きを見せると、加藤紘一が同志を引き連れて賛成もしくは欠席すると宣言。採決の直前「これから長いドラマが始まります。」と強気な発言をしていたが、党幹事長の野中広務による党内引き締めにより加藤の意図は失敗に。

扇 千景
（1933〜）

2000年4月、与党連立政権を離脱した自由党・小沢一郎と袂を分かち保守党党首に就任。森内閣で建設大臣兼国土庁長官として初入閣。森改造内閣で初代国土交通大臣に就任。小泉内閣第1次改造内閣まで国土交通大臣を務めた。2003年11月、保守新党が解党し自民党に復党。2004年7月、女性初の参議院議長に選出された。

石川

森 喜朗 語録集

「選挙参謀もボスもいない、僕の徹底的な対話戦法が勝因だと思います」
—初当選で喜びの声（1969・12・28）

「体が大きいので、でしゃばらないよう気をつけたい」
—福田赳夫内閣の官房副長官就任で
（1977・11・28）

「彼（小渕前首相）がやりたいと思っていたことをキャッチャー役だった私がしっかり処理することが大事だ」
—首相指名を受ける朝、自宅前の報道陣の質問が小渕氏に振られて（2000・4・5）

「日本の伝統や国を愛することを戦後教育の中で、なぜ教えられなかったのか、教育勅語をなぜ廃止したのか検証する必要がある」
—衆院予算委（2000・4・24）

「日本の国、まさに天皇を中心にしている神の国であるということを国民の皆さんにしっかりと承知していただく、その思いで我々が活動して30年になった」
—神道政治連盟国会議員懇談会（2000・5・15）

「（無党派は）そのまま関心がないと言って寝てしまってくれればそれでいいんですが、そうはいかない」
—新潟市での選挙応援演説（2000・6・20）

「引き続き政権を担当せよというのが、今回の選挙の民意」
—総選挙結果を受けての会見（2000・6・26）

「家内と食事をするんだよ。（私が首相になって）彼女が一番の被害者だから」
—静養中の箱根で（2000・8・11）

「政権に恋々としない」
—自由社会研究会懇談会（2000・8・29）

「政権という重いボールを持つことになり若き日に興じたラグビーを思い出す。国民とスクラムを組んで『日本新生』のゴールポストを目指して走り続ける覚悟だ」
—臨時国会で所信表明演説（2000・9・21）

「大勢の前で君は大事な大事な恋人に『結婚してください』と言うかね」
—本会議場で野中広務幹事長に幹事長留任を要請したかと記者団に問われて（2000・11・10）

「退陣などは全く念頭にない。私が退陣表明したかのように捉えられるのは不本意だ」
—衆院本会議で（2001・3・15）

「夕食時だから寿司でも取るのかと思ったら、出されたのが缶ビールとスモークサーモン、干からびたチーズ一切れだけだった」
—小泉首相に衆議院を解散しないよう説得を試みたが失敗に終わり、小泉首相との会談後、報道陣の前に缶ビールとミモレット（フランス原産のチーズ）を手にして会見（2005・8・6）

49

第84代 小渕恵三
おぶちけいぞう

在職 616 日 【在任期間】1998 年 7 月 30 日〜2000 年 4 月 5 日

就任時の年齢・61 歳

●生没年
1937 年 6 月 25 日〜
2000 年 5 月 14 日
（62 歳没）

●出生地
群馬県吾妻郡中之条町

●出身校
早稲田大学文学部

●選挙区
衆議院群馬県第 5 区
（旧群馬県第 3 区）

●党派
自由民主党

●血液型
A 型

●初当選
1963 年第 30 回
衆議院議員選挙。
26 歳で当選。
連続 12 回当選。

●人物
気配り、
敵がいない、
人柄がよく
温厚で知られる。

人気の橋本、
実力の小沢、
そして人柄の小渕です

平成
おじさん

穏やかな性格の人柄
から「人柄の小渕」と
呼ばれた。

小渕政権のころの出来事

西暦	年号	首相	重要事項
1996	平成 8	橋本竜太郎	1 村山首相が辞任、内閣は総辞職し、橋本竜太郎内閣が成立
			3 東京 HIV 訴訟、東京地裁で和解
			8 新潟県巻町(現・新潟市)で原発反対の是非を問う住民投票が初めて実施される 国連で包括的核実験禁止条約(CTBT)採択
			10 小選挙区比例代表制で初めての衆議院選挙
			12 ペルーの日本人大使館公邸をゲリラが襲撃
1997	9		3 茨城の核燃料再処理工場で爆発事故
			4 消費税が 5%に引きあげられる。愛媛県玉串料訴訟で最高裁が違憲判決
			6 環境アセスメント法、臓器移植法が成立 香港がイギリスから中国に返還される
			9 日米安保条約のガイドラインに合意
			11 北海道拓殖銀行が破綻。山一証券が自主廃業
1998	10		2 長野冬季五輪開催 北アイルランド紛争の和平合意
			6 中央省庁等改革基本法成立。金融監督庁発足 インド・パキスタンで地下核実験
		小渕恵三	7 参議院議員選挙で自民党惨敗、橋本首相が引責辞任。小渕恵三内閣の成立
			10 金融再生関連法の成立
1999	11		4 統一地方選で東京都知事に石原慎太郎当選。コメの関税化実施 EU11 か国で通貨統合を実施
			5 ガイドライン関連法、情報公開法が成立
			7 地方分権一括法、中央省庁改革関連法(1 府 12 省庁)の成立
			8 国旗・国歌法、通信傍受法の成立 東ティモールで独立を問う住民投票
			9 東海村核燃料工場で臨界事故
2000	12		2 公職選挙法の改正(衆院比例区の定数が 20 削減)
		森喜朗	4 小渕首相が病気入院で辞任。森喜朗内閣の発足。介護保険制度はじまる ロシア大統領にプーチン就任
			7 沖縄・九州サミットの開催。金融庁の発足 初の韓国・北朝鮮首脳会談
			10 長野県知事に田中康夫当選 ユーゴスラビアで新政権発足

群馬

小渕恵三の横顔

◆ 座右の銘
「終始一誠意」

♥ 趣味
ゴルフ、美術館めぐり、読書(歴史小説全般)、映画鑑賞。
とくに渥美清主演の映画「男はつらいよ」シリーズの大ファンで、「寅さんファンクラブ」の会員第1号で有名。
プロ野球西武ライオンズの大ファン。

♠ スポーツ
合気道4段

♣ 名前の由来
「天の時」「地の利」「人の和」の三つに恵まれるように、と父・光平が願い「恵三」と名付けた。

◆ ニックネーム
「平成おじさん」「平成長官」「人柄の小渕」「鈍牛」「ビルの谷間のラーメン屋」「凡人(田中真紀子が命名)」「真空総理」「冷めたピザ」「ブッチホン」「ボキャ貧」
大平正芳元首相と同じく「鈍牛」というニックネームをもつが、ともに首相在任中、病に倒れて死去している。

♣ パフォーマンス
口が重くパフォーマンスは苦手と言われていたが、1999年の訪欧時にフランス経団連でのスピーチが大受けし、欧米のメディアに「ジョークのセンスはイギリス首相より上」と言わしめた。

小渕恵三内閣の顔ぶれ

小渕恵三内閣成立　平成10年7月30日

職名	氏名	職名	氏名
内閣総理大臣	小渕恵三	科学技術庁長官	竹山 裕
法務大臣	中村正三郎	環境庁長官	真鍋賢二
外務大臣	高村正彦	沖縄開発庁長官	井上吉夫*
大蔵大臣	宮沢喜一	国土庁長官	柳沢伯夫
文部大臣	有馬朗人		→平10.10.23—井上吉夫*
厚生大臣	宮下創平	国務大臣(金融再生担当)	柳沢伯夫
農林水産大臣	中川昭一		[平10.10.23]
通商産業大臣	与謝野 馨	金融再生委員会委員長	柳沢伯夫
運輸大臣	川崎二郎		[平10.12.15設置]
郵政大臣	野田聖子		
労働大臣	甘利 明	内閣法制局長官	大森政輔
建設大臣	関谷勝嗣		
自治大臣	西田 司*		
内閣官房長官	野中広務		
国家公安委員会委員長	西田 司*		
総務庁長官	太田誠一		
北海道開発庁長官	井上吉夫*		
防衛庁長官	額賀福志郎		
	→平10.11.20—野呂田芳成		
経済企画庁長官	堺屋太一		

備考
氏名の後の「*」：同一人が就任期間の全期間又は一定期間に2つ以上の職を担当したことを示す。

小渕内閣・印象に残った顔

田中真紀子
（1944 ～）

1998 年 7 月、自民党総裁選に立候補した小渕恵三を「凡人」、梶山静六を「軍人」、小泉純一郎を「変人」と呼んで流行語に。1993 年、衆院選で初当選、翌年、1 年生議員ながら村山内閣の科学技術庁長官として初入閣。2001 年の自民党総裁選では小泉内閣誕生に大きく貢献し外相に就任したが、外務官僚との対立、摩擦を起こし、外交の停滞を要因に更迭された。

青木幹雄
（1934 ～）

1999 年 10 月、小渕第 2 次改造内閣の官房長官・沖縄開発庁長官として入閣。2000 年 4 月、小渕首相の緊急入院にともない、臨時首相となって総辞職を決定したが、後継として選出する際、密室会談に集まった自民党有力議員の 5 人組（青木幹雄、野中広務、亀井静香、森喜朗、村上正邦）で、後継総理に森喜朗を指名することが決まり、「密室政治」と批判された。

群馬

小渕恵三 語録集

「俺はビルの谷間のラーメン屋」
—福田赳夫、中曽根康弘両元首相と同じ衆院旧群馬第 3 区で戦っていることをぼやき（1986・7）

「新しい元号は平成であります」
—官房長官として首相官邸で新元号を発表（1989・1・7）

「新聞では実力の小沢、政策の羽田、人気の橋本、人柄の小渕と言われます」
—北海道苫小牧市の講演で（1992・10・7）

「冷めたピザの話は、どなたか経済人が言っておられたけど、レンジに入れると温まるそうだから」
—自民党総裁選出馬表明の会見で「冷めたピザのように生気に欠ける」との海外での報道に対して（1998・7・17）

「平々凡々など、私への評価は知っているし一部認めるが、決断すべきときは決断してきた。『鬼手仏心』で大改革に取り組んでいきたい」
—自民党総裁選立会演説会で（1998・7・23）

「ボキャ貧だからな、おれは。ボキャブラリーが貧困だからいい言葉がなかなか出てこない。おつかれさまのひとことだ」
—首相就任後初の訪米を前に（1998・9・18）

「激しいバッシングにあっており、批判に耐えかねている。鈍牛とて血は流れているし、神

経とてある」
—劇団四季のこけら落とし公演記念パーティーで（1998・10・3）

「行き過ぎた悲観主義は活力を奪い去るだけであります。いま必要なのは確固たる意志を持った建設的な楽観主義であります」
—施政方針演説で（1999・1・19）

「おれは真空総理だから対立することはないんだ。考えがないんだから対立することはないんだ」
—野中広務官房長官との意見対立があったのではと、記者に問われて（1999・6・17）

「さっき言い忘れちゃったんだけど、今日、竹下元首相から電話があって激励を受けたんだ。年末ということで、ご挨拶をしようと思っていたんだが、逆に竹下元首相の方から激励を受けてしまった」
—首相番記者に「ブッチホン」をかけて（1999・12・29）

「沖縄は第二の故郷だ。私はこれにかけている」
—沖縄を視察しサミット議長への強い意欲を表明（2000・3・25）

第82・83代 <ruby>橋<rt>はし</rt></ruby><ruby>本<rt>もと</rt></ruby><ruby>竜<rt>りゅう</rt></ruby><ruby>太<rt>た</rt></ruby><ruby>郎<rt>ろう</rt></ruby>

在職 932 日 【在任期間】1996 年 1 月 11 日〜1998 年 7 月 30 日

就任時の年齢・58 歳

●生没年
1937 年 7 月 29 日
〜 2006 年 7 月 1 日 (68 歳没)

●出生地
東京都渋谷区

●出身校
慶応大学法学部

●選挙区
衆議院岡山県第 4 区 (旧岡山県第 2 区)

●党派
自由民主党

●血液型
AB 型

●好きな言葉
「夢」

●前職
呉羽紡績株式会社
(現・東洋紡績)
衆議院議員秘書

●初当選
1963 年第 30 回衆議院議員選挙。
岡山第 2 区から 26 歳で当選。
連続 14 回当選。

●人物
几帳面。性格は短気でけんかっ早く見
栄っ張りで負けず嫌い。
「怒る、威張る、すねる」などと言われ
た。

（アキレス腱は）
怒る、すねる、
威張る

1995 年 12 月、
自身の性格につ
いて。

橋本政権のころの出来事

西暦	年号	首相	重要事項
1995	平成 7	村山富市	1 阪神・淡路大震災おこる 世界貿易機構(WTO)発足
			3 地下鉄サリン事件おこる。オウム真理教の強制捜査(のち教祖が逮捕される)
			6 戦後 50 年国会決議を採択
			9 沖縄で米兵による少女暴行事件発生 パレスチナ自治協定調印
			12 「もんじゅ」でナトリウムもれの事故が発生
1996	8	橋本竜太郎	1 村山首相が辞任、内閣は総辞職し、橋本竜太郎内閣が成立
			3 東京 HIV 訴訟、東京地裁で和解
			8 新潟県巻町(現・新潟市)で原発反対の是非を問う住民投票が初めて実施される 国連で包括的核実験禁止条約(CTBT)採択
			10 小選挙区比例代表制で初めての衆議院選挙
			12 ペルーの日本人大使館公邸をゲリラが襲撃
1997	9		3 茨城の核燃料再処理工場で爆発事故
			4 消費税が 5%に引きあげられる。愛媛県玉串料訴訟で最高裁が違憲判決
			6 環境アセスメント法、臓器移植法が成立 香港がイギリスから中国に返還される
			9 日米安保条約のガイドラインに合意
			11 北海道拓殖銀行が破綻。山一証券が自主廃業
1998	10		2 長野冬季五輪開催 北アイルランド紛争の和平合意
			6 中央省庁等改革基本法成立。金融監督庁発足 インド・パキスタンで地下核実験
		小渕恵三	7 参議院議員選挙で自民党惨敗、橋本首相が引責辞任。小渕恵三内閣の成立
			10 金融再生関連法の成立
1999	11		4 統一地方選で東京都知事に石原慎太郎当選。コメの関税化実施 EU11 か国で通貨統合を実施
			5 ガイドライン関連法、情報公開法が成立
			7 地方分権一括法、中央省庁改革関連法(1 府 12 省庁)の成立
			8 国旗・国歌法、通信傍受法の成立 東ティモールで独立を問う住民投票
			9 東海村核燃料工場で臨界事故

岡
山

橋本竜太郎
の横顔

◆ **座右の銘**

「初心忘るべからず」

♥ **スポーツ**

剣道5段

♠ **趣味**

登山（小学生頃から始める）

カメラ、写真はプロ級の腕

♣ **ニックネーム**

「ポマード総理」「政界の玉三郎」

「タフ・ネゴシエーター」

「足下総理」など。

愛称は「橋竜」「竜さま」。

◆ **トレードマークの髪形**

高校時代からリーゼントスタイル。「ポマード総
理」などと言われていたが、実際はポマードで
なくヘアクリームをつけている。

♣ **同級生**

麻布中学の同級生に作家の安部譲二がいた。
受験番号が一番違いだったことが縁で仲良くな
り中学3年間を通じて同じクラスだった。

♠ **プリクラ**

1997年12月、自民党本部1階ロビーに
橋本総理といっしょに写真が撮れるプリントクラ
ブ「龍ちゃんプリクラ」が設置されて話題に。

◆ **普天間返還合意**

「現在の国際情勢の下で、沖縄の強い要望
に可能な限りにたえたものだ。決定を大田昌秀
沖縄県知事に伝えたが、喜んで協力すると言
ってくれた」と語った。

♥ **ペルー事件武力解決**

1996年12月に発生した在ペルー日本大使
館公邸占拠事件が解決した際には、「チャンス
をとらえ見事な救出作戦をしたフジモリ大統領
に心から謝意を表したい」と述べた。

橋本竜太郎内閣の顔ぶれ

橋本竜太郎内閣成立　平成8年1月11日

内閣総理大臣	橋本竜太郎	北海道開発庁長官	岡部三郎＊
法務大臣	長尾立子	防衛庁長官	臼井日出男
外務大臣	池田行彦	経済企画庁長官	田中秀征
大蔵大臣	久保 亘	科学技術庁長官	中川秀直
文部大臣	奥田幹生	環境庁長官	岩垂寿喜男
厚生大臣	菅 直人	沖縄開発庁長官	岡部三郎＊
農林水産大臣	大原一三	国土庁長官	鈴木和美
通商産業大臣	塚原俊平		
運輸大臣	亀井善之	内閣法制局長官	大森政輔
郵政大臣	日野市朗		
労働大臣	永井孝信		
建設大臣	中尾栄一	備考	
自治大臣	倉田寛之＊	氏名の後の「＊」：同一人が就任期間の全期間又は一定期	
内閣官房長官	梶山静六	間に2つ以上の職を担当したことを示す。	
国家公安委員会委員長	倉田寛之＊		
総務庁長官	中西積介		

橋本内閣・印象に残った顔

梶山静六
(1926 〜 2000)

1995 年 9 月の自民党総裁選では橋本総裁誕生の立役者となり、1996 年 1 月に発足した橋本内閣の官房長官に。野党・小沢一郎氏いる新進党との連携を図るいわゆる「保保連合構想」の主要人物となり、幹事長の加藤紘一、野中広務ら「自社さ派」の党執行部と激しく対立。橋本首相や竹下元首相が「自社さ派」に軸足を置いたため、1997 年 9 月、官房長官を退任。

久保 亘
(1929 〜 2003)

1996 年 1 月、村山首相が辞任。自社さ 3 党連立の枠組みは変わらず、自民党の橋本竜太郎を首班とする連立内閣が発足。その橋本内閣で副総理兼蔵相に就任。同月、社会党が社会民主党に党名を変更し、副党首兼参議院議員会長に就任。10 月の衆院選挙で社民党は惨敗、11 月の第 2 次橋本内閣で社民党、さきがけは閣外協力となり自民党単独内閣になった。

橋本竜太郎 語録集

「ばかばかしい時間の使い方で、腹が立つ」
—初登院翌日に国会空転 (1963・12・5)

「国鉄を生き返らせるには分割・民営化しかない。短期集中審議で、時間との競争だ」
—運輸相で国鉄改革に臨み (1986・7・26)

「自民党と日本の行く末に懸け, 全力を傾ける」
—首相指名直前の両院議員総会 (1996・1・11)

「今夜は飲むぞ」
—沖縄の米軍普天間飛行場全面返還の合意発表後 (1996・4・12)

「行政改革は政治生命 (を懸ける) と言えば済む甘い話ではない」
—第 2 次橋本内閣発足後の記者会見 (1996・11・8)

「すまん (ペルーの日本大使公邸人質事件に) 頭が飛んでいる。おれの頭は単線で、複線じゃないんだよ」
—記者団に (1996・12・21)

「日米安保条約上の義務を果たすことは、日米関係維持に必要なだけでなく国家の存立にかかわる重大な問題だ。
最小限の措置として批判は覚悟の上で米軍用地特別措置法の改正を決断した」
—記者会見 (1997・3・31)

「非常に重く受け止めている。万全の対策を取る。金融システムの安定性確保のための

ような措置が取れるのか幅広く検討するよう指示を出す」
—山一証券の自主廃業決定で (1997・11・24)

「私が辞めれば景気が回復し、すべてが良くなるなら即刻でも代わる。そんな種類の話ではない」
—衆院予算委員会 (1998・1・19)

「国会が始まってから私の誇りはズタズタに破られている」
—衆院予算委員会 (1998・2・13)

「戦後 50 年たった社会・経済の仕組みを変え、ここ 10 年のバブルのたまり、不良債権などを解決しないと次の時代に移ることができない」
—衆院選第一声 (1998・6・25)

「すべてひっくるめて私自身の責任、力不足だ」
—参院選での自民党惨敗の責任を取り退陣表明 (1998・7・13)

「わたしが受け取って (派閥の事務局長に) 渡したのは事実なのだろうと思う」
—日本歯科医師連盟からの献金問題にからみ衆院政治倫理審査会で弁明 (2004・11・30)

「体調が悪いので政界では働けない。皆さんにお世話になった」
—後援会合で政界引退表明 (2005・8・20)

岡山

57

第81代 村山富市

<ruby>村<rt>むら</rt></ruby><ruby>山<rt>やま</rt></ruby><ruby>富<rt>とみ</rt></ruby><ruby>市<rt>いち</rt></ruby>

在職 561 日 【在任期間】1994 年 6 月 30 日～1996 年 1 月 11 日

就任時の年齢・70 歳
1947 年の片山政権以来 47 年ぶり
社会党首班内閣誕生。

●生年月日
1924 年 3 月 3 日

●出生地
大分県大分市

●出身校
明治大学専門部

●選挙区
衆議院大分県第 1 区（旧大分県第 1
区）

●所属政党
日本社会党→左派社会党→
日本社会党→社会民主党

●血液型
O 型

●前職
大分県職員労働組合書記
大分市議会議員
大分県議会議員

●初当選
1972 年第 33 回衆議院議員選挙。
通算当選 8 回。

●人物
温和で気取らず謙虚。どんなにほめら
れても天狗にならない。子供のころから
やさしくおとなしいタイプで敵がいなかっ
た。

心臓の
ときめきを
感じる。

1994 年 6 月、
首相就任後、各
党の挨拶回りで、
かつての仇敵だっ
た自民党代議士
会で。

村山政権のころの出来事

西暦	年号	首相	重要事項
1993	平成 5	宮沢喜一	1 在日韓国・朝鮮人の指紋押捺制度廃止 EC 統一市場が発足
			6 皇太子のご成婚
		細川護熙	8 宮沢内閣総辞職。細川護熙が首相に就任、非自民の 8 党派 連立内閣成立し、55 年体制が崩れる
			12 ウルグアイ - ラウンド決着、コメ輸入の部分開放が決定 欧州連合条約の発効。EU の成立
1994	6		1 政治改革 4 法案(衆議院の小選挙区比例代表並立制など)成 立
		羽田孜	4 細川首相が突然辞任。非自民の羽田孜内閣が成立 北朝鮮で金正日が政権を後継
		村山富市	6 政権運営に失敗し、羽田内閣が総辞職。自社さきがけの 3 党連立で村山富市が首相に就任
			9 関西国際空港の開港
1995	7		1 阪神・淡路大震災おこる 世界貿易機構(WTO)発足
			3 地下鉄サリン事件おこる。オウム真理教の強制捜査(のち教 祖が逮捕される)
			6 戦後 50 年国会決議を採択
			9 沖縄で米兵による少女暴行事件発生 パレスチナ自治協定調印
			12 「もんじゅ」でナトリウムもれの事故が発生
1996	8	橋本竜太郎	1 村山首相が辞任、内閣は総辞職し、橋本竜太郎内閣が成立
			3 東京 HIV 訴訟、東京地裁で和解
			8 新潟県巻町(現・新潟市)で原発反対の是非を問う住民投票が 初めて実施される 国連で包括的核実験禁止条約(CTBT)採択
			10 小選挙区比例代表制で初めての衆議院選挙
			12 ペルーの日本大使館公邸をゲリラが襲撃
1997	9		3 茨城の核燃料再処理工場で爆発事故
			4 消費税が 5%に引きあげられる。愛媛県玉串料訴訟で最高裁 が違憲判決
			6 環境アセスメント法、臓器移植法が成立 香港がイギリスから中国に返還される
			9 日米安保条約のガイドラインに合意
			11 北海道拓殖銀行が破綻。山一証券が自主廃業

大
分

村山富市 の横顔

◆ 好きな言葉
「初心忘れず」
「大衆とともに大衆に学ぶ」

♥ 趣味
特にない。読書（歴史小説）。

♠ マスコット人形
社会党から村山モデルのマスコット「とんちゃん人形」を発売し話題に。

♣ ニックネーム
「とんちゃん」「政界の笠智衆」
古くはヨレヨレのコートを着ていて「国会のコロンボ」と呼ばれた時期も。

◆ トレードマーク
ハの字形に垂れ下がった白い眉毛。白髪になるにつれて、眉毛も長くなったとか。日本テレビのバラエティー番組「進め！電波少年」でタレントの松村邦洋が眉毛をハサミで切るという企画に了承したことも。

♣ 無欲
衣食住すべてに無関心。一人だと何も食べなかったり、トースト一枚ですませてしまう。3日間くらい平気で同じ背広やネクタイを続けて着てしまうことも。地元で「村山富市ほど清廉潔白な政治家はいない」と言われる象徴が自宅。塀も門もなく、ひさしは傾き壁にはあちこちに亀裂が入っている。「築百年を超える」というボロ家。

 ## 村山富市内閣の顔ぶれ

村山富市内閣成立　平成6年6月30日

内閣総理大臣	村山富市	科学技術庁長官	田中真紀子
法務大臣	前田勲男	環境庁長官	桜井 新
外務大臣	河野洋平※		→平6.8.14—宮下創平
大蔵大臣	武村正義	沖縄開発庁長官	小里貞利*
文部大臣	与謝野 馨		→平7.1.20—小沢 潔*
厚生大臣	井出正一	国土庁長官	小沢 潔*
農林水産大臣	大河原太一郎	国務大臣	→平7.1.20—小里貞利
通商産業大臣	橋本竜太郎		
運輸大臣	亀井静香	内閣法制局長官	大出峻郎
郵政大臣	大出 俊		
労働大臣	浜本万三		
建設大臣	野坂浩賢		
自治大臣	野中広務*		
内閣官房長官	五十嵐広三		
国家公安委員会委員長	野中広務*		
総務庁長官	山口鶴男		
北海道開発庁長官	小里貞利*		
	→平7.1.20—小沢 潔*		
防衛庁長官	玉沢徳一郎		
経済企画庁長官	高村正彦		

備考
① 氏名の後の「※」：組閣当初において、内閣法第9条によりあらかじめ指定された国務大臣（いわゆる副総理）を示す。
② 氏名の後の「*」：同一人が就任期間の全期間又は一定期間に2つ以上の職を担当したことを示す。

村山内閣・印象に残った顔

河野洋平
（1937〜）

1993年の衆院選挙で自民党が大敗、下野した後、宮沢退陣を受け行われた総裁選に立候補。渡辺美智雄を破って自民党総裁に就任。1994年、非自民連立政権から離脱した社会党・新党さきがけの2党と連立を組んで社会党委員長の村山富市を擁立、村山内閣（自社さ連立政権）が誕生。村山内閣では副総理・外相に就任。

1995年の任期切れによる自民党総裁選では派内および党内支持を得られず立候補を辞退、橋本竜太郎に後を譲り、史上はじめて内閣総理大臣に就任していない自民党総裁となった。2003年、自民党総裁経験者初の衆議院議長に。

村山富市 語録集

「実感がわかないが、困難な状況の中で責任の重さをひしひしと感じている」
—総理大臣就任の感想（1994・6・30）

「外交は継続、内政は改革路線を進める。日米安全保障体制も引き続き堅持していく」
—アメリカのクリントン大統領と初の首脳会談で（1994・7・8）

「初めての経験で早朝のことでもあり、混乱があった」
—阪神大震災に関し衆院本会議で（1995・1・20）

「地震に強い街づくりを引き続きやることが私に与えられた課題であり、取るべき責任だ」
—震災対策の緊急記者会見で（1995・2・9）

「一般市民に対する無差別の殺傷事件は断じて許すことはできない。憎んでもあまりある」
—地下鉄サリン事件発生で（1995・3・20）

「強行突入して失敗したら、首相を辞めて白装束で被害者を回って謝罪するつもりだった」
—全日空機乗っ取り事件解決後（1995・6・22）

「憲政の常道に従って第一党の自民党に政権の座を譲りたい。については河野総裁にお願いしたい」
—参院選開票結果を受けた与党三党首会談で（1995・7・23）

「国策を誤り、植民地支配と侵略によって、アジアの諸国民に多大の損害と苦痛を与えた」
—戦後50年の首相談話（1995・8・15）

「従軍慰安婦の方々には耐え難い屈辱と苦痛を与えた。何をもっても償うことはできず、深くおわび申し上げます」
—市民集会で元従軍慰安婦らに（1995・8・15）

「大田昌秀沖縄県知事の苦しみを政府も味わわなければならない。苦渋の選択をしたい」
—沖縄の米軍用地強制使用のための首相の署名代行を決めた与党三党首会談で（1995・11・21）

「再発の芽を摘み、国民の不安を解消するためには適用はやむを得ない」
—オウム真理教への破壊活動防止法の団体規制適用を決断後（1995・12・14）

「多年にわたり筆舌に尽くし難い苦悩を強いられてきた多くの方々のいやし難い心情を思うと誠に申し訳ない」
—水俣病未認定患者救済策を決定後の首相談話（1995・12・15）

「先延ばしすれば、さらに傷口を大きくする。苦渋の選択として公的資金を導入せざるを得ない」
—住専処理策の記者会見（1995・12・19）

「後悔はない。やらなければならないと言ったことは果たしたから」
—退陣記者会見に向かう途中、記者団に対して（1996・1・5）

「荷物を下ろしたような気持ちじゃな。ただ、まだ日数があるので頑張らんと」
—六本木の中華料理店で秘書官らと会食後、公邸に着いて、記者団に（1996・1・5）

<ruby>後<rt>ご</rt></ruby><ruby>藤<rt>とう</rt></ruby><ruby>田<rt>だ</rt></ruby><ruby>正<rt>まさ</rt></ruby><ruby>晴<rt>はる</rt></ruby>

【衆議院在籍期間】1976 年 12 月 10 日〜1996 年 9 月 27 日

十年、出てくるのが遅かったわな〜

議員を辞める際、記者が「総理になれず無念ではありませんか?」という質問に対しての答え。

● 生没年
1914 年 8 月 9 日
〜 2005 年 9 月 19 日(91 歳没)

● 出生地
徳島県麻植郡東山村(現・吉野川市)

● 出身校
東京帝国大学法学部(現・東京大学)

● 選挙区
衆議院徳島県全県区

● 党派
自由民主党

● 初当選
1976 年第 34 回衆議院議員選挙。
当選回数 7 回。

● 好きな食べ物
ピーナツ煎餅

後藤田正晴
の横顔

警察庁長官として「浅間山荘事件」など数々の難事件の捜査を指揮。政界入り後は副総理や官房長官などを歴任。政界引退後も「政界のご意見番」として知られた。内閣危機管理室等の創始者。

◆ 後藤田五訓

1986年、内閣安全保障室など内閣五室ができた時、5人の室長らに与えた訓示。

1、出身がどの省庁であれ省益を忘れ、国益を想え
2、悪い本当の事実を報告せよ
3、勇気を以て意見具申せよ
4、自分の仕事でないと言う勿れ
5、決定が下ったら従い、命令は実行せよ

♥ 総理にならなかった五つの理由

1、警察出身者だから国民に与えるイメージが良くない
2、田中角栄に見い出してもらったから
3、最初の選挙のとき陣営からたくさんの選挙違反者を出している
4、中曽根に5年仕えたことで、どうしても彼の影が拭えない
5、糖尿病だから

♣ ビート君

1986年、中曽根内閣官房長官時代、ビートたけしの「フライデー編集部襲撃事件」が起きた後、「ビート君の気持ちもわかるよ」とコメント。

◆ ニックネーム

「カミソリ後藤田」
歯に衣着せぬ言動と、その切れ味の鋭さから。

「日本のジョゼフ・フーシェ」
フーシェはフランス革命期の政治家で、時代を見すえた策略家であった。

政治グループニックネーム

ビッグ・ムラ・ムラ

ワン・ワン・ライス(p.23)と意見を異にすることが多かった大内啓伍(民社党委員長)、村山富市(日本社会党国会対策委員長)、武村正義(新党さきがけ代表)の与党幹部を指す言葉。大内啓伍の大(big)、村山富市の村(ムラ)、武村正義の村(ムラ)に因んで。

羽田政権にて武村率いる新党さきがけは閣外協力に転じ、村山率いる日本社会党は連立政権から離脱、羽田政権の与党である民社党に所属していた大内も新進党には参加せず、のちの村山政権では、3氏いずれもが与党に所属していた。

安倍派四天王(あべはしてんのう)

安倍晋太郎領袖の派閥安倍派において、安倍の後継者として目された有力4人の政治家を指した言葉。
- 森喜朗(内閣総理大臣、文部大臣、自民党幹事長)
- 塩川正十郎(財務大臣、官房長官、東洋大学総長)
- 加藤六月(農水大臣、自民党全国組織委員長)
- 三塚博(大蔵大臣、運輸大臣、自民党幹事長)

第80代 羽田 孜 <ruby>羽<rt>は</rt></ruby><ruby>田<rt>た</rt></ruby> <ruby>孜<rt>つとむ</rt></ruby>

在職 64 日 【在任期間】1994 年 4 月 28 日〜1994 年 6 月 30 日

就任時の年齢・58 歳
戦後 2 番目の短命政権。

普通の言
葉が通じ
る政治。

羽田孜の
選挙スローガン。

●生没年
1935 年 8 月 24 日
〜 2017 年 8 月 28 日（82 歳没）

●出生地
東京都大田区

●出身校
成城大学経済学部

●選挙区
衆議院長野県第 3 区（旧長野県第 2
区）

●党派
新生党（当時）

●血液型
O 型

●初当選
1969 年第 32 回
衆議院議員選挙

●所属政党
自由民主党→新生党→
新進党→太陽党→
民政党→民主党

●好きな食べ物
煮込みうどん。そばなど麺類。
若手議員らと国会近くのそば屋で年に
数回「薮そばの会」を開いていた。

羽田 孜
の横顔

◆ 座右の銘

「真心」

「血につながる政治　心につながる政治　普通の言葉の通じる政治」

♥ 趣味

ゴルフ、コンサート鑑賞、食べ歩き。全国を遊説する機会が多く、車中で駅弁を良く食べる。各地元特産の弁当でないと機嫌が悪くなる。

♣ 人物

温厚な性格で敵が少ない。優柔不断、八方美人との評もあるが、一度こうと決めたら頑固一徹。

◆ ニックネーム

「ミスター政治改革」「改革病患者」「平時の羽田」「政務の羽田(田中角栄評)」

♣ はだしゅう

初入閣の際、後藤田官房長官が閣僚名簿の読みあげで名前を「はだしゅう」と誤読した。

◆ 口癖

演説や会話の語尾に「～というふうに」というフレーズをよく使う。夫人には「おれは間違って代議士になったんだ」とよく言っているらしい。

 ## 羽田 孜内閣の顔ぶれ

羽田孜内閣成立　平成6年4月28日

内閣総理大臣	羽田 孜	▲国家公安委員会委員長	石井 一*
▲法務大臣	永野茂門	▲総務庁長官	石田幸四郎
	→平6.5.8―中井 洽	▲北海道開発庁長官	佐藤守良*
▲外務大臣	柿沢弘治	▲防衛庁長官	神田 厚
▲大蔵大臣	藤井裕久	▲経済企画庁長官	寺沢芳男
▲文部大臣	赤松良子	▲科学技術庁長官	近江巳記夫
▲厚生大臣	大内啓伍	▲環境庁長官	浜四津敏子
▲農林水産大臣	加藤六月	▲沖縄開発庁長官	佐藤守良*
▲通商産業大臣	畑 英次郎	▲国土庁長官	左藤 恵
▲運輸大臣	二見伸明	内閣法制局長官	大出峻郎
▲郵政大臣	日笠勝之	備考	
▲労働大臣	鳩山邦夫		
▲建設大臣	森本晃司		
▲自治大臣	石井 一*		
▲内閣官房長官	熊谷 弘		

備考

① 4月28日の1日は内閣総理大臣が▲の各大臣等の臨時代理又は事務取扱。同日各大臣任命

② 氏名の後の「*」：同一人が就任期間の全期間又は一定期間に2つ以上の職を担当したことを示す。

 ## 羽田内閣・印象に残った顔

柿沢弘治
(1933～2009)

1994年4月、細川の後継総理として自民党の渡辺美智雄を擁立しようと渡辺側近グループ5人とともに渡辺離党の先兵として自民党を離党。「(柿沢)自由党」を結成。最終的に渡辺美智雄は離党を断念、羽田内閣が誕生。羽田内閣の連立与党に加わり、外相に就任。外相就任時、首相官邸での記念撮影で、最前列に並ぼうとして無理やり割り込もうとする姿がテレビで取り上げられた。

第79代 細川護熙

ほそかわもりひろ

在職 263 日 【在任期間】1993 年 8 月 9 日～1994 年 4 月 28 日

就任時の年齢・55 歳
衆議院議員当選 1 回での首相就任
（前参議院議員）。1955 年以来の
非自民総理。

●生年月日
1938 年 1 月 14 日

●出生地
東京府東京市
（現・東京都千代田区）

●出身校
上智大学法学部

●選挙区
衆議院旧熊本県
第 1 区

●血液型
O 型

●所属政党
無所属→自由民主党
→日本新党→新進党
→フロム・ファイブ
→民政党→民主党

●初当選
1971 年第 9 回参議院
議員選挙

●前職
朝日新聞記者

●好きな食べ物
干物

天意、天命として決断させていただきました

1993 年 7 月、
非自民の 8 党・
会派党首会談で、
統一首相候補に
推されて。

細川政権のころの出来事

西暦	年号	首相	重要事項
1991	平成3	海部俊樹	1 日朝の国交正常化交渉開始
			4 ゴルバチョフ大統領来日
			5 雲仙普賢岳(長崎県)の噴火
		宮沢喜一	11 証券・金融不祥事がつづき、政治改革法案が廃案に。海部内閣が総辞職。宮沢内閣成立
			12 独立国家共同体創設。ソ連消滅
1992	4		1 共和汚職事件、表面化
			6 国連平和維持活動(PKO)等協力法が成立
			8 佐川急便事件発覚。金丸自民党副総裁の辞任(議員辞職)
			9 自衛隊、PKO法にもとづきカンボジアに派遣される
1993	5		1 在日韓国・朝鮮人の指紋押捺制度廃止
			EC統一市場が発足
			6 皇太子のご成婚
		細川護熙	8 宮沢内閣総辞職。細川護熙が首相に就任、非自民の8党派連立内閣成立し、55年体制が崩れる
			12 ウルグアイ-ラウンド決着、コメ輸入の部分開放が決定
			欧州連合条約の発効。EUの成立
1994	6		1 政治改革4法案(衆議院の小選挙区比例代表並立制など)成立
		羽田孜	4 細川首相が突然辞任。非自民の羽田孜内閣が成立
			北朝鮮で金正日が政権を後継
		村山富市	6 政権運営に失敗し、羽田内閣が総辞職。自社さきがけの3党連立で村山富市が首相に就任
			9 関西国際空港の開港
1995	7		1 阪神・淡路大震災おこる
			世界貿易機構(WTO)発足
			3 地下鉄サリン事件おこる。オウム真理教の強制捜査(のち教祖が逮捕される)
			6 戦後50年国会決議を採択
			9 沖縄で米兵による少女暴行事件発生
			パレスチナ自治協定調印
			12 「もんじゅ」でナトリウムもれの事故が発生
1996	8	橋本竜太郎	1 村山首相が辞任、内閣は総辞職し、橋本竜太郎内閣が成立
			3 東京HIV訴訟、東京地裁で和解

熊本

細川護熙の横顔

◆ 趣味

　熊本県知事時代に国民体育大会のアルペンスキー競技の大回転に出場。ピアノ。
陶芸。政界引退後、陶芸家に転身して話題に。

♥ ニックネーム

「野蛮人」

　新聞記者時代は数日間も入浴も着替えもせず支部の記者室に寝泊りをしていたことから。

「生まれながらのフリーター」（細川側近が呼んでいた）

「殿様」

　肥後熊本藩主だった肥後細川家の第18代当主。

♠ パフォーマンス

　記者会見ではペンで記者を指名したり、プロンプターを導入したり、また、セーターに赤いマフラー姿を披露したりするなどのパフォーマンスで注目を集めた。発足直後の内閣支持率は70パーセント以上を記録。

♣ エピソード

　朝日新聞記者時代の1967年、家同士の付き合いがあることから、記者としてただ一人、吉田茂の通夜の客となれた。

◆ 政界引退後

　1998年、還暦を機に議員辞職。政界引退後は陶芸家として活動する。その後、2014年1月14日、小泉元首相から推薦を受けて東京都知事選に出馬して話題となったが落選した。

細川護熙内閣の顔ぶれ

細川護熙内閣成立　平成5年8月9日

内閣総理大臣	細川護熙	科学技術庁長官	江田五月
法務大臣	三ヶ月 章	環境庁長官	広中和歌子
外務大臣	羽田 孜※	沖縄開発庁長官	上原康助*
大蔵大臣	藤井裕久	国土庁長官	上原康助*
文部大臣	赤松良子	国務大臣	山花貞夫
厚生大臣	大内啓伍		
農林水産大臣	畑 英次郎	内閣法制局長官	大出峻郎
通商産業大臣	熊谷 弘		
運輸大臣	伊藤 茂		
郵政大臣	神崎武法		
労働大臣	坂口 力		
建設大臣	五十嵐広三		
自治大臣	佐藤観樹*		
内閣官房長官	武村正義		
国家公安委員会委員長	佐藤観樹*		
総務庁長官	石田幸四郎		
北海道開発庁長官	上原康助*		
防衛庁長官	中西啓介		
	→平 5.12.2―愛知和男		
経済企画庁長官	久保田真苗		

備考

① 氏名の後の「※」：組閣当初において、内閣法第9条によりあらかじめ指定された国務大臣（いわゆる副総理）を示す。

② 氏名の後の「*」：同一人が就任期間の全期間又は一定期間に2つ以上の職を担当したことを示す。

細川内閣・印象に残った顔

武村正義
(1934 ～)

1993年6月、自民党を離党し「新党さきがけ」を結党、党代表に就任。衆院選後の政局で日本新党と共にキャスティング・ボートを握り、非自民連立政権の細川内閣が誕生し官房長官に就任。細川内閣を支えたが、細川首相は次第に武村と対立する小沢一郎に傾斜、「国民福祉税構想」を唐突に発表した際、武村が「過ちを改めるにしくはなし」と発言、細川首相との間は急速に冷却化していった。「ムーミンパパ」の愛称で知られた。

土井たか子
(1928 ～ 2014)

細川内閣で、憲政史上初の女性議長に。議員指名の際に、これまでの「くん」を「さん」付けにして話題に。1986年9月、憲政史上初の女性委員長として日本社会党委員長に就任。1989年の参院選挙において、社会党が改選議席の倍以上を獲得、土井ブームを巻き起こし、この時に発言した「山が動いた」は、今でも名文句として伝えられる。

細川護熙 語録集

「官僚的発想に支配されている参議院の壁にドリルで穴を開け、ダイナマイトを仕掛けなければならない。それができるのは若い力だ」
—参議院全国区から初当選を果たした際のインタビューで(1971・6・28)

「わたしの歴史的直感、インスピレーションで旗揚げした」
—日本新党1年目を迎えて(1993・5・6)

「しなやかでしたたかなものでなければ」
—選挙で日本新党が目標の30議席を上回る快勝を果たし55議席を獲得。連立について(1993・7・18)

「天意、天命として決断させていただきました」
—非自民の8党・会派党首会談で統一首相候補に推されて(1993・7・29)

「ひとつの時代が幕を下ろし、新しい時代が始まったという実感がする」
—首相指名を受けた後、国会内の報道各社のインタビューで(1993・8・6)

「この内閣は一時期の政権を担うということにとどまらず、新しい時代の展望を切り開くことがより重要な使命だ」
—就任後初めての記者会見で冒頭に言った言葉。会見ではペンを使って質問者を指名。(1993・8・10)

「政府は帆であり、国民は風であり、国家は船であり、時代は海である」
—衆院本会議で(1993・9・21)

「私自身は国民に約束した政治改革の実現ができなければ、首相の地位にいささかもこだわるものではない」
—民間政治臨調でのあいさつで(1994・1・27)

「仮に百歩譲って私の取引であったとして、何が問題なのかということを初めに申し上げておきたい。そういうことでは、しかしございません」
—衆院予算委員会でNTT株取引についての答弁で(1994・3・31)

「これだけのことをある程度、達成しえたという、それなりの満足感はあるが、国民の期待に十分こたえられなかったことは大変残念だ」
—総理大臣辞任の会見で(1994・4・8)

「別にないなぁ、何もない」
—総理辞任から一夜明けての感想を聞かれて。(1994・4・9)

第78代 みやざわきいち 宮沢喜一

在職 644 日 【在任期間】1991 年 11 月 5 日〜1993 年 8 月 9 日

就任時の年齢・72 歳

●**生没年**
1919 年 10 月 8 日
〜 2007 年 6 月 28 日（87 歳没）

●**出生地**
東京府東京市

●**出身校**
東京帝国大学法学部（現東京大学）

●**選挙区**
参議院広島地方区
衆議院（旧広島県第 3 区）
衆議院広島県第 7 区
→中国比例

●**所属政党**
自由党→自由民主党

●**血液型**
AB 型

●**趣味**
ゴルフ、サッカー。
旧制中学時代にサッカーをしていた経験
をもつ。

●**初当選**
1953 年第 3 回参議院議員通常選挙
に広島県選挙区から出馬し当選。
1967 年、第 31 回衆議院議員総選
挙に鞍替え出馬して当選。参議院 2 回、
衆議院 12 回。
参院在職 12 年 3 か月、衆院在職
36 年 9 か月、国会議員在職合計は
49 年。

私はやるんです！

1993 年 5 月、テレビ番組でジャーナリストの田原総一朗から、政治改革法案問題に関して「今の国会でやるのか」と聞かれて。
結局次の国会へ先送りし、この発言が政界再編の引金となった。

70

宮沢政権のころの出来事

西暦	年号	首相	重要事項
1989	平成元	竹下登	1 昭和天皇崩御、「平成」と改元
			4 消費税(3%)が実施される
		宇野宗佑	6 中国で天安門事件おこる
			7 参議院選挙で自民党大敗、与野党逆転。宇野首相が引責辞任
		海部俊樹	8 海部内閣の成立
			11 総評が解散し、日本労働組合連合会(連合)と全国労働組合総連合(全労連)が結成 東ドイツでベルリンの壁が撤去される
			12 米ソ首脳のマルタ会談で、東西の「冷戦終結」を宣言
1990	2		3 北海道・夕張炭鉱が閉山。ナミビアの独立
			9 朝鮮民主主義人民共和国との国交交渉開始決定
			10 東西ドイツの統一
			11 今上天皇即位の礼
1991	3		1 日朝の国交正常化交渉開始
			4 ゴルバチョフ大統領来日
			5 雲仙普賢岳(長崎県)の噴火
		宮沢喜一	11 証券・金融不祥事がつづき、政治改革法案が廃案に。海部内閣が総辞職。宮沢内閣成立
			12 独立国家共同体創設。ソ連消滅
1992	4		1 共和汚職事件、表面化
			6 国連平和維持活動(PKO)等協力法が成立
			8 佐川急便事件発覚。金丸自民党副総裁の辞任(議員辞職)
			9 自衛隊、PKO法にもとづきカンボジアに派遣される
1993	5		1 在日韓国・朝鮮人の指紋押捺制度廃止 EC統一市場が発足
			6 皇太子のご成婚
		細川護熙	8 宮沢内閣総辞職。細川護熙が首相に就任、非自民の8党派連立内閣成立し、55年体制が崩れる。
			12 ウルグアイ-ラウンド決着、コメ輸入の部分解放が決定 欧州連合条約の発効。EUの成立
1994	6		1 政治改革4法案(衆議院の小選挙区比例代表並立制など)成立
		羽田孜	4 細川首相が突然辞任。非自民の羽田孜内閣が成立 北朝鮮で金正日が政権を後継

広島

宮沢喜一の横顔

◆ 人物

大蔵省出身のエリートで、政治家や新聞記者などに学歴を事細かに聞くことで嫌われていた。東大、京大の出身者じゃないとろくに応答しないという話も。他人の悪口を言うのが大好きで、キングメーカーに君臨していた頃の金丸信に「金丸さんはインテレクチャル（知的）な人。何しろ大学出ですもの」と言って激怒させ、他人を怒らないことで有名な竹下登には「あなたの頃は、早稲田の商学部は無試験で入れたそうですな」と言い放ち怒らせたことも。これにより最大派閥・竹下派経世会を敵に回すことになったが、後に金丸信に接近しバックアップを得て総理大臣に。

♥ ニックネーム

「平成の高橋是清」

1998年、小渕内閣で大蔵大臣就任。戦前に活躍した高橋是清と同様、異例の総理大臣経験者の蔵相となったため。続く森内閣でも蔵相に留任、初代財務大臣に。

♠ 英語

英語力は政界随一。海外留学や英語の専門教育を受けた経験などなく、独学で英語を勉強。国会で英字新聞を読みふけり「永田町の宇宙人」と言われた。

♣ 酒癖

酒は日本酒党で、看板になってもなかなか腰を上げようとしないタイプ。酔うとべらんめえ口調で相手に突っかかる。三木武夫が首相当時、「総理になってよかったと思うでしょう」とからんだとか。

宮沢喜一内閣の顔ぶれ

宮沢喜一内閣成立　平成3年11月5日

内閣総理大臣	宮沢喜一		防衛庁長官	宮下創平
法務大臣	田原 隆		経済企画庁長官	野田 毅
外務大臣	渡辺美智雄※		科学技術庁長官	谷川寛三
大蔵大臣	羽田 孜		環境庁長官	中村正三郎
文部大臣	鳩山邦夫		沖縄開発庁長官	伊江朝雄*
厚生大臣	山下徳夫		国土庁長官	東家嘉幸
農林水産大臣	田名部匡省			
通商産業大臣	渡部恒三		内閣法制局長官	工藤敦夫
運輸大臣	奥田敬和			
郵政大臣	渡辺秀央			
労働大臣	近藤鉄雄			
建設大臣	山崎 拓			
自治大臣	塩川正十郎*			
内閣官房長官	加藤紘一			
国家公安委員会委員長	塩川正十郎*			
総務庁長官	岩崎純三			
北海道開発庁長官	伊江朝雄*			

備考
① 氏名の後の「※」：組閣当初において、内閣法第9条によりあらかじめ指定された国務大臣（いわゆる副総理）を示す。
② 氏名の後の「*」：同一人が就任期間の全期間又は一定期間に2つ以上の職を担当したことを示す。

宮沢内閣・印象に残った顔

渡辺美智雄
(1923〜1995)

1991年、海部政権後の自民党総裁選に出馬するも最大派閥の竹下派の支持を得られず宮沢喜一に敗れる。宮沢内閣では副総理兼外相に就任。宮沢後の総裁有力候補だったが、1993年の総選挙で野党に転落、自民党大敗後の総裁選に再出馬するが河野洋平に敗れた。細川政権後に新生党の小沢一郎が新たな連立政権の枠組みを模索、3度目のチャンスがめぐって来たが離党に同調する議員がほとんどなく、離党を断念した。「ミッチー」愛称で親しまれた。

 ## 宮沢喜一 語録集

「脅かせば頭を下げると思ったとすれば、政治家に対する重大な侮辱だ。いつでも戦う」
　　　　―暴漢に襲われ負傷、退院後の記者会見。
　　　　　　　　　　　　　　　　　（1984・3）

「これだけの経済大国が軍事大国にならないのは歴史にない。日米安保関係を大切にし、専守防衛に徹することは貫かなければならない」
　　　　　　　―宏池会と語る会（1985・4）

「政治の道に入ってから三十何年だが、私にとって最大の光栄だ。自らの乏しきを思うと、このような大任を受けることは戦々恐々として深淵（しんえん）に臨んで薄氷を踏む思いだ。不敏を省みず第5代会長を受けさせていただきます」
　　　　―鈴木善幸から派閥を引き継ぎ宮沢派に。宏池会
　　　　　　　　　　総会・研修会で（1986・9）

「いつの日か皆様のご期待に沿えるよう、こん身の努力を傾けることを心に誓っている。吉田元首相が『負けっぷりを良くしろ』といわれた。竹下さんを中心にやっていくことが負けっぷりを良くすること」
　　　　―中曽根元首相の竹下後継指名で記者会見。
　　　　　　　　　　　　　　　　　（1987・10）

「そっけないがノーコメントでお願いしたい」
「ノーコメントというのはノーコメントだ」
　　　　―服部秘書の絡んだリクルートコスモス未公開株譲
　　　　　　渡問題での記者会見（1988・7）

「リクルート問題に元秘書が関与し、これについての国会での説明が的確でなかったことに深く責任を感じている。税制の抜本改革のための法案が参院で審議されている段階であり、

責任を明らかにしたい」
　　　　―リクルートコスモス未公開株購入問題で蔵相を辞
　　　　　　　　　　　　　　任（1988・12）

「この難局に当たり戦後長い間積み重ねてきた自分の経験を生かすべく、来るべき決断のときに際しては不退転の決意で対処する」
　　　　　　　―派閥研修会（1991・9・6）

「竹下派は第一の力、数を持ち人材もたくさんいる。当然重きを置かれなければならない」
　　　　　　　―記者会見（1991・10・12）

「政治改革は選挙区制度も含めて1年をめどに結論を出すつもりでないといけない」
　　　　―渡辺美智雄、三塚博と3候補共同記者会見
　　　　　　　　　　　　　　（1991・10・19）

「消費税の大きな問題は先の改正でほぼ処理された。増税は安易に考えるべきでない」
　　　　　　　―記者会見（1991・10・24）

「社会的蓄積や、美観など質の面でも、真に先進国家と誇れるような、活力と潤いに満ちた『生活大国』づくりを進めたい」
　　　　―宮沢内閣発足、所信表明演説で（1991・11）

「わが国は外国で武力行使してはいけないという基本原則は、これからも変わってはいけない。そのことが第二次大戦が我々に残した教訓だった。ナショナリズムの興隆が時々あるのは当然で、むしろ好ましいことですらあると思うが、健全なものとして育てていく必要があると思う」
　　　　　―政界引退記者会見（2003・10）

第76・77代 海部俊樹

かいふとしき

在職818日 【在任期間】1989年8月10日〜1991年11月5日

就任時の年齢・58歳
初の昭和生まれの内閣総理大臣。

● **生年月日**
1931年1月2日

● **出生地**
愛知県名古屋市

● **出身校**
早稲田大学第二法学部

● **選挙区**
衆議院愛知県第9区（旧愛知県第3区）

● **所属政党**
自由民主党→高志会→自由改革連合→新進党→無所属の会→自由党→保守党→保守新党→自由民主党

● **血液型**
A型

● **政治信条**
わかりやすく、
きれいな政治

● **初当選**
1960年第29回衆議院議員選挙。全国最年少（29歳）で当選。選挙のキャッチフレーズ「サイフは落としてもカイフは落とすな（井出一太郎の応援演説）」で人気に。
2009年第45回衆議院議員選挙落選、引退まで連続当選回数16回を記録。

総理と言われるのは慣れないなぁ、海部さんと呼んでくれよ。

1989年8月、総理就任直後、記者団から「総理」と呼びかけられて。

海部政権のころの出来事

西暦	年号	首相	重要事項
1987	昭和62	中曽根康弘	4 国鉄分割・民営化でJR発足
			7 ロッキード事件、東京高裁で田中元首相の控訴棄却
		竹下登	11 中曽根首相の裁定により竹下登内閣成立
			全日本民間労働組合連合会発足
			12 米ソ、中距離核戦力(INF)全廃条約に調印
1988	63		3 青函トンネル(53.85km)開業、4月には瀬戸大橋も開通
			6 リクルート事件表面化　牛肉・オレンジの自由化決定
			8 イラン・イラク戦争終結
			11 「ふるさと創生」策により全市町村に一律1億円の交付決定
1989	平成元		1 昭和天皇が崩御、「平成」と改元
			4 消費税(3%)が実施される
		宇野宗佑	6 中国で天安門事件おこる
			7 参議院議員選挙で自民党大敗、与野党逆転。宇野首相が引責辞任
		海部俊樹	8 海部内閣の成立
			11 総評が解散し、日本労働組合連合会(連合)と全国労働組合総連合(全労連)が結成
			東ドイツでベルリンの壁が撤去される
			12 米ソ首脳のマルタ会談で、東西の「冷戦終結」を宣言
1990	2		3 北海道・夕張炭鉱が閉山。ナミビアの独立
			9 朝鮮民主主義人民共和国との国交交渉開始決定
			10 東西ドイツの統一
			11 今上天皇即位の礼
1991	3		1 日朝の国交正常化交渉開始
			4 ゴルバチョフ大統領来日
			5 雲仙普賢岳(長崎県)の噴火
		宮沢喜一	11 証券・金融不祥事がつづき、政治改革法案が廃案に。海部内閣が総辞職。宮沢内閣成立
			12 独立国家共同体創設。ソ連消滅
1992	4		1 共和汚職事件、表面化
			6 国連平和維持活動(PKO)等協力法が成立
			8 佐川急便事件発覚。金丸自民党副総裁の辞任(議員辞職)
			9 自衛隊、PKO法にもとづきカンボジアに派遣される
1993	5		1 在日韓国・朝鮮人の指紋押捺制度廃止
			EC統一市場が発足
			6 皇太子のご成婚

愛知

海部俊樹の横顔

◆ 趣味

水泳。元五輪選手の故・木原光知子に手ほどきを受けた。

合気道、油絵など。

♥ 人物

人に憎まれない、無理なことはしない、素直でスマートで安心感がある（渡部恒三）。

♠ ニックネーム

若手議員の面倒を見るのが苦手からか若手議員から海部俊樹をもじって「財布閉じき（さいふとじき）」。早稲田雄弁会の先輩として竹下登と親交を深めていたこともあり「現住所河本派・本籍竹下派」と揶揄されたことも。

♣ 頭のサイズ

頭が人一倍大きく、普通の帽子屋さんでは合うサイズの帽子がないことも。

◆ 三木武夫の秘蔵っ子

クリーンな政治家、三木武夫の秘蔵っ子として有名。理想の政治家を問われるとつねに三木武夫と答えた。三木が、自民党総裁選挙で田中角栄に敗れた時は人目もはばからずに号泣した。

♣ 早稲田雄弁会時代

演説のうまさに定評があり、早稲田大学の雄弁会時代に「海部の前に海部なし、海部の後に海部なし」と言われた。

♠ 29 の数字

早稲田大学を卒業したのが昭和 29 年。第 29 回の総選挙に出馬し 29 歳で当選。最初に入った議員会館の部屋番号が 629。第 29 回総選挙で 29 歳で当選したから 29 年後に総理になってみせると公言して、29 年後に総理大臣に就任。

海部俊樹内閣の顔ぶれ

海部俊樹内閣成立　平成元年 8 月 10 日

内閣総理大臣	海部俊樹	防衛庁長官	松本十郎
法務大臣	後藤正夫	経済企画庁長官	高原須美子
外務大臣	中山太郎	科学技術庁長官	斉藤栄三郎
大蔵大臣	橋本竜太郎	環境庁長官	森山真弓
文部大臣	石橋一弥		→平元.8.25—志賀 節
厚生大臣	戸井田三郎	沖縄開発庁長官	阿部文男 *
農林水産大臣	鹿野道彦	国土庁長官	石井 一
通商産業大臣	松永 光		
運輸大臣	江藤隆美	内閣法制局長官	工藤敦夫
郵政大臣	大石千八		
労働大臣	福島譲二		
建設大臣	原田昇左右		
自治大臣	渡部恒三 *		
内閣官房長官	山下徳夫		
	→平元.8.25—森山真弓		
国家公安委員会委員長	渡部恒三 *		
総務庁長官	水野 清		
北海道開発庁長官	阿部文男 *		

備考

氏名の後の「*」：同一人が就任期間の全期間又は一定期間に 2 つ以上の職を担当したことを示す。

海部内閣・印象に残った顔

森山真弓
(1927～)

第1次海部内閣で環境庁長官として初入閣。女性スキャンダルで官房長官の山下徳夫が辞任したため、横滑りで後任の官房長官に就任。女性初の官房長官に。相撲界の神事としての不文律（女人禁制）を無視して内閣総理大臣杯を土俵に上がって授与しようとして日本相撲協会に拒否されると、森山やその支持者らが女性差別問題であると問題提起を行って、議論を呼びかけ、話題になった。

海部俊樹 語録集

「党再生のために頑張る。三木武夫先生が"自分は十字架を背負ったつもりで内閣に入る"と言われたことを思い出す」

―自民党総裁選出後の記者会見で（1989・8・8）

「何よりも大切なことは政治倫理の確立。リクルート事件に端を発した批判を率直に受け止め、深く反省し、勇気を持って政治改革を進めていく」

―初閣議後の談話で（1989・8・10）

「国民のみなさんにありがとうとお礼を言いたい。安定多数を頂いたことは国民の皆さんが自民党にしっかりやれと激励半分、期待半分だと思う」

―総選挙を勝利し、記者団に。（1990・2・19）

「海部さんて、だれのことだよ。オレのことか」

―記者団から「海部さん」と呼び掛けられて（1990・7・6）

「あくまで自主的な判断です。早ければ早いと言われるし、遅けりゃ遅いと言われるし。アメリカがどうだということではなく素直に受け取ってよ」

―湾岸危機で中東貢献策決定について（1990・8・30）

「（国連平和協力法案は）憲法の理念を推進するもの。国際社会で日本が置かれた立場に伴う当然の、必要不可欠なコストだ」

―臨時国会の所信表明演説で（1990・10・12）

「こちらが良いと思って出したものでも与野党の皆さんとの話し合いでこういうこと（廃案）になったんだったら、もっと良いものを皆さんと協議しながら作っていく」

―国連平和協力法案が廃案になって（1990・11・8）

「国連決議を実効あらしめるための最後の結果なので断固支持します」

―湾岸戦争開戦で（1991・1・17）

「日本としてせめて出来ることは資金協力だ。国民の皆さんは痛みを伴うことになると思うが、ぜひともご理解を頂きたい」

―多国籍軍への90億ドル追加支援が決まって（1991・1・24）

「誰が言っとんじゃ！そんなことを言う人も言う人だが、受け売りして聞く人も聞く人だ。本当に心外だ」

―政治改革法案は内閣の延命策だとの意見が自民党内にあると記者団に聞かれて（1991・6・26）

「事実上のクーデターと（考えていると）受け止めてもらって結構だ。（対ソ）支援は当面停止せざるを得ない」

―ソ連政変で記者会見（1991・8・20）

「重大な決意をもっている」

―政治改革関連三法案の廃案が確定して、自民党三役に対して（1991・9・30）

「いろいろなことがありましたけれども、今はもう、私の胸の中におさめ込んでしまったことでありますから、もうここで申し上げることは何もございません」

―退陣表明の記者会見（1991・10・5）

「盛者必滅という言葉があるが、こういう結果になったのは私の不徳の致すところだ。うそのない、きれいな政治ができた。"その方向でやれ"と肩を押してくださった皆さんにお礼を申し上げる。これからは私の後継者を送り出していきたい」

―衆議院選挙で17選ならず落選。政界引退を表明。（2009・8・30）

宇野宗佑

うのそうすけ

在職 69 日 【在任期間】1989 年 6 月 3 日～1989 年 8 月 10 日

就任時の年齢・66 歳
自民党派閥 領袖でない者が総裁にな
ったのは自民党史上初の出来事。

●生没年
1922 年 8 月 27 日～
1998 年 5 月 19 日（75 歳没）

●出生地
滋賀県野洲郡守山町（現・守山市）

●出身校
神戸商業大学（現・神戸大学）
（中退）

●選挙区
衆議院滋賀県全区（現在は廃止）

●所属政党
自由党→民主党→自由民主党

●血液型
A 型

●初当選
1960 年第 29 回衆議院議員
選挙で滋賀県全県区に出馬し初当選。
竹下登、海部俊樹と「若手三羽ガラス」
と呼ばれた。通算当選回 12 回。歴
代で唯一の滋賀出身の総理大臣。

一切の責任は
この私に
あります。

1989 年 7 月、
退陣表明で。

宇野宗佑の横顔

◆ 多才特技

政界では「口八丁手八丁」「なんでもこなす器用人」と言われ多芸多才の持ち主として有名。俳句、絵はプロ級の腕。小説、歴史書も書き、音楽はピアノ、ハーモニカなど。
一方で剣道5段。その他に骨董品、民芸品の収集、美術館鑑賞など。

♥ 学生時代

何でも出来る賢い子。いつも級長をしていた。修学旅行で寝てる級友の顔に墨を塗るというイタズラっぽい所も。

♣ 女性スキャンダル

宇野内閣が誕生した3日後の1989年6月6日、週刊誌で女性スキャンダルが表面化。ワイドショーでも取り上げられる騒動となり、リクルート問題、消費税問題と影響して7月23日の参議院議員選挙では自民党結党以来初の過半数割れとなり退陣を表明。総理在任期間はわずか69日、史上4番目の短命内閣に（当時は3番目）。

宇野宗佑内閣の顔ぶれ

宇野宗佑内閣成立　平成元年6月3日

内閣総理大臣	宇野宗佑	総務庁長官	池田行彦
法務大臣	谷川和穂	北海道開発庁長官	井上吉夫*
外務大臣	三塚 博	防衛庁長官	山崎 拓
大蔵大臣	村山達雄	経済企画庁長官	越智通雄
文部大臣	西岡武夫	科学技術庁長官	中村喜四郎
厚生大臣	小泉純一郎	環境庁長官	山崎竜男
農林水産大臣	堀之内久男	沖縄開発庁長官	井上吉夫*
通商産業大臣	梶山静六	国土庁長官	野中英二
運輸大臣	山村新治郎		
郵政大臣	村岡兼造	内閣法制局長官	味村 治
労働大臣	堀内光雄		
建設大臣	野田 毅		
自治大臣	坂野重信*	備考	
内閣官房長官	塩川正十郎	氏名の後の「*」：同一人が就任期間の全期間又は一定期間に2つ以上の職を担当したことを示す。	
国家公安委員会委員長	坂野重信*		

宇野内閣・印象に残った顔

伊東正義
（1913〜1994）

リクルート疑惑による竹下首相退陣後、クリーンさが買われて後継総裁に推されたが「本の表紙を替えても、中身が変わらなければだめだ」と固辞した。
硬骨・清廉のハト派議員として有名だった。大平政権では官房長官を務め、親友・大平を補佐。1980年、大平首相が急死した後、臨時首相代理を務めた。

第74代 たけした のぼる 竹下 登

在職 576 日 【在任期間】1987 年 11 月 6 日〜1989 年 6 月 3 日

就任時の年齢・63 歳
日本初の地方議会議員出身の
首相。

●生没年
1924 年 2 月 26 日
〜 2000 年 6 月 19 日
（76 歳没）

●出生地
島根県飯石郡掛合村
（現・雲南市）

●出身校
早稲田大学商学部

●選挙区
衆議院（島根全県区）
島根県第 2 区

●党派
自由民主党

●血液型
B 型

●初当選
1958 年第 28 回衆議院議員選挙。
島根県全県区でトップ当選。
34 歳。
衆議院議員連続 14 回当選。

●前職
教師、島根県議会議員。

●趣味
書道

十年たったら竹下さん♪

佐藤政権時に作ったズンドコ節の替え歌の一部。よく宴会で歌っていたという。
「♪講和の条約吉田で暮れて日ソ協定鳩山さんで今じゃ佐藤で沖縄返還 10 年たったら竹下さんトコズンドコズンドコ♪」

竹下政権のころの出来事

西暦	年号	首相	重要事項
1982	昭和57	鈴木善幸	7 公職選挙法改正、参議院選挙に比例代表制を導入する
1983	58	中曽根康弘	10 ロッキード事件、東京地裁で田中角栄元首相に有罪判決
1985	60		8 中曽根首相、戦後初の靖国神社公式参拝
1986	61		5 東京サミット開かれる
			7 衆参同日選挙で自民党大勝、新自由クラブ解散
1987	62		4 国鉄分割・民営化でJR発足
			7 ロッキード事件、東京高裁で田中元首相の控訴棄却
		竹下登	11 中曽根首相の裁定により竹下登内閣成立
			全日本民間労働組合連合会発足
			12 米ソ、中距離核戦力(INF)全廃条約に調印
1988	63		3 青函トンネル(53.85km)開業、4月には瀬戸大橋も開通
			6 リクルート事件表面化　牛肉・オレンジの輸入自由化決定
			8 イラン・イラク戦争終結
			11 「ふるさと創生」策により全市町村に一律1億円の交付決定
1989	平成元		1 昭和天皇が崩御、明仁皇太子が皇位に。「平成」と改元
			4 消費税(3%)が実施される
		宇野宗佑	6 中国で天安門事件おこる
			7 参議院議員選挙で自民党大敗、与野党逆転。宇野首相辞任
		海部俊樹	8 海部内閣の成立
			11 総評が解散し、日本労働組合連合会(連合)と全国労働組合総連合(全労連)が結成
			東ドイツでベルリンの壁が撤去される
			12 米ソ首脳のマルタ会談で、東西の「冷戦終結」を宣言
1990	2		3 北海道・夕張炭鉱が閉山
			ナミビアの独立
			9 朝鮮民主主義人民共和国との国交交渉開始決定
			10 東西ドイツの統一
1991	3		1 日朝の国交正常化交渉開始
			4 ゴルバチョフ大統領来日
			5 雲仙普賢岳(長崎県)の噴火
		宮沢喜一	11 証券・金融不祥事がつづき、政治改革法案が廃案に。海部内閣が総辞職。宮沢内閣成立
			12 独立国家共同体創設。ソ連消滅
1992	4		1 共和汚職事件、表面化

島根

竹下 登の横顔

◆ 人物

敵を作らない性格で、絶対人の悪口を言わなかった事や、他人を絶対怒らない事で有名。異常ともいえるほどの我慢強さで知られる。「石橋どころか二重橋でも叩いて渡る」と言われたほどの慎重さで、国会答弁などでも言葉の選びすぎや、その用心深い発言で文章全体の意味がつかめないことから「言語明瞭・意味不明」と言われた。

♥ ニックネーム

「田中派のプリンス」
「選挙の神様」
「タケちゃん」

♠ 口癖

「汗は自分でかきましょう、手柄は人にあげましょう」「〜だわな。（出身地出雲弁の影響）」「俺には怨念はない」

♣ 気配り

大蔵大臣時、課長クラスの夫人の誕生日にもプレゼントを届けるほどの徹底した気配りで有名。

◆ エピソード

孫にあたるロック歌手でタレントの DAIGO によると、総理大臣に就任して帰宅した時の第一声が「アイムソーリー、僕ソーリー」。

♣ トリビア

島根県出身の総理大臣は若槻礼次郎と竹下登の２人。竹下登は昭和から平成になった時の首相で有名だが、大正から昭和になった時の首相は若槻礼次郎だった。

竹下登内閣の顔ぶれ

竹下登内閣成立　昭 62 年 11 月 6 日

内閣総理大臣	竹下 登	防衛庁長官	瓦 力
法務大臣	林田悠紀夫		→昭 63.8.24—田沢吉郎
外務大臣	宇野宗佑	経済企画庁長官	中尾栄一
大蔵大臣	宮沢喜一 *	科学技術庁長官	伊藤宗一郎
	→昭 63.12.9—竹下 登（兼）	環境庁長官	堀内俊夫
	→昭 63.12.24—村山達雄	沖縄開発庁長官	柏谷 茂 *
文部大臣	中島源太郎	国土庁長官	奥野誠亮
厚生大臣	藤本孝雄		→昭 63.5.13—内海英男
農林水産大臣	佐藤 隆		
通商産業大臣	田村 元	内閣法制局長官	味村 治
運輸大臣	石原慎太郎		
郵政大臣	中山正暉		
労働大臣	中村太郎		
建設大臣	越智伊平		
自治大臣	梶山静六 *		
内閣官房長官	小渕恵三		
国家公安委員会委員長	梶山静六 *		
総務庁長官	高鳥 修		
北海道開発庁長官	柏谷 茂 *		

備考
① （兼）＝兼務を示す。
② 氏名の後の「*」：同一人が就任期間の全期間又は一定期間に２つ以上の職を担当したことを示す。

竹下内閣・印象に残った顔

安倍晋太郎
（1924 ～ 1991）

宮沢喜一・竹下登とともに「ニューリーダー」と呼ばれた。中曽根裁定により首相に就任した竹下登の下、幹事長として補佐した。竹下首相後の総裁候補と呼ばれていたが、リクルート事件に関与していたため総裁公選には立候補できず、1991 年に急死した。人柄がよく脇が甘いことから「プリンスメロン」と呼ばれた。

竹下登 語録集

「新しい感覚と若い力で国会に新風を送りたい」
　　　　　　　　　　　―衆院選初当選で（1958・5）

「自分で言うのも変だが、私はこれまで一度も怒ったことはない」
　　　―佐藤内閣に官房長官として初入閣した際に
　　　　　　　　　　　　　　　　　　　　（1972・7）

「その折り目けじめというものを私は、こういう機会であればあるほど、勇敢に国民の皆様方に訴えなければならない時であると思う」
　　　―三木内閣で建設相としてロッキード事件について
　　　　　　　　　　　　　　　　　　聞かれ（1976・4）

「僕にはおれについて来いというところが欠けている。カリスマ性もない」
　　　　　　　―テレビ番組での自己紹介で（1979・8）

「これから生きとし生ける私の身柄をかけて燃焼し尽くさなければならない」
　　　　　　　　―創政会旗揚げ挨拶で（1985・2）

「辛抱、辛抱、永久辛抱だ」
―田中角栄邸で門前払いを受けて（1987・1・1）

「今後、私に残された政治生命を 5 尺 4 寸の体で燃焼し尽くすことが、私に与えられた最後の使命だ」
　　　　　―自民党総裁選への出馬表明で（1987・5）

「重い重い荷物をこの小さな肩に背負い、まさに食い込む痛さすら感じる」
　　　―中曽根康弘首相から自民党後継総裁の指名を
　　　　　　　　　　　　　　　　　受けて（1987・10）

「ここまでよくぞ来たもんだという感じがしております」
　　　　　　―自民党総裁に選出されて（1987・10）

「よし、来たな。やろうという気持ちだ。（国会運営）の心積もりはあるが野党への礼儀も守りたい。スケジュールづくりは私もプロの一人だが、私の口から言うべきではない」
　　　　　　　―総裁就任の記者会見（1987・10）

「言葉の選びすぎ、それから、ある意味においては、やっぱりしっぽを掴まれないようにという用心深さが、そうさせたんじゃないかなあ。これからは、言語も明瞭、意味も明瞭にしようと思っております」
　　―テレビ番組の報道特集「総理と語る」で「言語明
　　　瞭・意味不明」と言われることについて（1988・5）

「最も重要な内政の課題は、税制の抜本的な改革の実現であります。この身命の全てを捧げ、全力を尽くす決意であります」
　　　　　―所信表明演説で「消費税導入」の決意を表明
　　　　　　　　　　　　　　　　　　　　（1988・7）

「いいことではないわな。僕が辞めますか」
　　　―秘書のリクルートコスモスからの未公開株譲渡が
　　　　　　　　　　　　　　　　発覚して（1988・7）

「日本に生まれてよかったなあという気持ちが、日本人どこに住んでおる人にでも起きてくるようになったならば、日本列島全体をふるさとにして意識するようになったら、ふるさとを愛する心は、すなわち国を愛する心にもつながっていくのではないか」
　　　　　　―「ふるさと創世」論について（1989・1）

「政府の最高責任者として、特に私の周辺をめぐる問題により、政治不信を強めてきたことについて国民の皆さまに深くおわび申し上げる。信頼を取り戻すために私は自らの身を引く決意を固めることとした」
　　　　　　　―総理大臣退陣表明で（1989・4）

「私は一貫して『政治は無限の理想への挑戦』という信念に基づき、ひたすらこの道一筋を歩き続けてまいりました。しかし、今静かにその歩みを止める時が来たと決意しました」
　　　―自民党本部で行った録音テープでの引退表明
　　　　　　　　　　　　　　　　　　　　（2000・5）

島根

政界の実力者 ⑤ 金丸 信

【衆議院在籍期間】1958 年 5 月〜1992 年 10 月

> 親分が右と言えば右、左と言えば左なのだ。

1982 年 10 月 22 日、
田中派幹部会で中曽
根擁立を決意して。

●生没年
1914 年 9 月 17 日〜
1996 年 3 月 28 日（81 歳没）

●出生地
山梨県中巨摩郡今諏訪村
（現・南アルプス市）

●出身校
東京農業大学農学部

●選挙区
衆議院山梨全県区

●党派
自由民主党

●初当選
1958 年第 28 回衆議院議員選
挙。山梨県全県区から出馬して当
選。当選回数 12 回

84

金丸信
の横顔

最大派閥竹下派の会長。80年代後半から90年代前半にかけ、キングメーカーとして政界に絶大な影響力をもった。

◆ 人物

「足して2で割る」というアバウト政治を得意とした。人間関係を誰よりも大事にし、政治信条を聞かれると「長年の信頼関係を大事にすること」と答え、自民党内ばかりか野党幹部にも太いパイプをもった。事あるごとに「信頼の政治」を強調した。

◆ ニックネーム

「政界のドン」
「政界の寝業師」

♥ その足跡

衆議院議員（12期）、建設大臣、国土庁長官、防衛庁長官、国務大臣・副総理、党国会対策委員長、総務会長、幹事長、党副総裁を歴任。1992年、東京佐川急便事件に関連して議員辞職。

♣ 口癖

「政治とは信頼と妥協である」
「政治は国家、国民のためにある」
「俺は竹下派の雇われマダム」

◆ 動物顔？

「マンガ家にいわせると、私の顔は十二支のどの動物にも合うらしい」。演説や地方遊説などで、その場をわかせるときに使う。

政治グループニックネーム

安竹宮（あんちくみや）

ポスト中曽根の後継をめぐり、自民党内で安倍晋太郎と竹下登と宮沢喜一が、「三角大福中」後の次世代指導者として頭角を現したことを評して付けられ呼ばれた言葉。ニューリーダーとも呼ばれた。

渡辺美智雄を加えて「安竹宮渡」、河本敏夫を含めて「安竹宮渡河」（あんちくみやとか）とも言われた。

竹下派七奉行（たけしたはななぶぎょう）

1987年に竹下登・金丸信が結成した経世会（竹下派）において、竹下・金丸の後継者として目された有力7人の政治家を指した言葉。

- ●小渕恵三（総理大臣など）
- ●橋本竜太郎（総理大臣など）
- ●羽田孜（総理大臣など）
- ●梶山静六（官房長官など）
- ●奥田敬和
- ●渡部恒三
- ●小沢一郎（自民党幹事長、新進党、自由党、民主党党首など）

金竹小（こんちくしょう）

経世会（竹下派）幹部であった金丸信・竹下登・小沢一郎の頭文字をとって評された言葉。最大派閥として政府・与党に対して影響力を保持していたことから「こん畜生」の意味が含まれている。

第**71・72・73**代 　中曽根康弘
（なかそねやすひろ）

在職 **1806** 日 　【在任期間】1982 年 11 月 27 日〜1987 年 11 月 6 日

就任時の年齢・64 歳

●**生没年**
1918 年 5 月 27 日
〜 2019 年 11 月 29 日（101 歳没）

●**出生地**
群馬県高崎市

●**出身校**
東京帝国大学法学部
（現・東京大学）

●**選挙区**
衆議院旧群馬県第 3 区
　→比例北関東ブロック

●**所属政党**
民主党→国民民主党→改進党→
日本民主党→自由民主党→
無所属→自由民主党

●**血液型**
O 型

●**趣味**
油絵、俳句、読書、精神修養としての
座禅。英語やフランス語も得意。
1985 年、学生時代から詠み続けた
約 300 句を集めた「中曽根康弘句集」
を出版。総理大臣の句集ということで、
とくに宣伝はしなかったが大変な売れ行
きになった。

●**初当選**
1947 年、衆議院議員選挙で初当選。
以後、2003 年まで衆議院議員連続
20 回当選。

この顔がウソをつく顔に見えますか？

1986 年 6 月、当時話題になっていた大型間接税は導入しないと選挙公約。しかし選挙に大勝するや、「売上税」という別の名前に衣替えさせ、法案を国会提出した。

中曽根政権のころの出来事

西暦	年号	首相	重要事項
1980	昭和55	大平正芳	6 大平首相急死。衆参同日選挙で自民党が安定多数を獲得
		鈴木善幸	7 鈴木善幸内閣が発足、自民党の派閥均衡内閣といわれた
			9 イラン・イラク戦争おこる
			ポーランドで自主管理労組「連帯」が結成される
1981	56		3 第二次臨時行政調査会、初会合
			11 沖縄県で新種の鳥(ヤンバルクイナ)が発見される
			12 ポーランドで「連帯」が民主化運動、戒厳令が敷かれる
1982	57		4 アルゼンチンが英植民地のフォークランド島を占領(フォークランド紛争)
			8 公職選挙法改正、参議院選挙に比例代表制を導入する
		中曽根康弘	11 鈴木内閣、財政再建や行革で行き詰まり総辞職。中曽根内閣が発足
1983	58		7 死刑囚で再審を求めた免田事件で、無罪が確定
			10 ロッキード事件、東京地裁で田中元首相に有罪判決
			12 総選挙で過半数割れの自民党が新自由クラブとの連立内閣を発足
1984	59		11 1万円、5千円、千円の新札が発行される
			12 英中が香港返還(1997年)へ正式調印
1985	60		3 ゴルバチョフがソ連共産党書記長に選出される
			4 日本電信電話公社と日本専売公社を民営化、NTTとJTに
			8 日航機墜落事故。中曽根首相、戦後初の靖国神社公式参拝
			9 主要5か国蔵相会議で為替市場への協調介入に合意(プラザ合意)
1986	61		2 フィリピンで政変
			4 男女雇用機会均等法施行
			ソ連チェルノブイリ原発事故おこる
			5 第12回サミットが東京で開かれる
			7 衆参同日選挙で自民党大勝、新自由クラブ解散
			12 1987年度予算で、防衛費予算がGNP1％枠を超える
1987	62		4 国鉄分割・民営化でJR発足
			7 ロッキード事件、東京高裁で田中首相の控訴棄却
		竹下登	11 中曽根首相の裁定により竹下登内閣成立
			全日本民間労働組合連合会発足
1988	63		3 青函トンネル(53.85km)開業、4月には瀬戸大橋も開通
			6 リクルート事件表面化　牛肉・オレンジの輸入自由化決定

群馬

中曽根康弘
の横顔

◆ キャッチフレーズ
対話と実行

♥ ニックネーム
若手議員の頃は「青年将校」。
政治的変わり身の早さで「風見鶏」。

♠ 人物
派手な行動からは想像できないほど人見知りするタイプ。一時期、長嶋茂雄所有の家に住んでいて話題になった。

♣ スポーツ
テニス、水泳、ゴルフ。
総裁選挙に出馬した際、「総裁は水泳で決めるか、はっはっは」と発言したほど得意。「本当にじっとしてない人だから」と夫人が嘆いたように、忙しい合間でも、とにかく動き回る。

◆ エピソード
政治家になった時から一度は総理大臣になろうと決め、その時はこういうことをやろうと大学ノートにずっと書き続けていた。「三角大福中」と言われた5人のうち、最後に政権の座についたが、5人の中では最も長い約5年首相を務めた。

♣ パフォーマンス
先進国サミットをはじめとする各国首脳との写真撮影では今までの歴代総理大臣とは異なり堂々と中央に立ち、日本の首相のイメージが大きく変わったと話題になった。

♠ 「ロン・ヤス」関係
同時期にアメリカ大統領だったのがロナルド・レーガン。レーガンのめざす「強いアメリカ」政策との連携をとり、お互いをファーストネームで呼ぶような関係だと、友好な日米関係を強調した。

中曽根康弘内閣の顔ぶれ

中曽根康弘内閣成立　昭和57年11月27日

内閣総理大臣	中曽根康弘	北海道開発庁長官	
法務大臣	秦野 章		加藤六月*
外務大臣	安倍晋太郎	防衛庁長官	谷川和穂
大蔵大臣	竹下 登	経済企画庁長官	塩崎 潤
文部大臣	瀬戸山三男	科学技術庁長官	安田隆明
厚生大臣	林 義郎	環境庁長官	梶木又三
農林水産大臣	金子岩三	沖縄開発庁長官	丹羽兵助*
通商産業大臣	山中貞則	国土庁長官	加藤六月*
→昭58.6.1―宇野宗佑		内閣法制局長官	角田礼次郎
運輸大臣	長谷川 峻	→昭58.7.8―茂串 俊	
郵政大臣	桧垣徳太郎	総理府総務副長官	
労働大臣	大野 明		山地 進
建設大臣	内海英男		
自治大臣	山本幸雄*		
内閣官房長官	後藤田正晴		
総理府総務長官	丹羽兵助*		
国家公安委員会委員長			
	山本幸雄*		
行政管理庁長官	斎藤邦吉		

備考
氏名の後の「*」：同一人が就任期間の全期間又は一定期間に2つ以上の職を担当したことを示す

中曽根内閣・印象に残った顔

春日一幸 (かすがいっこう)
（1910～1989）

1960年、民社党に参加、1971年から1977年まで委員長を務めた。委員長辞任後も常任顧問として発言力をもち、1985年の民社党大会では委員長を辞職した佐々木良作の後任を巡って、若手の「長老支配」批判に対し、演壇に上がり「五臓六腑が煮え繰り返る」とやり返し、大会は大荒れに荒れた。独特の口調で語る「春日節」は国会の名物と言われた。

河本敏夫 (こうもととしお)
（1911～2001）

1978年、自民党総裁予備選挙に初めて立候補するが最下位に敗れる。1980年、三木武夫から派閥を譲られ、河本派を旗揚げ。1982年の総裁選挙にも出馬したが、中曽根康弘に過半数を取られ次点で破れた。滅多に人前で笑わないことから「笑わん殿下」というニックネームがついた。

群馬

中曽根康弘 語録集

「風に向かって走ろうという気持ちだ。とにかく業績を残したい」
　　　　　　　　　　　—政権樹立の日（1982・11・27）

「私個人は憲法改正論者だ。しかし内閣としては国民的合意を考えねばできないことであり、（改憲を）政治的日程に乗せることはしない」
　　　　　　　　　—衆院予算委員会（1982・12・13）

「日本列島を不沈空母のように強力に防衛しソ連のバックファイアー爆撃機が侵入できないようにする」
　　　—ワシントン・ポスト紙幹部との懇談、首相は発言の事実を否定（1983・1・19）

「今年は戦後37年で最も重要な年。総決算の年だ」
　　　　　　　　　　—自民党定期大会（1983・1・22）

「国鉄改革は財閥解体にも匹敵する。行革は3内閣、10年かかる大事業だ」
　　　　　　　　　　　　—日商総会（1983・3・17）

「病気は気から起こる。根性さえしっかりすれば病気も逃げる」
　　　　　　　—広島の原爆養護ホーム（1983・8・6）

「いわゆる田中氏の政治的影響を一切排除する。政治倫理を高揚し党体質の抜本的刷新に取り組み、清潔な党風を確立する」
　　　　　—衆院選敗北後の総裁声明（1983・12・24）

「大統領的首相になって力強く政策を推進したい」
　　　　　—旧制静岡高校同総会（1985・4・24）

「公式参拝は、憲法に反しない範囲と判断した。国民の大多数は圧倒的に支持してくれると信じている」
　　—戦後の首相で初めて靖国神社を公式参拝した際（1985・8・15）

「正直言って304議席頂けるとは思っていなかった。人間の力の致すところではない。国民の声というか、天の声というか、神の声だ」
　　　　　—同日選大勝後の記者会見（1986・7・7）

「私は政権に恋々たるものではない。できればなるべく早く引かせてもらった方が楽だし、家族も喜ぶ。しかし同日選の結果、個人的利害で動けない拘束を受けた。辞める時は自分で決めて自分で判断する」
　　　　—訪韓同行記者団との懇談（1986・9・21）

「（防衛費のGNP比）1％突破といっても1000分の4であり、ちょっぴり顔を出しただけで1％と大同小異」
　　　　—伊勢神宮参拝後の記者会見（1987・1・4）

「自分の進退は自分で決める。私の俳句に『くれてなお、命の限り、蝉しぐれ』というのがある」
　　　　—訪米同行記者団との懇談（1987・5・2）

「責任を果たせない人が次のリーダーになれば国民はけげんに思う」
　　　　　　　—広島の記者会見（1987・8・6）

第70代 鈴木善幸

すずき ぜんこう

在職864日 【在任期間】1980年7月17日〜1982年11月27日

就任時の年齢・69歳
明治生まれ最後の内閣総理大臣。

●生没年
1911年1月11日〜
2004年7月19日
（93歳没）

●出生地
岩手県下閉伊郡
山田町

●出身校
農林省水産
講習所
（現・東京海洋大学）

●選挙区
衆議院岩手県第1区

●所属政党
日本社会党→社会革
新党→民主自由党→
自由党→自由民主党

●血液型
O型

●前職
岩手県漁業組合連合会

●初当選
1947年第23回衆議院議員選挙で
日本社会党から出馬し当選。社会党に
在籍経験がある自民党総裁は初めて。
当選回数16回

カネを一銭も使わないで総裁になったのは、僕がはじめてじゃないか。

1980年、総理就任後、記者に漏らした言葉。それまで分裂状態にあった自民党が大平首相急死で衆参ダブル選挙を圧勝。これをきっかけに党内抗争が静まり、一番無難な大平派の大番頭、鈴木善幸が満場一致で自民党総裁に。

90

鈴木政権のころの出来事

西 暦	年 号	首 相	重 要 事 項
1978	昭和 53	福田赳夫	5 成田空港(新東京国際空港)の開港
			第 1 回国連軍縮特別総会が開催される
			8 日中平和友好条約の調印
			11 自民党総裁決定選挙(予備選挙)で大平正芳が 1 位に
		大平正芳	12 福田内閣が総辞職し、大平内閣が成立
1979	54		1 国公立大学共通一次試験はじまる。第 2 次石油危機おこる
			3 アメリカ、スリーマイル島原発事故がおこる
			6 東京サミットが開かれる
			米ソ第 2 次戦略兵器制限条約(SALT II)に調印
			12 ソ連がアフガニスタンへ軍事介入
1980	55		6 大平首相急死。衆参同日選挙で自民党が安定多数を獲得
		鈴木善幸	7 鈴木善幸内閣が発足、自民党の派閥均衡内閣といわれた
			9 イラン・イラク戦争おこる
			ポーランドで自主管理労組「連帯」が結成される
1981	56		3 第二次臨時行政調査会、初会合
			11 沖縄県で新種の鳥(ヤンバルクイナ)が発見される
			12 ポーランドで「連帯」が民主化運動、戒厳令が敷かれる
1982	57		4 アルゼンチンが英植民地のフォークランド島を占領(フォークランド紛争)
			8 公職選挙法改正、参議院選挙に比例代表制を導入する
		中曽根康弘	11 鈴木内閣、財政再建や行革で行き詰まり総辞職。中曽根内閣が発足
1983	58		7 死刑囚で再審を求めた免田事件で、無罪が確定
			10 ロッキード事件、東京地裁で田中元首相に有罪判決
			12 総選挙で過半数割れの自民党が新自由クラブとの連立内閣を発足
1984	59		11 1 万円、5 千円、千円の新札が発行される
			12 英中が香港返還(1997 年)へ正式調印
1985	60		3 ゴルバチョフがソ連共産党書記長に選出される
			4 日本電信電話公社と日本専売公社を民営化、NTT と JT に
			8 日航機墜落事故。中曽根首相、戦後初の靖国神社公式参拝
			9 主要 5 か国蔵相会議で為替市場への協調介入に合意(プラザ合意)
1986	61		2 フィリピンで政変
			4 男女雇用機会均等法施行
			ソ連チェルノブイリ原発事故おこる

鈴木善幸
の横顔

◆ 趣味

朝風呂。一日中いつもさっぱりした気分で仕事が出来る、その後の朝飯がうまい。また、主な選手の打率まで知っているほどの野球好き。巨人の大ファン。

♥ 人物

「誠実」をモットーに生き、家族を一度も怒鳴ったことがない温厚な人柄。

♠ ニックネーム

「正直ゼンコー」

♣ 好きな食べ物

魚。特にアイナメやキンキンといったいそ魚。1日3回出しても飽きないほどの蕎麦好き。酒は若い頃は1升飲んだ。嫌いなものはタクアン。

◆ スポーツ

たいていのスポーツはやったと自認するスポーツマン。特に剣道は6段。ちなみに囲碁も6段の腕をもつ。

♣ 色紙に好んで書く言葉

「和」「誠」「平常心」

♠ 政治哲学

「無理押しはしないが出すべき結論は出す」「誠心誠意お付き合いする」「約束は必ず守る」

◆ スローガン

「和の政治」。田中角栄支配の絶頂期だった当時、一部マスコミからは「直角内閣」「暗愚の総理」と揶揄されていた。

♥ 「ゼンコー フー?(Zenko who?)」

内閣総理大臣に選ばれた際、海外での知名度不足からアメリカメディアに「ゼンコー フー?(Zenko who?)」と言われた。日本国民的にも知名度が低かったため、この言い回しが流行語になった。

鈴木善幸内閣の顔ぶれ

鈴木善幸内閣成立　昭和55年7月17日

内閣総理大臣	鈴木善幸	国家公安委員会委員長	
法務大臣	奥野誠亮		石破二朗*
外務大臣	伊東正義	→昭55.12.17—安孫子藤吉*	
	→昭56.5.1—園田 直	行政管理庁長官	中曽根康弘
大蔵大臣	渡辺美智雄	北海道開発庁長官	
文部大臣	田中竜夫		原 健三郎*
厚生大臣	斎藤邦吉	防衛庁長官	大村襄治
	→昭55.9.19—園田 直	経済企画庁長官	河本敏夫
	→昭56.5.18—村山達雄	科学技術庁長官	中川一郎
農林水産大臣	亀岡高夫	環境庁長官	鯨岡兵輔
通商産業大臣	田中六助	沖縄開発庁長官	中山太郎*
運輸大臣	塩川正十郎	国土庁長官	原 健三郎*
郵政大臣	山内一郎	内閣法制局長官	
労働大臣	藤尾正行		角田礼次郎/瓦 力/
建設大臣	斉藤滋与史		翁 久次郎
自治大臣	石破二朗*		
	→昭55.12.17—安孫子藤吉*		
内閣官房長官	宮沢喜一		
総理府総務長官	中山太郎*		

備考
氏名の後の「*」:同一人が就任期間の全期間又は一定期間に2つ以上の職を担当したことを示す。

鈴木内閣・印象に残った顔

不破哲三
（1930 ～）

1982 年 7 月、共産党委員長に就任。1987 年に心臓病で委員長を退くが、1989 年に委員長に復帰、2000 年 11 月まで務めた。「不破哲三」はペンネームで、本名は上田建二郎。40 歳で党書記長に就任した頃は「共産党のプリンス」と呼ばれた。幼少の頃から眼鏡をかけていて、1998 年には「日本メガネベストドレッサー賞」に。

桜内義雄
（1912 ～ 2003）

1982 年 3 月、鈴木内閣の外務大臣として訪米し、レーガン大統領との会談終了後、内外記者団に対して「もうすぐ桜が咲きます。私の名前は桜内、つまりチェリーです。日米間でも間もなく桜が咲くようになります」と語り「アイ・アム・チェリー」発言が話題に。池田内閣通産相で初入閣。農相・建設相・国土庁長官・外相・衆議院議長など歴任。

鈴木善幸 語録集

「僕の目の黒いうちになんとか宏池会（こうちかい）から 3 人目の宰相を出したい」
　　　—大平首相急死後、名実ともに宏池会のまとめとなって（1980・6）

「僕が社会党から衆議院初当選を果たした時の同期は成田知巳君、勝間田清一君らだ。社会党にずっといたら、とっくに社会党の委員長になっていたな」
　　　—鈴木後継が事実上確定したあとの言葉（1980・7）

「天気晴朗なれど波高しだね。責任の重さを感じると、身の引き締まる思いだ」
　　　—自民党総裁に選ばれる朝、記者に心境を聞かれ（1980・7・15）

「私は今日まで誠心誠意、政治に当たってきた。言葉を換えれば『和の政治』だ。『和』は話し合いの政治、公正を追求する政治だ。これは首相になるための標語ではなく、一貫して、そのように実践してきた」
　　　—首相になって初の記者会見（1980・7・18）

「政府としては、厳格に、現行憲法を順守する」
　　　—奥野法相の改憲発言について（1980・8・27）

「改憲しないという内閣の方針と相いれないものは去ってもらうほかない」
　　　—奥野法相の再度の改憲発言について（1981・2・17）

「国民世論の盛り上がりにこたえるため、内閣の最重要課題として行革を取り上げた。政治生命をかけてこれを達成したい」
　　　—日商総会でのあいさつで（1981・3・18）

「（自由、自由市場経済体制）こういう価値観を守るという立場で日米は同じだ。そういうことを含めて同盟関係と言っているので、軍事的意味合いは持っていない」
　　　—伊東前外相の辞任の発端となった日米共同声明の「日米同盟」をめぐるワシントンでの発言（1981・5・8）

「二階堂氏は、この一年間、総務会長として国民の叱声を肝に銘じながら党のために真剣に努力した。国民の叱声にこたえる道は、今後も政治に対する姿勢を正し、日本のために政治に献身していくことで、幹事長としても一層の責任の重さを踏まえ、精進していくことを期待する」
　　　—内閣改造後の記者会見で、二階堂幹事長器用について聞かれ（1981・12・1）

「それは、三木さんの見方だろう。私は別にそんなに田中派にどうこうされ、それに踊っているわけでもない。私自身の考えでやっている」
　　　—三木元首相の会談で「田中支配」の党体制を批判されて（1982・6・19）

「今はまったく白紙だ。（50 人の推薦人は）集める気になればすぐ集められる。（鈴木派は）80 何人もいるから、私は総合判断して自分の出処進退を決める。（最高顧問は）大体、みんなぼくの先輩だし、枯れている。そんな生臭い人はいない」
　　　—中国訪問を終え、帰国に先立って上海で（1982・9・30）
　　　—結局、自民党総裁選への立候補をとりやめ、総辞職（1982・10・12）

第68・69代 大平正芳
おおひら まさよし

在職 554 日　【在任期間】1978 年 12 月 7 日〜1980 年 6 月 12 日

就任時の年齢・68 歳

●生没年
1910 年 3 月 12 日〜
1980 年 6 月 12 日（70 歳没）

●出生地
香川県三豊郡和田村（現・観音寺市）

●出身校
東京商科大学
（現・一橋大学）

●選挙区
衆議院香川県第 2 区

●党派
自由民主党

●血液型
O 型

●初当選
1952 年第 25 回
衆議院議員選挙。香川県第 2 区
から立候補して当選。
通算当選回数 11 回。

●趣味
ゴルフ、読書。
大変な読書家として知られ、自著が多
いことでも有名。歌舞伎の女形、坂東
玉三郎の大ファンで後援会の会長。大
相撲の横綱・琴桜の後援会の会長でも
あった。

私は
ア〜ウ〜
ですから

口癖。国会での野
党の質問に答える際
によく使う。演説や
答弁の際に「アー」
「ウー」と前置きをす
ることから「アーウー
宰相」と呼ばれた。

大平政権のころの出来事

西暦	年号	首相	重要事項
1976	昭和51	三木武夫	2 ロッキード事件、米上院で明るみにでる
			6 新自由クラブ結成される
			7 田中前首相をロッキード事件にからむ外為法違反で逮捕
			10 防衛計画の大綱を決定
		福田赳夫	12 初の任期満了にともなう総選挙で自民党敗北。三木首相が退陣し福田内閣が成立
1977	52		4 海洋2法(領海法／漁業水域暫定措置法)成立。領海12海里、漁業水域200海里に
			6 東京外国為替市場で円が急騰、1ドル=256円60銭に
			8 原水爆禁止統一世界大会が広島で開催
			9 プロ野球で王貞治が756号の本塁打世界記録を樹立
1978	53		5 成田空港(新東京国際空港)の開港 第1回国連軍縮特別総会が開催される
			8 日中平和友好条約の調印
			11 自民党総裁決定選挙(予備選挙)で大平正芳が1位に
		大平正芳	12 福田内閣が総辞職し、大平内閣が成立
1979	54		1 国公立大学共通一次試験はじまる。第2次石油危機おこる
			3 アメリカ、スリーマイル島原発事故がおこる
			6 東京サミットが開かれる 米ソ第2次戦略兵器制限条約(SALT II)に調印
			12 ソ連がアフガニスタンへ軍事介入
1980	55		6 大平首相急死。衆参同日選挙で自民党が安定多数を獲得
		鈴木善幸	7 鈴木善幸内閣が発足、自民党の派閥均衡内閣といわれた
			9 イラン・イラク戦争おこる ポーランドで自主管理労組「連帯」が結成される
1981	56		3 第二次臨時行政調査会、初会合
			11 沖縄県で新種の鳥(ヤンバルクイナ)が発見される
			12 ポーランドで「連帯」が民主化運動、戒厳令が敷かれる
1982	57		4 アルゼンチンが英植民地のフォークランド島を占領(フォークランド紛争)
			8 公職選挙法改正、参議院選挙に比例代表制を導入する
		中曽根康弘	11 鈴木内閣、財政再建や行革で行き詰まり総辞職。中曽根内閣が発足
1983	58		7 死刑囚で再審を求めた免田事件で、無罪が確定
			10 ロッキード事件、東京地裁で田中元首相に有罪判決

香川

大平正芳
の横顔

◆ 田中平内閣・角影内閣

田中角栄の助けで首相の座に就いたことから呼ばれた。

♥ ニックネーム

「アーウー宰相」「鈍牛」
「おとうちゃん」

♠ アーウー宰相

演説や答弁の際、「ア〜、ウ〜」と前置きをする話し方から「アーウー宰相」と呼ばれ、「アーウー」は大平首相当時、子供たちの流行語に。「アーウー」を除けば答弁の内容は一級品との声も。

♣ 好きな食べ物

焼きイモ。
焼きイモが焼けるのをじっと待っている時のニオイがたまらないらしい。
うどん。

「ざるうどん」の名付け親で知られる。「ざるそば」があって何で「ざるうどん」がないんだと言ったことから。タバコ、酒はダメ。

◆ エピソード

自宅の部屋に使っていない電球が灯っていると「もったいない」とわめきながら部屋中の電球を消して歩いてまわったり、水道の蛇口から水が漏れていると慌てて蛇口を閉めるという節約家。

♣ 急逝

政局運営の難しい局面で、衆院を解散し、衆参同日選挙としたが、選挙戦の最中倒れ、急逝した。

♠ 盟友・田中角栄

田中角栄とは、長く盟友関係にあり、田中の首相就任の際には大平の協力が、大平の首相就任の際には田中の支援があった。大平は「ぼくたちの関係は便宜的友情ではない。政治家をやめても続くもの」といい、田中角栄は「君と俺は前世でたぶんカネを貸したか、借りたか、とにかくなんか因縁があるんだろう」と言っている。

 ## 大平正芳内閣の顔ぶれ

大平正芳内閣成立　昭和53年12月7日

内閣総理大臣	大平正芳	行政管理庁長官	金井元彦
法務大臣	古井喜実	北海道開発庁長官	渋谷直蔵 *
外務大臣	園田 直	防衛庁長官	山下元利
大蔵大臣	金子一平	経済企画庁長官	小坂徳三郎
文部大臣	内藤誉三郎	科学技術庁長官	金子岩三
厚生大臣	橋本竜太郎	環境庁長官	上村千一郎
農林水産大臣	渡辺美智雄	沖縄開発庁長官	三原朝雄 *
通商産業大臣	江崎真澄	国土庁長官	中野四郎
運輸大臣	森山欽司	内閣法制局長官	→昭53.12.8─真田秀夫
郵政大臣	白浜仁吉		
労働大臣	栗原祐幸	備考	
建設大臣	渡海元三郎	氏名の後の「*」：同一人が就任期間の全期間又は一定期間に	
自治大臣	渋谷直蔵 *	2つ以上の職を担当したことを示す。	
内閣官房長官	田中六助		
総理府総務長官	三原朝雄 *		
国家公安委員会委員長	渋谷直蔵 *		

大平内閣・印象に残った顔

浜田幸一
（1928 ～ 2012）

1979 年、四十日抗争で、自民党内の反主流派が築いた両院議員総会阻止のバリケードを取り除く際、主流派・大平の応援団だった浜田幸一は「いいか、断っとくけどなー。かわいい子供達の時代のために自民党があるってことを忘れるな！お前らのためにだけ自民党があるんじゃないぞ！」と発言。「ハマコー」の愛称で親しまれ、「政界の暴れん坊」の異名をもった。

市川房枝
（1893 ～ 1981）

1980 年、参議院選挙で 87 歳の高齢にもかかわらず全国区でトップ当選を果たした。生涯を独身で通し、婦人運動家として活躍、国会内では政党に属さず、無所属議員の集合体である第二院クラブに所属。政治の浄化、とくに金権政治の追放を追求する活動を行った。1981 年、心筋梗塞（しんきんこうそく）のため議員在職のまま死去、参議院永年在職議員表彰を受ける。

大平正芳 語録集

「歴代の首相は顔が違うように政治の手法は若干違う。福田さんは性格に忠実にやられたと思うし、私も性に合った政治をやっていく」

―首相就任後、初の記者会見で（1978・12・8）

「あれもこれも片付けてから、というのは欲張り。一つ二つは問題があるものだ。山より大きいイノシシは出ない」

―訪米途上の機中で同行記者団に（1979・4・30）

「全力を尽くして戦って、国民の理解と支持を得る過程が 1 か月続くが、支持を得られるに違いない。（議席の）数は国民が決めてくれることだ」

―衆議院解散後、国会内で（1979・9・7）

「国民に負担を求めることは切ないが、財政インフレが避けられるなら不親切にならない」

―増税について、経団連フォーラム（1979・9・13）

「私は国民に負担増を求める最後の男になる決意だ」

―総選挙公示日の東京都内遊説で（1979・9・17）

「国民のバランス感覚は絶妙なものがある。（選挙結果を私は）誰よりも深刻に受け止めなければならない。（国民の意志を）これからの施策の上に生かしていくことが、私のなすべきことだ」

―自民党惨敗、記者会見で（1979・10・8）

「野党に政権を渡せということなのか」

―三木元首相との会談で、退陣要求に対して（1979・10・15）

「辞めろというのは私に死ねということである」

―福田前首相との会談で、退陣要求に対して（1979・10・17）

「熱いお湯の中に長い間つかり、やっと解放された感じ。もっと熱いお湯に入らなければならないので大変だ」

―首相指名を受けた感想を記者団に（1979・11・6）

「米国のいらだたしい気持ちはわかるが、日米双方にとって将来取り返しのつかないような事態になってはならない」

―日本のイラン石油高値買いなどで生じた日米間の摩擦で、米マンスフィールド駐日大使と会談（1979・12・15）

「わが国は対国民総生産（GNP）比率で（防衛費は）他の先進国に比べて非常な遜色がある。経済大国になった責任として分相応のことをやらなければならない」

―自民党青年部研修大会で（1980・4・28）

「不信任を受けて内閣総辞職すれば政局の混迷はかえって倍増する。なんらの迷いもなく、憲政の常道に立って衆院の解散を選んだ」

―衆院解散後、記者会見（1980・5・19）

香川

第67代 福田赳夫
ふくだたけお

在職 714 日　【在任期間】1976 年 12 月 24 日〜1978 年 12 月 7 日

明治
三十八歳

1976 年、福田内
閣誕生時、71 歳と
いう高齢を心配する
周囲からの声に対し、
自らの生年に因んで
若さをアピール。

就任時の年齢・71 歳
第 91 代内閣総理大臣
の福田康夫は長男。

●生没年
1905 年 1 月 14 日〜
1995 年 7 月 5 日（90 歳没）

●出生地
群馬県群馬郡金古町（現・高崎市）

●出身校
東京帝国大学法学部
（現・東京大学）

●選挙区
衆議院群馬県第 3 区

●党派
自由民主党

●血液型
Ｏ型

●初当選
1952 年第 25 回衆議院議員選挙。
無所属で立候補し当選。引退するまで
14 回連続当選（衆議院）。

●前職
大蔵省主計局局長

福田政権のころの出来事

西暦	年号	首相	重要事項
1974	昭和49	田中角栄	3 インフレ反対国民集会、130万人参加
			5 田中首相、小選挙区制実施を表明、反対運動強まる
			8 ニクソン米大統領、ウォーターゲート事件により辞任
		三木武夫	12 田中首相、金脈問題で辞任、三木武夫内閣成立
1975	50		4 南ベトナム政権が無条件降伏、ベトナム戦争終結
			5 エリザベス女王が来日する
			8 三木首相が現職総理大臣としては初めて、靖国神社に参拝（私人として）
			11 第1回主要先進国首脳会議（サミット）がフランスのランブイエで開催
1976	51		2 ロッキード事件、米上院で明るみにでる
			6 新自由クラブ結成される
			7 田中前首相をロッキード事件にからむ外為法違反で逮捕
			10 防衛計画の大綱を決定
		福田赳夫	12 初の任期満了にともなう総選挙で自民党敗北。三木首相が退陣し福田内閣が成立
1977	52		4 海洋2法（領海法／漁業水域暫定措置法）成立。領海12海里、漁業水域200海里に
			6 東京外国為替市場で円が急騰、1ドル＝256円60銭に
			8 原水爆禁止統一世界大会が広島で開催
			9 プロ野球で王貞治が756号の本塁打世界記録を樹立
1978	53		5 成田空港（新東京国際空港）の開港。第1回国連軍縮特別総会が開催される
			8 日中平和友好条約の調印
			11 自民党総裁決定選挙（予備選挙）で大平正芳が1位に
		大平正芳	12 福田内閣が総辞職し、大平内閣が成立
1979	54		1 国公立大学共通一次試験はじまる。第2次石油危機おこる
			3 アメリカ、スリーマイル島原発事故がおこる
			6 東京サミットが開かれる 米ソ第2次戦略兵器制限条約（SALT II）に調印
			12 ソ連がアフガニスタンへ軍事介入
1980	55		6 大平首相急死。衆参同日選挙で自民党が安定多数を獲得
		鈴木善幸	7 鈴木善幸内閣が発足、自民党の派閥均衡内閣といわれた
			9 イラン・イラク戦争おこる ポーランドで自主管理労組「連帯」が結成される

群馬

福田赳夫 の横顔

◆ 好きなもの
ソバ。たばこ1日40本。

♥ ニックネーム
「昭和の黄門」「上州の平手造酒」
OBサミット（元首相、総理大臣経験者による行動する国際会議）などで、各国の代表者からは「ジョニー・ウォーカー（いつまでも元気で歩く）」というニックネームをおくられている。

♠ 趣味
ゴルフ、麻雀、囲碁。
囲碁は8段で、当時の国会議員の最高位。
ゴルフ、麻雀、アルコールに関しては夫人にかなわなかったらしいとの声も。

♣ 人物
ユーモアがあり、ひょうひょうとしていて、気さくな一面をもつ。痩せていて、虚弱に見えること

について「我が輩の後ろ姿には性的魅力がある。女優が言ったから間違いない」と言ったことも。

◆ 造語の達人
「誰よりも農民を愛す」「狂乱物価」「昭和元禄」「アヒルの水かき」「視界ゼロ」など。その他、1977年に起きたダッカ日航機ハイジャック事件の「人命は地球より重い」、1978年の総裁選で敗れた時の記者会見「天の声にも変な声がある」など、多くの福田語録を残した。

♣ 後継問題
1990年、第39回衆議院議員総選挙を機に政界引退。長男の康夫（後の総理大臣）が後継者となるが、当初は次男の征夫を後継者として考えていて、「康夫は面の皮が薄すぎて政治家に向かない」と周囲に語っていた。

♠ 上州戦争と呼ばれた選挙区
旧群馬県第3区はつねに中曽根康弘とトップ当選争いを繰り広げ、通算成績は福田の11勝3敗と圧勝。

福田赳夫内閣の顔ぶれ

福田赳夫内閣成立　昭和51年12月24日

内閣総理大臣	福田赳夫	国家公安委員会委員長	
法務大臣	福田 一		小川平二 *
	→昭52.10.5─瀬戸山三男	行政管理庁長官	西村英一
外務大臣	鳩山威一郎	北海道開発庁長官	
大蔵大臣	坊 秀男		小川平二 *
文部大臣	海部俊樹	防衛庁長官	三原朝雄
厚生大臣	渡辺美智雄	経済企画庁長官	倉成 正
農林大臣	鈴木善幸	科学技術庁長官	宇野宗佑
通商産業大臣	田中竜夫	環境庁長官	石原慎太郎
運輸大臣	田村 元	沖縄開発庁長官	藤田正明 *
郵政大臣	小宮山重四郎	国土庁長官	田沢吉郎
労働大臣	石田博英	内閣法制局長官	真田秀夫
建設大臣	長谷川四郎		
自治大臣	小川平二 *		
内閣官房長官	園田 直		
総理府総務長官	藤田正明 *		

備考
氏名の後の「*」：同一人が就任期間の全期間又は一定期間に2つ以上の職を担当したことを示す。

福田内閣・印象に残った顔

園田直
(1913 ～ 1984)

三木おろしでは挙党協の代表世話人となり、強硬に三木退陣を求め、福田内閣で官房長官に就任。福田改造内閣で外相に横滑りして、日中平和友好条約締結に尽力した。大平内閣でも引き続き外相。1979年の四十日抗争では大・福間の調整に努めたが、大平支持とみなされて福田派から除名された。

飛鳥田一雄
(1915 ～ 1990)

1977年、前任の社会党委員長、成田知巳に口説き落とされ、4期務めた横浜市長を辞任して、社会党委員長に。1983年に石橋政嗣にバトンタッチするまで、5年9か月委員長を務める。長期低落傾向を盛り返すため「百万党構想」を考案、党員拡大に力をいれた。

福田赳夫 語録集

「消費を美徳として高度成長政策をとっている。見せかけの繁栄は昭和元禄にすぎない」

—自民党政調会長を辞めた後、池田内閣の高度成長政策を批判 (1961・7)

「アヒルはじっとしているように見えても水の中では足を動かしている」

—佐藤内閣の外相当時、中国の国連代表権が決まった後、対中国政策の立ち遅れの批判に対し反論 (1971・10)

「天が再び福田を必要とする時がある」

—自民党総裁選で田中角栄に敗れ、決意を新たにした発言 (1972・7)

「狂乱物価」

—第2次田中内閣で蔵相就任後、第一次石油ショックに端を発したインフレ状態を指して (1973・11)

「党の出直し改革を行い、責任政治の原点に戻れ」

—参院選における自民党敗北後、蔵相を辞任して田中金権政治を批判 (1974・7)

「さあ、働こう内閣」

—福田内閣発足に当たり、記者にキャッチフレーズを問われて (1976・12)

「人命は地球より重い」

—日本赤軍によるダッカ日航機乗っ取り事件で、人質解放のため超法規的措置を決断して (1977・9)

「福田に期待する声が全国津々浦々ほうはいとして沸き起こっている」

—自民党史上初の総裁予備選に臨んで (1978・11)

「天の声にも変な声がたまにある」

—自民党総裁選予備選で大平正芳に敗れ、記者会見 (1978・11)

「昭和黄門ぐらいの気持ちで全国を駆け巡り改革を訴えたい」

—退陣直後のインタビューで (1978・12)

「選挙を見るとニューリーダーの活躍の成果だといえる。国民の認識にこたえなければならない」

—衆参同日選挙後、派閥を安倍晋太郎に譲って (1986・7)

「私の政治生活に議員バッジは必要ない。国内外ともに顔パスで通る」

—議員生活引退表明の記者会見で (1989・3)

群馬

第66代 <ruby>三<rt>み</rt></ruby><ruby>木<rt>き</rt></ruby><ruby>武<rt>たけ</rt></ruby><ruby>夫<rt>お</rt></ruby>

在職 747 日 【在任期間】1974 年 12 月 9 日〜1976 年 12 月 24 日

就任時の年齢・67 歳

●生没年
1907 年 3 月 17 日〜
1988 年 11 月 14 日(81 歳没)

●出生地
徳島県土成町(現・阿波市)

●出身校
南カリフォルニア大学
留学を経て
明治大学法学部卒業

●選挙区
衆議院徳島全県区

●所属政党
国民協同党→国民民主党→
改進党→日本民主党→
自由民主党

●血液型
A 型

●初当選
1937 年(昭和 12)、大学卒業と同
時に第 20 回衆議院議員選挙に当時
の徳島第 2 区から立候補。知名度も
何もなかったが「神風候補」と呼ばれて
全国最年少の 30 歳で当選を果たす。
以後、連続 19 回当選し、51 年余り
にわたって衆議院議員を務めた。

●好きな食べ物
アンパンが大好物。睦子夫人手づくり
のハチミツ入りコーヒーが健康源。

青天の霹靂（せいてんのへきれき）の心境だ。

1974 年、田中後継
で椎名悦三郎副総裁
が「神に祈る気持ち
で」と三木武夫を指名
して。

三木政権のころの出来事

西暦	年号	首相	重要事項
1972	昭和47	佐藤栄作	1 グアム島で元日本兵の横井庄一が発見される
			5 沖縄の施政権が、アメリカから返還される。沖縄県復活
		田中角栄	7 佐藤内閣が総辞職。田中角栄内閣が成立する
			9 日中国交正常化交渉、日中共同声明調印
1973	48		1 ベトナム和平協定が調印され、ベトナム戦争が停戦へ
			2 外国為替市場が変動相場制へ移行
			8 金大中事件おこる
			10 日ソ共同声明が出される。北方領土問題が未解決であることを確認
			11 第4次中東戦争により石油危機おこる。トイレットペーパーなどの買いだめ
1974	49		3 インフレ反対国民集会、130万人参加
			5 田中首相、小選挙区制実施を表明、反対運動強まる
			8 ニクソン米大統領、ウォーターゲート事件により辞任
		三木武夫	12 田中首相、金脈問題で辞任、三木武夫内閣成立
1975	50		4 南ベトナム政権が無条件降伏、ベトナム戦争終結
			5 エリザベス女王が来日する
			8 三木首相が現職総理大臣としては初めて、靖国神社に参拝（私人として）
			11 第1回主要先進国首脳会議(サミット)がフランスのランブイエで開催
1976	51		2 ロッキード事件、米上院で明るみにでる
			6 新自由クラブ結成される
			7 田中前首相をロッキード事件にからむ外為法違反で逮捕
			10 防衛計画の大綱を決定
		福田赳夫	12 初の任期満了にともなう総選挙で自民党敗北。三木首相が退陣し福田内閣が成立
1977	52		4 海洋2法(領海法／漁業水域暫定措置法)成立。領海12海里、漁業水域200海里に
			6 東京外国為替市場で円が急騰、1ドル＝256円60銭に
			8 原水爆禁止統一世界大会が広島で開催
			9 プロ野球で王貞治が756号の本塁打世界記録を樹立
1978	53		5 成田空港(新東京国際空港)の開港。第1回国連軍縮特別総会が開催される
			8 日中平和友好条約の調印

徳島

三木武夫 の横顔

◆ 好きな言葉
「大衆を恐れよ」

♥ ニックネーム
「バルカン政治家」「議会の子」
「クリーン三木」

♠ 趣味
油絵。1984年には睦子夫人との作品を集めた「おしどり展」を開催し、油絵と書を30数点出品した。ちなみに夫人は陶器を50点余り出品した。

♣ 三木武吉
自由民主党の結成に関与した高松出身の大物議員・三木武吉と名字が同じことから親子と勘違いされるが、血縁関係はまったくない。

◆ エピソード
睦子夫人によると、意外にぐうたらな面もあり、自分で脱いだら脱ぎっぱなしでズボンをどこで脱いだかわからなくなり、夫人が手伝うことも。またある日、夫人が背広を片づけようと背広のポケットの中をまさぐったら、三木の好物の落花生のカラが出てきた。背広のポケットに落花生をしのばせて食べていたという子供っぽい一面も。

♣ 学生時代から正義感が強い
徳島商業高校時代、校内でのバザーの売上金をめぐり教師に不正な使い込みがあったと学生ストライキを行い、学校を追求、退学処分を受ける。

♠ 胸像
1987年、衆議院議員在職50年となり、永年在職議員の特別表彰を受け、国会議事堂に胸像が飾られた。これは尾崎幸雄と三木武夫の2人だけ。

 ## 三木武夫内閣の顔ぶれ

三木武夫内閣成立　昭和49年12月9日

職名	氏名	職名	氏名
内閣総理大臣	三木武夫	北海道開発庁長官	福田 一*
法務大臣	稲葉 修	防衛庁長官	坂田道太
外務大臣	宮沢喜一	経済企画庁長官※	福田赳夫
大蔵大臣	大平正芳	科学技術庁長官	佐々木義武
文部大臣	永井道雄	環境庁長官	小沢辰男
厚生大臣	田中正巳	沖縄開発庁長官	植木光教*
農林大臣	安倍晋太郎	国土庁長官	金丸 信
通商産業大臣	河本敏夫	内閣法制局長官	吉国一郎
運輸大臣	木村睦男		→昭51.7.9—真田秀夫
郵政大臣	村上 勇		
労働大臣	長谷川 峻		
建設大臣	仮谷忠男		
	→昭51.1.15—三木武夫（臨代）		
	→昭51.1.19—竹下 登		
自治大臣	福田 一*		
内閣官房長官	井出一太郎		
総理府総務長官	植木光教*		
国家公安委員会委員長	福田 一*		
行政管理庁長官	松沢雄蔵		

備考
① 氏名の後の「*」：同一人が就任期間の全期間又は一定期間に2つ以上の職を担当したことを示す。
② （臨代）＝臨時代理を示す。
③ ※＝組閣当初等において、内閣法第9条によりあらかじめ指定された国務大臣（いわゆる副総理）を示す。

三木内閣・印象に残った顔

保利茂
(1901 ～ 1979)

田中内閣退陣の際、自民党副総裁だった椎名悦三郎（いな）と組み後継総裁の調整に動き、三木武夫を後継総裁に指名した「椎名裁定」を陰で演出。1976 年、ロッキード事件発覚後は反三木派に転じ「三木おろし」を画策し、反主流派連合党挙党体制協議会（挙党協）の取りまとめ役として福田赳夫と大平正芳の調整に当たり大福密約（だいふく）を結ばせた。

椎名悦三郎（いな）
(1898 ～ 1979)

金脈批判による田中内閣の退陣後、党内調整を託され、福田・大平・三木・中曽根ら各実力者の意見をとりまとめ、「椎名裁定」で三木武夫を後継総裁に指名した。しかし、ロッキード事件後は反三木派に転じて、積極的に「三木おろし」を主導。「（三木内閣の）産みの親だが、育てると言ったことはない」と答えた。

三木武夫 語録集

「計画のない政治、希望を与えない政治は国民に未来を信じなくさせている。道徳の退廃もここに原因する」
—吉田首相の政府演説に対する改進党幹事長として代表質問（1954・1・28）

「男は一度勝負する。勝負の時は近付いている」
—三木派の勉強会で、将来の自民党総裁選出馬を示唆（1962・9・8）

「人心がうんでは政治の活力は生まれない」
—佐藤栄作 3 選阻止で自民党総裁選に出馬表明（1968・10・30）

「私は今まで心境を語ってきたが、今や決意を語る時がきた。私は行く。私は何ものも恐れない。ただ、大衆のみを恐れる」
—佐藤栄作 4 選阻止を目指した自民党総裁選出馬表明で（1970・9・24）

「国民はやはり私を支持してくれている。男は勝つまで何度でも勝負する」
—佐藤栄作 4 選翌日、自民党総裁選で敗れて三木事務所で会見（1970・10・30）

「私をバルカン政治家と言う人がいる。これを汚名とは思っていない。むしろ、理想をもったバルカン政治家でありたい」
—中央公論に寄稿（1974・9）

「三木内閣は改革を使命づけられた内閣で、改革をやれば一方からは生ぬるい、一方からは行き過ぎだとの批判は起こる。しかし、私は議会主義者で議会政治はオール・オア・ナッシングではダメだ。私の立場は漸進的（ぜんしん）な改革である」
—NHK のテレビで（1975・6・13）

「ロッキード事件で、たとえ一時政府、自民党が傷ついても、うやむやにする方が日本の民主政治の致命傷になる」
—記者会見で（1976・2・19）

「私は政権に恋々とする気持ちはなく、いかなる人物についても究明は徹底的にやる」
—広島市での記者会見で（1976・8・6）

「ロッキード事件解明に私の生命そのものもかけている」
—選挙第一声（1976・11・15）

「日本の民主政治の健全な発展を目指してただ一筋に歩んできた風雲 40 年の道を、今後とも不変の情熱をもって歩み続ける決意だ」
—退陣表明で（1976・12・17）

「ひとつの派が人事からカネまで、国会運営にこんな大きな力をもった例はない。少し度を過ぎているのではないか。私は田中君（田中角栄）、おごるなかれというのだ」
—文芸春秋に寄稿（1982・7）

「ダブル選挙というのはやるものではない。それをいっぺんにやるのは便宜主義であり意味がない」
—共同通信のインタビューで（1983・8・17）

徳島

たなかかくえい
田中角栄

在職 886 日 【在任期間】1972 年 7 月 7 日～ 1974 年 12 月 9 日

就任時の年齢・54 歳
初の大正生まれの内閣総理大臣。

●**生没年**
1918 年 5 月 4 日～
1993 年 12 月 16 日
(75 歳没)

●**出生地**
新潟県刈羽郡二田村
(現・柏崎市)

●**出身校**
中央工学校

●**選挙区**
衆議院新潟県第 3 区

●**所属政党**
日本進歩党→民主党→同志クラブ→
民主クラブ→民主自由党→自由党→
自由民主党→無所属

●**血液型**
B 型

●**初当選**
1947 年の第 23 回衆議院議員選挙
で当選。以後、連続 16 回当選。

●**好きな食べ物**
鮭の頭と大根の味噌汁。身欠きの鰊の
煮つけなど田舎料理。てんぷら、すき
焼き。

ま
〜
こ
の
〜

口癖。演説や答
弁を始める時によ
く使った。モノマ
ネでもよく使われ
た。

田中政権のころの出来事

西暦	年号	首相	重要事項
1970	昭和45	佐藤栄作	1 日米繊維交渉始まる（6月に交渉決裂）
			3 日本万国博覧会が開かれる
			6 日米安保条約が自動延長される
			12 公害対策基本法が改正される
1971	46		6 沖縄返還協定調印
			8 ニクソン米大統領が金ドル交換の一時停止などを発表（ドル・ショック）
			10 中華人民共和国、国連の代表権回復
1972	47		1 グアム島で元日本兵の横井庄一が発見される
			5 沖縄の施政権が、アメリカから返還される。沖縄県復活
		田中角栄	7 佐藤内閣が総辞職。田中角栄内閣が成立する
			9 日中国交正常化交渉、日中共同声明調印
1973	48		1 ベトナム和平協定が調印され、ベトナム戦争が停戦へ
			2 外国為替市場が変動相場制へ移行
			8 金大中事件おこる
			10 日ソ共同声明が出される。北方領土問題が未解決であることを確認
			11 第4次中東戦争により石油危機おこる。トイレットペーパーなどの買いだめ
1974	49		3 インフレ反対国民集会、130万人参加
			5 田中首相、小選挙区制実施を表明、反対運動強まる
			8 ニクソン米大統領、ウォーターゲート事件により辞任
		三木武夫	12 田中首相、金脈問題で辞任、三木武夫内閣成立
1975	50		4 南ベトナム政権が無条件降伏、ベトナム戦争終結
			5 エリザベス女王が来日する
			8 三木首相が現職総理大臣としては初めて、靖国神社に参拝（私人として）
			11 第1回主要先進国首脳会議（サミット）がフランスのランブイエで開催
1976	51		2 ロッキード事件、米上院で明るみにでる
			6 新自由クラブ結成される
			7 田中前首相をロッキード事件にからむ外為法違反で逮捕
			10 防衛計画の大綱を決定
		福田赳夫	12 初の任期満了にともなう総選挙で自民党敗北。三木首相が退陣し福田内閣が成立

新潟

田中角栄 の横顔

◆ 人物

迫力があり、人を魅きつけてやまない強烈な個性の持ち主。「角栄節」と言われる演説では、笑わせるのが上手で何時間聞いていても飽きないといわれるほど。明るくあけっぴろげで、くったくがない。学歴もバックもなかったが54歳にして総理大臣まで昇りつめ、その後も最大派閥・田中派を掌握し最高権力者として政界に影響力を維持し続けた。よくも悪くも20世紀で一番注目を集めた日本の政治家。

♥ ニックネーム

「今太閤」「庶民宰相」

「コンピューター付きブルドーザー」「目白の闇将軍」「角さん」

♠ トレードマーク

ロヒゲ、背広に靴下を履いたままの下駄履き姿、暑がりのため寒い季節でも使用する扇子。そして、右手を上げる「よっしゃ、よっしゃ」のポーズなど。

♣ 田中軍団

「田中軍団」と呼ばれた自民党最大派閥の田中派は、最盛期で約140人の議員が所属。当時の第二党・社会党の議員の数より多かった。

◆ 馬好き

幼い頃から馬に親しんでいて、政治家になった後、競走馬を持った。馬名は愛娘「田中眞紀子」からとって付けた「マキノホープ」。

 ## 田中角栄内閣の顔ぶれ

田中角栄内閣成立　昭和47年7月7日

内閣総理大臣	田中角栄	北海道開発庁長官	福田 一 *
法務大臣	郡 祐一	防衛庁長官	増原恵吉
外務大臣	大平正芳	経済企画庁長官	田中角栄 (事取)
大蔵大臣	植木庚子郎		→昭47.7.12—有田喜一
文部大臣	稲葉 修	科学技術庁長官	中曽根康弘 *
厚生大臣	塩見俊二	環境庁長官	小山長規
農林大臣	足立篤郎	沖縄開発庁長官	本名 武 *
通商産業大臣	中曽根康弘 *	国務大臣	→昭47.8.29—※三木武夫
運輸大臣	佐々木秀世	内閣法制局長官	吉国一郎
郵政大臣	田中角栄 (臨代)		
	→昭47.7.12—三池 信		
労働大臣	田村 元		
建設大臣	木村武雄 *		
自治大臣	福田 一 *		
内閣官房長官	二階堂 進		
総理府総務長官	本名 武 *		
近畿圏整備長官	木村武雄 *		
中部圏開発整備長官	木村武雄 *		
国家公安委員会委員長	木村武雄 *		
首都圏整備委員会委員長	木村武雄 *		
行政管理庁長官	浜野清吾		

備考

① 氏名の後の「*」：同一人が就任期間の全期間又は一定期間に2つ以上の職を担当したことを示す。

② (臨代) ＝臨時代理、(事取) ＝事務取扱いを示す。

③ ※＝組閣当初等において、内閣法第9条によりあらかじめ指定された国務大臣 (いわゆる副総理) を示す。

田中内閣・印象に残った顔

中川一郎
（1925 ～ 1983）

1973 年、渡辺美智雄、石原慎太郎ら若手議員を集め「青嵐会」を結成、血判をもって結束を誓い合ったため話題になった。その後、中川派・自由革新同友会を発足させ、1982 年、鈴木後継の自民党総裁選に打って出たが、中曽根康弘・河本敏夫・安倍晋太郎を相手に 4 位惨敗。1983 年、北海道のホテルで自殺。遺書もなく原因は未だに不明。

二階堂進
（1909 ～ 2000）

第 1 次田中内閣で内閣官房長官に就任、田中首相、大平外相とともに訪中し、日中共同声明を発表した。第 2 次田中内閣で官房長官に留任。その後、自民党幹事長に就任、田中内閣を最後まで支えた。「趣味は田中角栄」と公言するほど田中角栄を敬愛していた。1984 年、鈴木善幸らを主役とする「二階堂擁立劇」で注目を集めたが、田中の反対で失敗に終わる。

田中角栄 語録集

「どうかね、こんな若いのが大臣になるとは思わなかったろうね。何しろ若いんだから努力するほかないよ。郵政大臣になるとは思わなかった。建設、運輸なら自信があるんだが、私が失敗したら、これから若い大臣が生まれなくなりますからね」
—岸内閣で 39 歳で郵政相に初入閣(1957・7・11)

「日本列島改造は思いつきや、その時点での問題を解決するためのものではない。民族の将来、100 年、1000 年の展望に立ち勉強しなければならないテーマと考える。明治初年、100 年後を展望し今日を築いた先覚者の偉業を考え、われわれも『明治 200 年』の展望に立ち、それにふさわしい政策を立案しなければならない」
—首相の私的諮問機関「日本列島改造問題懇談会」の初会合（1972・8・7）

「日中国交正常化は、日中両国民の長い間の願いであり、アジアの平和の基礎をつくるものである。この課題は、今日の国際情勢、ひいては、大きな歴史の中でとらえ、いつか、だれかが果たさなければならない仕事だったと信じる」
—日中国交正常化を果たし、帰国後のメッセージ
（1972・9・30）

「国政の最高責任者として政治的、道義的責任を痛感。一人の人間として考える時、私は裸一貫で郷里をたって以来、1 日も休むことなくただ、まじめに働き続けてきた。顧みて感慨がある。わが国の前途に思いをめぐらす時、私は一夜沛然として大地を打つ豪雨に心耳を澄ます思いである」
—金脈問題で辞意表明した「私の決意」
（1974・11・26）

「起訴事実の有無にかかわらず、いやしくも総理大臣在職中の容疑で逮捕、拘禁され、しかも起訴に至ったということは、それだけで総理大臣の栄誉を汚し、日本国の名誉を損なったことになり、万死に値するものと考えました」
—ロッキード裁判の初公判で（1977・1・27）

「総理・総裁なんていうのは（いつでも替えられる）帽子みたいなもの」
—私邸で田中派議員を前に（1983・10・12）

「君と僕と考えが違うことだってたまにはあるだろう。しかし、われわれは長年付き合って夫婦みたいなものだ。これからも仲良くしていこう」
—二階堂擁立工作で二階堂自民党副総裁と激論
（1984・10・27）

「世代交代の時が来た。田中もどうだ、という声がないわけではありませんが、しかし召される時はある。いやおうなしに神様がひっぱっていくのだから心配ない」
—田中派の羽田孜を励ます会で（1985・2・25）

第**61・62・63**代 佐藤栄作

さとうえいさく

在職 2798 日 【在任期間】1964 年 11 月 9 日～1972 年 7 月 7 日

就任時の年齢・63 歳
総理大臣の連続在任期間
は歴代最長の 7 年 8 か月。
第 56・57 代内閣総理大臣
岸信介の実弟。
20 世紀生まれ初の総理。

●生没年
1901 年 3 月 27 日～
1975 年 6 月 3 日(74 歳没)

●出生生地
山口県熊毛郡田布施町

●出身校
東京帝国大学法学部
(現・東京大学)

●選挙区
衆議院旧山口県第 2 区

●所属政党
民主自由党→自由党→
無所属→自由民主党

●血液型
A 型

●初当選
1949 年第 24 回
衆議院議員選挙。
通算当選回数 9 回。

●ノーベル平和賞
1974 年、非核三原則の提唱でノー
ベル平和賞を受賞。アジア初のノーベ
ル平和賞受賞者。

栄ちゃんと
呼ばれたい。

1966 年、大野伴睦
の 3 周忌の会に出席、
「『伴ちゃん、伴ちゃん』
とみんなから愛された
故人にならい、私も『栄
ちゃん』と呼ばれたい」
と発言。佐藤と大野
は犬猿の仲で知られ、
本心で言ったのではな
いらしい。

西暦	年号	首相	重要事項
1964	昭和39	池田勇人	4 OECD加盟、IMF8条国に移行する
			10 東海道新幹線が開業。東京オリンピック大会開かれる
			11 米国原子力潜水艦、佐世保に寄港する
		佐藤栄作	12 池田首相が病気のため11月に辞任、佐藤内閣が成立
1965	40		2 米軍ベトナム北爆開始。本格的な軍事介入
			6 日韓基本条約調印
			11 戦後初の赤字国債発行を決定(66年1月から)
1966	41		3 日本の総人口が1億人を突破
			6 国民祝日法改正、建国記念の日できる
			8 中国文化大革命が激化
			12 国会"黒い霧"解散。政財界の黒い噂に関する恐喝・詐欺事件があいついだことから
1967	42		4 東京都に初の革新知事(美濃部亮吉)が誕生する
			6 第3次中東戦争がはじまる(いわゆる6日戦争)
			7 資本取引の自由化が実施。ヨーロッパ共同体(EC)の発足
1968	43		4 チェコ共産党が複数政党制などを決議(プラハの春)
			6 大学紛争が激化。7月には東大安田講堂を占拠
			12 東京府中市で3億円事件が発生
1969	44		1 東大闘争で安田講堂の封鎖解除に大学側が警官隊を動員
			7 アポロ11号月面着陸。大学運営臨時措置法が成立する
			10 新左翼運動が激化する
			11 佐藤・ニクソン日米首脳会談、日米共同声明で72年沖縄返還を表明する
1970	45		1 日米繊維交渉始まる(6月に交渉決裂)
			3 日本万国博覧会が開かれる
			6 日米安保条約が自動延長される
			12 公害対策基本法が改正される
1971	46		6 沖縄返還協定調印
			8 ニクソン米大統領が金ドル交換の一時停止などを発表(ドル・ショック)
			10 中華人民共和国、国連の代表権回復
1972	47		1 グアム島で元日本兵の横井庄一が発見される
			5 沖縄の施政権が、アメリカから返還される。沖縄県発足
		田中角栄	7 佐藤内閣が総辞職。田中角栄内閣が成立する
			9 日中国交正常化交渉、日中共同声明調印

山口

佐藤栄作
の横顔

◆ 趣味

休みのほとんどはゴルフ。食卓にはいつもトランプが置いてあり、一人でトランプ占いをすることが多い。年に1、2回、トランプを新しく取り替える。

♥ ニックネーム

「政界の団十郎」 端正な風貌と歌舞伎役者を思わせるギョロッとした大きな目玉から。

♠ 性格

初対面の人にはとっつきにくいが、いったん気心を知った人の面倒は実によくみる。

♣ 4選

自由民主党史上、唯一4選された総裁。

◆ 長髪

総理時代はいつも髪を綺麗にととのえていたが、辞任後に長髪に。そのことについて、「総理を辞めたら収入が減って床屋代が払えなくなったので髪を伸ばしたんだ」。

♣ 兄弟と同様

兄は岸信介。岸が石橋湛山の病気引退をうけ後継首班に就任したのと同様、佐藤も病気で倒れた池田勇人の後継首班に指名された。

◆ 栄ちゃんのバラード

1969年当時、ベトナム反戦運動と関連して、週末の新宿駅西口地下広場に数千人もの若者が集まり反戦フォークを歌った。この反戦フォークゲリラの定番曲が「栄ちゃんのバラード」。作詞作曲は南大阪べ平連。放送禁止歌としても有名だった。

佐藤栄作内閣の顔ぶれ

佐藤栄作内閣成立　昭和39年11月9日

内閣総理大臣	佐藤栄作	北海道開発庁長官	増原恵吉 *
法務大臣	高橋 等	防衛庁長官	小泉純也
外務大臣	椎名悦三郎	経済企画庁長官	高橋 衛
大蔵大臣	田中角栄	科学技術庁長官	愛知揆一 *
文部大臣	愛知揆一 *	国務大臣	河野一郎
厚生大臣	神田 博	内閣法制局長官	高辻正己
農林大臣	赤城宗徳		
通商産業大臣	桜内義雄		
運輸大臣	松浦周太郎	備考	
郵政大臣	徳安実蔵	氏名の後の「*」:同一人が就任期間の全期間又は一定期間	
労働大臣	石田博英	に2つ以上の職を担当したことを示す。	
建設大臣	小山長規 *		
自治大臣	吉武恵一 *		
内閣官房長官	橋本登美三郎		
総理府総務長官			
[昭40.5.19 国務大臣制]	臼井荘一		
近畿圏整備長官	小山長規 *		
国家公安委員会委員長	吉武恵一 *		
首都圏整備委員会委員長	小山長規 *		
行政管理庁長官	増原恵吉 *		

佐藤内閣・印象に残った顔

荒船清十郎
（1907 ～ 1980）

1966 年、佐藤内閣運輸大臣の時、国鉄ダイヤ改正を前にして自分の選挙区（当時の埼玉県第 3 区）にある深谷駅に急行列車を停めさせようと国鉄に強要したことで騒がれた。「どうして悪いんだよ。国鉄は俺の言うことを一つくらい聞いてくれてもいいじゃないか」と言い放ったが、世論の批判を受け辞任した。爆弾発言の多い政治家として知られる。

前尾繁三郎
（1905 ～ 1981）

佐藤政権下で自民党総裁選に 2 回出馬するも、いずれも 3 位に破れる。1970 年の総裁選では、佐藤栄作に公選後の内閣改造で宏池会・前尾派を優遇するという条件で 3 度目の立候補を辞退。しかし、佐藤は 4 選を決めたが、対立候補の三木武夫の意外な善戦にへそを曲げ、内閣改造を見送る。派内からは前尾の不甲斐なさに批判の声が高まり、派閥を大平正芳に譲った。

佐藤栄作 語録集

「有言実行で人間尊重の政治を」
　　　—新内閣発足後の記者会見（1965・6・5）

「私は沖縄の祖国復帰が実現しない限り、わが国にとって戦後が終わっていないことをよく承知している」
　　　　—戦後、首相として初めて沖縄を訪れて（1965・8・19）

「佐藤内閣が事件のもとになっているわけではない」
　　　—「黒い霧」追及に対する参院予算委での答弁で（1966・11・10）

「政府は選挙制度審議会の答申を尊重し原案を作る。骨抜きといわれるが小骨一本抜くようなことはしない」
　　　—政治資金規正法について福岡での記者会見で（1967・4・9）

「国民は自らの手で本土防衛に当たる自覚を持ってほしい」
　　　—日米首脳会談で沖縄復帰を決めたあとの記者会見（1967・11・21）

「歴史にひと区切りつけるような仕事に政治家として取り組むことが出来たのは非常に幸福だった。感謝している」
　　　—沖縄返還交渉を終えたあとサンフランシスコで（1969・11・24）

「政治に小休止はない」
　　　—自民党臨時大会で総裁 4 選就任のあいさつ（1970・10・29）

「新聞社が来ていろいろ聞くから、君らもこんなネタくらいとれないでどうするかといってやった」
　　　—ニクソン訪中抜き打ち発表の当夜、旧制五高の同窓会で（1971・7・16）

「君子の争いとなれば結構じゃないか。小人の争いは困るがね」
　　　—伊勢神宮参拝の際、後継総裁争いの見通しを聞かれて（1972・1・4）

「総理は孤独だ。君もほんとうに孤独だったんだね」
　　　—グアム島から生還した横井庄一を官邸に招いて（1972・4・24）

「偏向的な新聞は大嫌いだ！新聞記者のいるところでは話したくない。帰ってください」
　　—退陣表明のための記者会見で（1972・6・17）

「平和を愛好する国民の代表として私が受賞したと思う。佐藤は運のいい奴だといわれるがその通りだ」
　　　—オスロでノーベル平和賞を受賞したあと記者団に（1974・12・10）

「74 歳じゃ、まだお祝いをいわれるトシじゃないよ。おれは 150 歳まで生きるんだから」
　　　—最後の誕生日となったパーティーの席で（1975・3・27）

山口

第58・59・60代 いけだはやと 池田勇人

在職 1575 日　【在任期間】1960 年 7 月 19 日～1964 年 11 月 9 日

就任時の年齢・60 歳
所得倍増計画を打ち出して、高度経済
成長の進展に大きな役割を果たした。
厚相に中山マサを起用、初の女性閣僚
を実現させた。

●生没年
1899 年 12 月 3 日～
1965 年 8 月 13 日（65 歳没）

●出生地
広島県豊田郡吉名村
（現・竹原市）

●出身校
京都帝国大学
（現・京都大学）

●選挙区
衆議院広島県第 2 区・当選回数
7 回
世襲ではない。

●所属政党
民主自由党→自由党→自由民主党

●血液型
O 型

●初当選
1949 年 1 月の第 24 回衆議院議員
選挙に立候補、49 歳で初当選。
直後の第 3 次吉田内閣でいきなり蔵相
（現・財務相）に就任。11 年後に総理
大臣に。

私はウソは申しません。

1960 年、第 29
回総選挙の自民党
のテレビ CM に登
場して。
当時の流行語にな
った。

114

池田政権のころの出来事

西暦	年号	首相	重要事項
1959	昭和 34	岸信介	1 キューバ革命がおきる。カストロが首相に就任（2 月）
			3 社会党訪中使節団団長浅沼稲次郎、米帝国主義は日中人民共通の敵と共同声明
			4 安保阻止国民会議、第 1 次統一行動
			この年いわゆる、岩戸景気
1960	35		5 衆議院本会議で日米新安全保障条約を自民党単独採決
			6 安保改定阻止国民運動が激化、560 万人参加（安保闘争）。新安保条約が自然成立（19 日）
		池田勇人	7 岸内閣は退陣、池田内閣が成立する
			10 浅沼稲次郎社会党委員長が日比谷公会堂で講演中に右翼少年に刺殺される
			12 閣議で国民所得倍増計画決定（高度成長政策実施）
1961	36		1 アメリカで民主党のケネディが大統領に就任
			6 農業基本法成立
			8 東ドイツが東西ベルリンの境界に壁を構築（ベルリンの壁）
1962	37		2 憲法調査会、改憲の是非について初の公聴会
			10 キューバ危機が発生。アメリカが海上封鎖
			12 陸上自衛隊北海道島松演習場で恵庭事件おこる
1963	38		2 日本の GATT11 条国への移行を通知
			8 米英ソで部分的核実験禁止条約に調印
			9 最高裁判所、松川事件に無罪判決
			11 初の日米間テレビ中継。ケネディ米大統領がダラスで暗殺される
1964	39		4 OECD 加盟、IMF8 条国に移行する
			10 東海道新幹線が開業。東京オリンピック大会開かれる
			11 米国原子力潜水艦、佐世保に寄港する
		佐藤栄作	12 池田首相が病気のため 11 月に辞任、佐藤内閣が成立
1965	40		2 米軍ベトナム北爆開始。本格的な軍事介入
			6 日韓基本条約調印
			11 戦後初の赤字国債発行を決定（66 年 1 月から）
1966	41		3 日本の総人口が 1 億人を突破
			6 国民祝日法改正、建国記念の日できる
			8 中国文化大革命が激化
			12 国会"黒い霧"解散。政財界の黒い噂に関する恐喝・詐欺事件があいついだことから

広島

池田勇人 の横顔

◆ **趣味**

ゴルフ、宴会。

休みには、夫人や初孫を連れて箱根に行くのが楽しみだった。

♥ **モットー**

「寛容と忍耐」

♠ **好きな食べ物**

カレーライスが大好物で、派閥の会合でカレーライスが定番になったのは、池田派からだと言われている。菜食主義者で洋食は大嫌い。学生時代は酒1升。

♣ **口癖**

「すべて私におまかせください」

◆ **ライバル**

高校時代からの友人・佐藤栄作とともに「吉田学校」の優等生と言われる。ともに造り酒屋の息子。

♣ **特技**

大蔵官僚時代につちかった計数の暗記。

♠ **庶民派を意識**

首相就任後「ゴルフはやらない」「料亭は使わない」と公約。また、メガネをソフトタイプに替え背広もダブルからシングルに替えて庶民派をアピールした。

◆ **健康法**

朝風呂。6時すぎに起床し、7時のラジオニュースを聞いた後、8種類の新聞に目を通し、8時に朝風呂を浴びる。風呂を出て、220余坪の庭を散歩。庭の石、コケなどを見ていると胸がスーッとする。

 池田勇人内閣の顔ぶれ

池田勇人内閣成立　昭和35年7月19日

内閣総理大臣	池田勇人	北海道開発庁長官	西川甚五郎
法務大臣	小島徹三	防衛庁長官	江崎真澄
外務大臣	小坂善太郎	経済企画庁長官	迫水久常
大蔵大臣	水田三喜男	科学技術庁長官	荒木万寿夫 *
文部大臣	荒木万寿夫 *	内閣官房長官	大平正芳
厚生大臣	中山マサ	総理府総務長官	藤枝泉介
農林大臣	南条徳男	法制局長官	林 修三
通商産業大臣	石井光次郎		
運輸大臣	南 好雄		
郵政大臣	鈴木善幸		
労働大臣	石田博英		
建設大臣	橋本登美三郎 *		
自治大臣	山崎 巌 *		

　　　　　→昭35.10.13―周東英雄 *

国家公安委員会委員長

　　　　　山崎 巌 *

　　　　　→昭35.10.13―周東英雄 *

首都圏整備委員会委員長

　　　　　橋本登美三郎 *

行政管理庁長官　　高橋進太郎

備考

氏名の後の「*」：同一人が就任期間の全期間又は一定期間に2つ以上の職を担当したことを示す。

池田内閣・印象に残った顔

大野伴睦(ばんぼく)
(1890～1964)

岸退陣後の 1960 年 7 月の自民党総裁選で「後継大野」という岸との内約を信じて出馬を準備したが、岸が官僚派の池田勇人支持に回っていた。党人派の結束をはかるため、もうひとりの党人派候補、石井光次郎に協力して出馬を辞退。党人脈連合を組んで池田、佐藤、岸の官僚派に対抗したが敗北。「伴ちゃん」の愛称で親しまれ「政治は義理と人情だ」「猿は木から落ちても猿だが、代議士は選挙に落ちればただの人だ」等、数多くの名言を残している。

中山マサ
(1891～1976)

日本初の女性閣僚として、第 1 次池田内閣で厚生大臣として入閣して話題に。「厚生大臣は中山か、マサか」という冗談が飛び交ったほど。母子家庭への児童扶助手当支給を実現。池田内閣の看板として遊説先でも大人気で、毎日 15 ～ 20 通のファンレターが厚生省に届いたという。中山太郎元外相(衆議院議員)は長男、中山正暉(元衆議院議員)は四男。

池田勇人 語録集

「所得に応じて、所得の少ない人は麦を多く食う、所得の多い人は米を食うというような、経済の原則に副つたほうへもって行きたいというのが、私の念願であります」
(貧乏人は麦を食え発言)

―参議院予算委員会で答弁。翌日の新聞に「貧乏人は麦を食え」という見出しで池田発言を紹介
(1950・12・7)

「正常な経済原則によらぬことをやっている方がおられた場合において、それが倒産して、また倒産から思い余って自殺するようなことがあっても、お気の毒でございますが、止むを得ないということははっきり申し上げます」

―衆院本会議で発言、翌日「中小企業の 5 人や 10 人自殺してもやむを得ない」と発言したと報道。
(1952・11・27)

民族発展と世界平和への貢献
第56・57代内閣総理大臣
岸信介

第58・59・60代内閣総理大臣
所得倍増
池田勇人

第61・62・63代内閣総理大臣
寛容と調和
佐藤栄作

ニッカ・サントリー・オールドパー

自由民主党総裁選挙において、立候補者を応援する陣営のことを指す言葉。

1964 年の総裁選で池田勇人首相、佐藤栄作ら 3 氏が激突。この隠語が飛び交う金権選挙となった。見返りとして二つの派閥から金をもらうことを「ニッカ」、三つの派閥からもらうことを「サントリー」、あちこちから金をもらったらしいが誰に投票したのかわからないのを「オールドパー」と言った。所属派閥の意向に従うのを「生一本」。

政界の実力者 ⑥

浅沼稲次郎

あさぬまいねじろう

【衆議院在籍期間】1936 年 2 月 21 日〜1960 年 10 月 12 日

まあ、まあ

浅沼稲次郎の口癖。党内で対立などがあると、調整役にまわり「まあまあ」とお互いをなだめる役割に徹したことから「まあまあ居士」とも呼ばれた。

●生没年
1898 年 12 月 27 日〜
1960 年 10 月 12 日（61 歳没）

●出生地
東京都三宅村

●出身校
早稲田大学

●選挙区
衆議院東京都第 1 区

●所属政党
農民労働党→日本労農党→
社会大衆党→日本社会党→
右派社会党→日本社会党

●初当選
1936 年、第 19 回衆議院議員選挙。
当選回数 9 回。

浅沼稲次郎
の横顔

1960年10月12日、日比谷公会堂で開催された自民・社会・民社3党首立会演説会に参加、演説中に突然壇上に上がって来た17歳の右翼少年に腹部を刺され死去。

◆ 人物
東京・深川白河町の古いアパートに30年間住み、いつもボロカバンを持って全国を遊説に飛び回り独特なダミ声演説で評判を呼ぶ。庶民派として親しまれた。

♥ 犬好き
犬好きで知られ、犬の散歩姿は近所の評判だった。長年かわいがっていた愛犬が死んだとき、春日一幸ら民社党、社会党、自民党の国会対策委員長が気の毒に思い、小犬を贈った。「次郎」と名付けられたこの犬は、浅沼が刺殺された後、主人がいなくなったことを察したのか、何も食べなくなり、数か月後にあとを追うようにして死んだ。

♣ アニメ声優
犬好きとガラガラ声を見込まれてディズニー映画「ワンワン物語」をもとにしたラジオドラマにブルドック役の声優として出演している。

◆ 趣味
植木いじり。家にいるときは団地の片隅のネコの額ほどの狭い庭で植木いじりをした。植木なら何でもよく、ヤツデ、マサキなど平凡な木をよく植えていた。

♣ ニックネーム
「人間機関車」「演説百姓」
その巨体で全国津々浦々を飛び回りガラガラ声で演説し続けたことから。

「マアマア居士」
党内にもめごとがあるとマアマアと割って入ることから。

「万年書記長」
1960年、社会党委員長に就任。それまでの間、約12年間も書記長を務めたことから。

政治グループニックネーム

佐藤派五奉行(さとうはごぶぎょう)

佐藤栄作派の最高幹部、田中角栄、保利茂、橋本登美三郎、愛知揆一、松野頼三の5人の政治家のこと。五奉行のうち、田中角栄を中心に、橋本・愛知は佐藤派から独立し、田中派を結成。保利や松野はこれに反発、保利グループは福田派に合流した。

三角大福(さんかくだいふく)

ポスト佐藤の後継をめぐる自民党総裁選挙を三木武夫、田中角栄、大平正芳、福田赳夫の4人が争ったことから、4人の名前の一文字を取って表わした言葉。中曽根康弘を加えて「三角大福中」(さんかくだいふくちゅう)と呼ぶこともある。中曽根康弘を含めて全員が総理総裁の座を射止めたことから、最近では「三角大福中」(さんかくだいふくちゅう)と表現されることのほうが多い。

各氏から一文字ずつをとった「三角大福」(さんかくだいふく)は「参議院のドン」と呼ばれた重宗雄三元参議院議長の命名。重宗雄三の地元、山口県の銘菓、三角餅(みかどもち)がヒントになったといわれている。

第**56・57**代 岸 信介
きし のぶすけ

在職 **1241** 日【在任期間】1957 年 2 月 25 日〜1960 年 7 月 19 日

就任時の年齢・60 歳
第 61・62・63 代、内閣総理大臣
佐藤栄作の実兄。

●生没年
1896 年 11 月 13 日〜
1987 年 8 月 7 日(90 歳没)

●出生地
山口県吉敷郡山口町
(現・山口市)

●出身校
東京帝国大学
(現・東京大学)

●選挙区
衆議院旧山口県第 2 区

●所属政党
護国同志会→無所属→
日本再建連盟→自由党→
無所属→日本民主党→
自由民主党

●血液型
O 型

●人物
負けん気の強さは人一倍。
ソツのない話しぶりが真骨頂。

●初当選
1942 年第 21 回衆議院議員選挙で
初当選。
日本の敗戦、戦犯の時期をはさんで、
当選回数 10 回。

私は国民の声なき声にも耳を傾けなければならぬと思う。

1960 年 5 月 28 日、
新安保条約の強行採決
による政局混乱について
の記者会見で。

岸政権のころの出来事

西暦	年号	首相	重要事項
1955	昭和30	鳩山一郎	8 広島で原水爆禁止世界大会が開かれる
			初のトランジスタラジオ発売
			9 関税と貿易に関する一般協定（GATT）に加入する
			10 日本社会党統一大会が開かれる
			11 自由民主党統一大会が開かれる、2大政党の対立に（55年体制）
1956	31		7 エジプトがスエズ運河国有宣言、スエズ戦争はじまる
			10 砂川基地で基地反対派と警官隊が衝突（砂川事件）
			ハンガリー事件勃発
			日ソ交渉妥結し、日ソ共同宣言に調印
		石橋湛山	12 国際連合総会が日本の加盟を承認。石橋内閣成立
1957	32	岸信介	2 石橋首相病気のため、岸外相が代理首相に。のち、岸内閣が成立
			8 憲法調査会が開かれる。茨城県東海村の原子炉に「原子の火」がともる
			10 日本が国連安保非常任理事国に選出される
1958	33		7 日本貿易振興会（JETRO）設立
			8 日教組、勤評反対闘争。「即席チキンラーメン」発売
			10 警職法改悪反対国民会議結成、全国統一行動おこる
			フランス第5共和制発足
1959	34		1 キューバ革命がおきる。カストロが首相に就任（2月）
			3 社会党訪中使節団団長浅沼稲次郎、米帝国主義は日中人民共通の敵と共同声明
			4 安保阻止国民会議、第1次統一行動
			この年いわゆる、岩戸景気
1960	35		5 衆議院本会議で日米新安全保障条約を自民党単独採決
			6 安保改定阻止国民運動が激化、560万人参加（安保闘争）。新安保条約が自然成立（19日）
		池田勇人	7 岸内閣は退陣、池田内閣が成立する
			10 浅沼稲次郎社会党委員長が日比谷公会堂で講演中に右翼少年に刺殺される
			12 閣議で国民所得倍増計画決定（高度成長政策実施）
1961	36		1 アメリカで民主党のケネディが大統領に就任
			6 農業基本法成立
			8 東ドイツが東西ベルリンの境界に壁を構築（ベルリンの壁）
1962	37		2 憲法調査会、改憲の是非について初の公聴会

山

口

岸 信介 の横顔

◆ ニックネーム

「昭和の妖怪」

政界を引退してからも政界の裏表で隠然たる影響をもち続けたことから。

「両岸」

どちらにでもとれる独特の言い回しを駆使して、どちらの「岸」にも道を残すのが得意だったことから。

♥ 抜群の頭の良さ

少年時代から抜群の頭の良さで知られた。山口中学では、開校以来の秀才と言われ、東大でも首席を争ったといわれた。

♠ わずか4年の離れ業

戦後、東条内閣の商工大臣に就任していたとして戦犯容疑者として拘置されたが追放解除後、わずか4年で首相の座に。

♣ 困難にも平気な顔

どんな困難に直面していても平気な顔をしていた。日米安保改定を巡って、国会周辺に数万人もの学生、市民ら多くのデモ隊が「岸を倒せ！」のシュプレヒコールが渦巻き、取り囲まれている時も「一部の人間が国会の周りを囲んでデモをかけて騒がしいようだが、神宮球場は満員だよ」とケロリとしていたという。

周囲でもわかるほどの落胆の表情を見せたのは、デモ騒ぎで、アイゼンハワー大統領の訪日中止になった時と、愛弟子の福田赳夫が自民党総裁選挙で田中角栄に破れた時だけだった。

 ## 岸信介内閣の顔ぶれ

岸信介内閣成立　昭和32年2月25日

内閣総理大臣	岸 信介
法務大臣	中村梅吉
外務大臣	岸 信介（兼）
大蔵大臣	池田勇人
文部大臣	灘尾弘吉
厚生大臣	神田 博
農林大臣	井出一太郎
通商産業大臣	水田三喜男
運輸大臣	宮沢胤勇
郵政大臣	平井太郎
労働大臣	松浦周太郎
建設大臣	南条徳男 *
国家公安委員会委員長	大久保留次郎 *
首都圏整備委員会委員長	南条徳男 *
行政管理庁長官	大久保留次郎 *
北海道開発庁長官	川村松助
→昭 32.4.30—	鹿島守之助
自治庁長官	田中伊三次
防衛庁長官	小滝 彬
経済企画庁長官	宇田耕一 *

| 科学技術庁長官 | 宇田耕一 * |
| 国務大臣 | 石井光次郎 |

※→昭 32.5.20—

| 内閣官房長官 | 石田博英 |
| 法制局長官 | 林 修三 |

備考

① 氏名の後の「*」：同一人が就任期間の全期間又は一定期間に2つ以上の職を担当したことを示す。

② （兼）＝兼任を示す。

③ ※：組閣当初等において、内閣法第9条によりあらかじめ指定された国務大臣（いわゆる副総理）を示す。

岸信介内閣・印象に残った顔

藤山愛一郎
(1897 ～ 1985)

1957年、岸信介首相に請われて外相に就任。「絹のハンカチを雑巾にする」といわれた。翌年に衆議院議員当選。日米安保条約改定に当たる。岸退陣後は分裂した岸派のうち藤山派を率いて、3度自民党総裁選に出馬したが、いずれも善戦にも至らなかった。池田・佐藤内閣で経企庁長官。

川島正次郎
(1890 ～ 1970)

「政界きっての寝業師」「おとぼけ正次郎」と評され、池田首相引退から佐藤栄作首相誕生までの演出を描くなど、総裁選びなどで党内の調整役としての手腕が評価された。岸内閣で自民党幹事長。新安保条約締結に貢献して名幹事長と言われた。池田内閣、佐藤内閣で副総裁をつとめた。

60年安保闘争【事件概要】

　1957年、岸信介首相が安保改定に乗り出し、米側と話し合いがもたれ、新安保も現実味をおびた。だがやがて反対デモが活発化し、60年5月19日には新安保条約が強行採決される。請願デモは岸内閣退陣を要求する抗議デモへと変わり、6月15日には国会での衝突のなか、東大生・樺美智子(22歳)が死亡した。

第55代 いしばしたんざん 石橋湛山

在職 65 日　【在任期間】1956 年 12 月 23 日〜1957 年 2 月 25 日

就任時の年齢・72 歳
保守合同後初の自民党総裁選を制し
総理総裁に。

●生没年
1884 年 9 月 25 日〜
1973 年 4 月 25 日
（88 歳没）

●出生地
東京市芝区芝二本榎
（現・東京都港区）

●出身校
早稲田大学

●選挙区
衆議院静岡県第 2 区
当選回数 6 回

●所属政党
日本自由党→民主自由党→
自由党→分党派自由党→
自由党→日本民主党→
自由民主党

●前職
東洋経済新報社（ジャーナリスト）

●趣味
読書。
書斎で経済学原書を読みふけり、疲れ
ると散歩をする。

私の政治的良心に従います。

1957 年、病気のため、わずか 2 カ月で退陣表明。

石橋湛山
の横顔

◆ 実質としては戦後最短内閣

首相在任期間はわずか65日で、戦後では東久邇稔彦（ひがしくにのみやなるひこ）の54日、羽田孜（つとむ）の64日に次ぐ歴代3番目の最短内閣。内閣発足直後、全国10か所を9日間でまわる遊説行脚（あんぎゃ）を敢行し、就任1か月で病に倒れる。後半は病の床にあったため首相として執務したのは、わずか34日だった。病による退陣は不運だった

が、その潔さは今でも語り草になっている。日本国憲法下において国会で一度も演説や答弁をしないまま退任した唯一の総理大臣。1963年の総選挙で落選、政界を引退。

♥ 恐妻家

政界でも有名だったくらいの恐妻家。進退に迷う時などは、必ず妻・うめの影がちらついたといわれる。

♠ 好きな食べ物

すき焼き。旅先では朝から酒を飲みながら、すき焼きをつつくほどの大好物。大食漢で酒豪。いくら飲んでも乱れることはなかったらしい。

石橋湛山内閣の顔ぶれ

石橋湛山内閣成立　昭和31年12月23日

内閣総理大臣	石橋湛山	→昭31.12.27—川村松助	
▲法務大臣	中村梅吉	▲自治庁長官	田中伊三次
▲外務大臣	岸 信介	▲防衛庁長官	石橋湛山（事取）
▲大蔵大臣	池田勇人	→昭32.1.31—岸 信介	
▲文部大臣	灘尾弘吉	→昭32.2.2—小滝 彬	
▲厚生大臣	神田 博	▲経済企画庁長官	宇田耕一＊
▲農林大臣	井出一太郎	▲科学技術庁長官	宇田耕一＊
▲通商産業大臣	水田三喜男	内閣官房長官	石田博英
▲運輸大臣	宮沢胤勇	法制局長官	林 修三
▲郵政大臣	石橋湛山（兼）		
→昭31.12.27—平井太郎			
▲労働大臣	松浦周太郎		
▲建設大臣	南条徳男＊		
▲国家公安委員会委員長	大久保留次郎＊		
▲首都圏整備委員会委員長	南条徳男＊		
▲行政管理庁長官	大久保留次郎＊		
▲北海道開発庁長官	石橋湛山（事取）		

備考
① 氏名の後の「＊」：同一人が就任期間の全期間又は一定期間に2つ以上の職を担当したことを示す。
② （兼）＝兼任、（事取）＝事務取扱を示す
③ 注：12月23日の1日は総理が▲の大臣等の臨時代理または事務取扱、同日各大臣任命

石橋内閣・印象に残った顔

石田博英
(1914～1993)

1956年、自民党総裁公選で石橋派の参謀として各派の切り崩しを行い、岸信介有利という大方の予想を覆し、決選投票で石橋湛山が岸を7票上回り総裁に当選。その功績で石橋内閣の官房長官に就任した。のち石橋派を引継ぎ石田派を率いる。その後、三木派に合流。岸、池田、佐藤、福田内閣で通算6期の労働大臣に就任。

第52・53・54代 鳩山一郎
はとやまいちろう

在職 745 日　【在任期間】1954 年 12 月 10 日～1956 年 12 月 23 日

就任時の年齢・71 歳
首相在任中、保守合同を成し遂げて自由民主党の初代総裁に。日本とソビエト連邦の国交正常化を実現。

●生没年
1883 年 1 月 1 日～
1959 年 3 月 7 日(76 歳没)

●出生地
東京府東京市牛込区(現・東京都新宿区)

●出身校
東京帝国大学

●選挙区
衆議院東京都第 1 区

●所属政党
立憲政友会→政友本党→同交会→立憲政友会→無所属→日本自由党→無所属→自由党→分派自由党→自由党→日本民主党→自由民主党

●血液型
A 型

●初当選
1915 年、立憲政友会公認で衆議院議員に初当選。
当選回数 15 回。

●趣味
バラ鑑賞。余生もバラ栽培に没頭し、温室に咲くバラ、カトレア、ゴム、シダなどの草花を一人静かに眺めるのが唯一の楽しみ。
その他では囲碁。

明朗にして清純な政治

1954 年、総理大臣に就任して。

鳩山政権のころの出来事

西暦	年号	首相	重要事項
1952	昭和27	吉田茂	2 日米行政協定に調印する
			4 対日平和条約発効し、主権を回復する
			5 皇居前広場でメーデー事件がおこる（血のメーデー事件）
			6 日印平和条約に調印する
			7 破壊活動防止法を公布する
1953	28		2 テレビ本放送開始（NHK）
			3 吉田首相のバカヤロー解散、自由党が吉田派と鳩山派に分裂
			7 朝鮮休戦協定調印
			12 大みそかの「紅白歌合戦」の放送始まる。以降人気番組に
1954	29		3 米国、ビキニ環礁での水爆実験実施、第五福竜丸が被ばく
			日米相互防衛援助（MSA）協定が締結される
			6 衆議院本会議で乱闘事件がおこる
			7 防衛庁・自衛隊が発足
			8 原水禁運動はじまる
		鳩山一郎	12 吉田内閣が倒れ、鳩山内閣が成立する
1955	30		8 広島で原水爆禁止世界大会が開かれる
			初のトランジスタラジオ発売
			9 関税と貿易に関する一般協定（GATT）に加入する
			10 日本社会党統一大会が開かれる
			11 自由民主党統一大会が開かれる、2大政党の対立に（55年体制）
1956	31		7 エジプトがスエズ運河国有宣言、スエズ戦争はじまる
			10 砂川基地で基地反対派と警官隊が衝突（砂川事件）
			ハンガリー事件勃発
			10 日ソ交渉妥結し、日ソ共同宣言に調印
		石橋湛山	12 国際連合総会が日本の加盟を承認。石橋内閣成立
1957	32	岸信介	2 石橋首相病気のため、岸外相が代理首相に。のち、岸内閣が成立
			8 憲法調査会が開かれる。茨城県東海村の原子炉に「原子の火」がともる
			10 日本が国連安保非常任理事国に選出される
1958	33		7 日本貿易振興会（JETRO）設立
			8 日教組、勤評反対闘争。「即席チキンラーメン」発売
			10 警職法改悪反対国民会議結成、全国統一行動おこる
			フランス第5共和制発足

東京

鳩山一郎
の横顔

◆ 好きな言葉
「友愛」「旭日昇天」

♥ ニックネーム
「悲劇の政治家」

公職追放の対象となり首相就任を逃し、追放解除直前には脳出血で倒れるなどして、首相就任に9年間をかけたため。

「大衆政治家」

開放的な人柄から、世論だけでなくメディアにも好意をもたれて呼ばれた。

♣ 記者にも人気
記者の欲しい情報を隠し事をせずに出したり、若い記者をよく覚えていて、その記者をほめる。そのことが後に若い記者の耳に入ると、鳩山ファンになったという。

♣ 好きな食べ物
大の甘党。赤飯に砂糖をかけて食べていたという話も。天ぷら、すき焼きも大好物。

◆ 音羽御殿
文京区音羽の自邸の通称。現在は「鳩山会館」として一般に公開されている。孫の鳩山由紀夫が総理大臣になった時には人気スポットになった。

♣ 政治家の家系

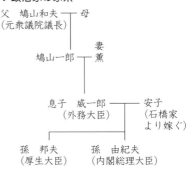

鳩山一郎内閣の顔ぶれ

鳩山一郎内閣成立　昭和29年12月10日

内閣総理大臣	鳩山一郎	経済審議庁長官	高碕達之助
法務大臣	花村四郎	内閣官房長官	根本竜太郎
外務大臣	重光　葵※	法制局長官	→昭29.12.11―林 修三
大蔵大臣	一万田尚登		
文部大臣	安藤正純	備考	
厚生大臣	鶴見祐輔	① （兼）＝兼任、（事取）＝事務取扱を示す。	
農林大臣	河野一郎	② 氏名の後の「*」：同一人が就任期間の全期間又は一定期間に2つ以上の職を担当したことを示す。	
通商産業大臣	石橋湛山	③ ※＝組閣当初において、内閣法第9条によりあらかじめ指定された国務大臣（いわゆる副総理）を示す。	
運輸大臣	三木武夫		
郵政大臣	武知勇記		
労働大臣	千葉三郎		
建設大臣	竹山祐太郎		
国家公安委員会委員長	大麻唯男		
行政管理庁長官	西田隆男 *		
北海道開発庁長官	三好英之		
自治庁長官	西田隆男 *		
防衛庁長官	大村清一		

鈴木茂三郎
(1893 ～ 1970)

1951年、日本社会党が、講和条約と日米安全保障条約（安保）に対する態度の違いから、右派・左派に分裂していたが、保守政権による「逆コース」や改憲に対抗するため、「護憲と反安保」を掲げ、1955年、左右社会党の再統一を果たした。統一大会後の同年10月、社会党委員長に就任。「モサさん」の愛称で親しまれた。

河野一郎
(1898 ～ 1965)

1955年、自由民主党結党に参加、党内で大派閥の河野派を形成。鳩山内閣で農相に入閣。日ソ漁業交渉、日ソ平和条約交渉でフルシチョフ共産党第1書記を向こうに渡り合い、日ソ共同宣言を成立させ鳩山首相と共に調印にこぎつけた。岸・池田内閣では建設相・経済企画庁長官・東京オリンピック担当相などを歴任。
弟は衆議院議長を務めた河野謙三。次男は自民党総裁、副総理などを務めた河野洋平。衆議院議員の河野太郎は孫。

東
京

55年体制の成立

　1950（昭和25）年のサンフランシスコ講和条約と同日に締結された、日米安全保障条約を受け入れるか否かで左派と右派とに分裂していた日本社会党が、1955（昭和30）年10月、ふたたび統一し、日本社会党として国会で第二党となった（写真左）。日本民主党と自由党の保守系勢力はこれに対抗して、同年11月合併し（写真右）、衆議院の約3分の2を占める自由民主党が誕生した。このことをもって、二大政党制時代の到来か、とする向きもあったが、実際には、自由民主党が過半数を維持して、長期にわたり政権をになったのに対し、社会党はその半数程度の議席を確保するのにとどまった（「一か二分の一政党制」などともいわれた）。1955年に成立したこのような二つの勢力の対立の構図を「55年体制」といった。

政界の実力者 ⑦ 三木武吉
みきぶきち

【衆議院在籍期間】1917 年 4 月 22 日〜1956 年 7 月 4 日

誠心誠意、嘘をつく。

三木の有名な名言。

●生没年
1884 年 8 月 15 日〜
1956 年 7 月 4 日 (71 歳没)

●出生地
香川県高松市

●出身校
東京専門学校 (現・早稲田大学)

●選挙区
衆議院香川県第 1 区

●所属政党
憲政会→立憲民政党→無所属→
日本自由党→民主自由党→
自由党→分派自由党→日本自由党
→日本民主党→自由民主党

●初当選
1917 年の衆院総選挙で当選。
当選回数 11 回。

三木武吉 の横顔

自由民主党結党による保守合同を成し遂げた最大の功労者。

◆ ニックネーム

「ヤジ将軍」「政界の大狸」
「策士」「寝業師」
などの異名をもつ。

♥ 趣味

飯よりも好きなのが将棋。議会の控室で暇さえあれば将棋を指していた。
ダンス熱は2、3年続いたが、一向に上達しなかった。

♣ メカケ演説

1946年、戦後初の総選挙で香川県第1区から出馬した際、立会演説会の壇上で対立候補が「ある有力候補はメカケを4人も連れている」と批判。次に演壇に立った三木は「私の前に立った無力候補が言う有力候補とは不肖三木武吉であります。無力候補の数字的間違いをこの席で訂正しておきます。私にはメカケが4人と申されたが、事実は5人であります。いずれも老来廃馬となって役には立ちませんが、これを捨て去るごとき不人情はできませんから、みな今日も養ってはおります」と言って聴衆の爆笑と拍手を呼んだ。

政治グループニックネーム

弐キ参スケ(にきさんすけ、2キ3スケ)

満州国に強い影響力をもった軍・財・官の5人の実力者を指す。名前の末尾からつけられた。
- ●東条英機(とうじょう　ひでキ、関東軍参謀長)
- ●星野直樹(ほしの　なおキ、国務院総務長官)
- ●鮎川義介(あいかわ　よしスケ、満業〔満州重工業開発株式会社〕社長、日産創業者)
- ●岸信介(きし　のぶスケ、総務庁次長)
- ●松岡洋右(まつおか　ようスケ、満鉄総裁)

吉田十三人衆(よしだじゅうさんにんしゅう)

吉田茂元首相の有力な側近グループ13人のこと。
- ●益谷秀次(衆議院議長など)
- ●林譲治(衆議院議長など)
- ●周東英雄(自治相、農水相など)
- ●小金義照(郵政相など)
- ●池田勇人(総理大臣など)
- ●佐藤栄作(総理大臣など)
- ●保利茂(衆議院議長など)
- ●大橋武夫(運輸相など)
- ●愛知揆一(外相、蔵相、官房長官など)
- ●福永健司(衆議院議長など)
- ●小坂善太郎(外相、労相など)
- ●田中角栄(総理大臣など)
- ●橋本竜伍(橋本竜太郎の父、文相など)

八人の侍(はちにんのさむらい)

バカヤロー解散の半年後、鳩山派の多くは第一党の自由党に復党。この時、あくまでも分派自由党に踏みとどまった三木武吉、河野一郎、松田竹千代、松永東、中村梅吉、山村新治郎(10代目、よど号ハイジャック事件で「身代わり新治郎」と言われた11代山村新治郎議員の父親)、池田正之輔、安藤覚の8人は日本自由党を結成。黒沢明監督の映画「七人の侍」をもじって「八人の侍」と言われた。

第47代 芦田 均

あしだ ひとし

在職 220 日　【在任期間】1948 年 3 月 10 日〜1948 年 10 月 15 日

僕の心境は青空だよ

1948 年、昭和電工疑獄事件で 10 月に閣僚に逮捕者が出たため内閣総辞職。12 月、自身も逮捕された時の言葉。

就任時の年齢・60 歳

●生没年
1887 年 11 月 15 日〜
1959 年 6 月 20 日（71 歳没）

●出生地
京都府福知山市

●出身校
東京帝国大学法学部（現・東京大学）

●選挙区
衆議院京都府第 2 区

●所属政党
立憲政友会→正統派立憲政友会→
日本自由党→民主党→国民民主党→
改進党→日本民主党→自由民主党

●初当選
1932 年第 18 回衆議院議員総選挙。
当選回数 11 回。

●ニックネーム
「インテリボーイ」「イエスマン」

芦田均
の横顔

◆ 不安定な連立政権

民主党・日本社会党・国民協同党による連立
政権。首班指名では、衆議院で指名されるも、
参議院では吉田茂が指名されるという事態。
衆議院の指名優先で、芦田内閣が誕生した。

♥ 職業は「文筆業」

一高で夏目漱石に師事し小説家にあこがれた

芦田は、職業欄には必ず「文筆業」と書いて
いた。
その理由を尋ねると「議員で飯は食っていない。
議員で飯を食うようになったらおしまいだ」。
多くの書物を出しているが、優れた文章内容と、
その筆の速さは凄かったらしい。

♠ 若い頃はモテた

若い頃は、甘いマスクでかなりモテたらしい。
外交官として赴任したヨーロッパの社交界では、
妻の寿美さんに分からないように、当時の日記
は親友に預けていた。

芦田均内閣の顔ぶれ

芦田均内閣成立　昭和23年3月10日

内閣総理大臣	芦田 均	行政管理庁長官	→昭23.7.1—船田亨二*
			（昭23.7.1　行政管理庁設置）
法務総裁	鈴木義男	建設院総裁	一松定吉（昭23.7.10　同院廃止）
外務大臣	芦田 均（兼）	建設大臣	→昭23.7.10—一松定吉
大蔵大臣	北村徳太郎		（昭23.7.10　建設省設置）
文部大臣	森戸辰男	賠償庁長官	船田亨二*
厚生大臣	竹田儀一	地方財政委員会委員長	野溝勝
農林大臣	永江一夫	中央経済調査庁長官	→昭23.8.1—栗栖赳夫*
商工大臣	水谷長三郎		（昭23.8.1　中央経済調査庁設置）
運輸大臣	岡田勢一		→昭23.10.2—芦田均（事取）
逓信大臣	冨吉栄二	国務大臣	苫米地義三
労働大臣	加藤勘十	国務大臣	西尾末広（～昭23.7.6）
経済安定本部総務長官	栗栖赳夫*	内閣官房長官	苫米地義三（兼）
	→昭23.10.2—芦田均（事取）		
物価庁長官	栗栖赳夫*		
	→昭23.10.2—芦田均（事取）		
行政調査部総裁	船田亨二*		
	（昭23.7.1　同部廃止）		

備考
① （兼）＝兼任、（臨代）、（事取）＝事務取扱を示す。
② 氏名の後の「*」：同一人が就任期間の全期間又は一定
期間に2つ以上の職を担当したことを示す。

芦田内閣・印象に残った顔

加藤勘十
(1892～1978)

1945年、日本社会党結成に参加。1946年、戦後初の総選挙に立候補、
この選挙では夫人の加藤シヅエも全国最高得票で当選し夫婦そろって当選。
政界のおしどり議員として知られるようになる。1948年の芦田均内閣では労
働大臣として入閣、野溝勝とともに党内左派として入閣したため「現実左派」と
呼ばれた。戦前の労働運動で活躍し、「火の玉勘十」の異名をもつ。

<ruby>第<rt></rt></ruby>**46**代 <ruby>片山<rt>かたやま</rt></ruby> <ruby>哲<rt>てつ</rt></ruby>

在職 292 日 【在任期間】1947 年 5 月 24 日～1948 年 3 月 10 日

就任時の年齢・59 歳

●**生没年**
1887 年 7 月 28 日～
1978 年 5 月 30 日（90 歳没）

●**出生地**
和歌山県田辺市

●**出身校**
東京帝国大学法学部（現・東京大学）

●**選挙区**
衆議院神奈川県第 3 区

●**所属政党**
社会民衆党→社会大衆党→無所属→
日本社会党→右派社会党→日本社会
党→民主社会党→民社党→無所属

●**血液型**
O 型

●**初当選**
1930 年、社会民衆党から衆議院議
員に初当選。通算当選回数 12 回。

●**前職**
弁護士

●**ニックネーム**
「グズ哲」。
優柔不断な姿勢から。

東洋の
スイスとして
やりたい。

1947 年、首相
に就任した際、
マッカーサーに。

片山哲
の横顔

◆ 性格
誠実で清廉潔白。温厚で、人の嫌がることを
正面きっていえないところがあると言われた。

♥ クリスチャン
母親の影響でクリスチャンの洗礼をうける。
クリスチャンである片山が首相になったことをマッカーサーも喜んだ。

首相に就任した際は「東洋のスイスとしてやりたい。もう戦争はこりごりなので、戦争の放棄はどこまでも守り通そうと思っている」とマッカーサーに言った。学生時代は吉野作造から民主主義を、安部磯雄から社会主義を学んだ。

♠ 首相経験者で2度落選
首相経験者として1949年の衆院選・1963年の衆院選で落選を2度経験。首相経験者が選挙で落選した例は、石橋湛山と海部俊樹がいるが、首相経験者で2度落選したことがあるのは片山哲だけである。

片山哲内閣の顔ぶれ

片山哲内閣成立 昭和22年5月24日

内閣総理大臣	片山 哲	→昭22.6.1―和田博雄 *
外務大臣	芦田 均※(昭22.6.1―)	物価庁長官 和田博雄 *
内務大臣	木村小左衛門	復員庁総裁 →昭22.6.1―笹森順造
	(昭23.2.15 同省廃止)	(昭22.10.15 同庁廃止)
大蔵大臣	矢野庄太郎	行政調査部総裁 →昭22.6.1―斎藤隆夫
	→昭22.6.25―栗栖赳夫	建設院総裁 木村小左衛門
司法大臣	鈴木義男(昭23.2.15 同省廃止)	(昭23.1.1 建設院設置)
法務総裁	鈴木義男(昭23.2.15 法務庁設置)	地方財政委員会委員長 竹田儀一
文部大臣	森戸辰男	(昭23.1.7 地方財政委員会設置)
厚生大臣	一松定吉	賠償庁長官 笹森順造(昭23.2.1 賠償庁設置)
農林大臣	平野力三	国務大臣 →昭22.10.15 笹森順造(―昭23.2.1)
	→昭22.11.4―片山 哲(臨代)	国務大臣 →昭22.6.1―西尾末広
	→昭22.12.13―波多野鼎	国務大臣 →昭22.6.1―林 平馬(―昭22.11.25)
商工大臣	水谷長三郎	国務大臣 →昭22.6.1―米窪満亮(―昭22.9.1)
運輸大臣	苫米地義三	→昭22.12.4―竹田儀一(兼)(―昭23.1.7)
	→昭22.12.4―北村徳太郎	内閣官房長官 →昭22.6.1―西尾末広(兼)
通信大臣	三木武夫	内閣法制局長官 →昭22.6.14―佐藤達夫
労働大臣	米窪満亮(昭22.9.1 労働省設置)	(昭23.2.15 同局廃止)
経済安定本部総務長官		

片山内閣・印象に残った顔

1947年、社会党書記長として戦った衆議院議員選挙で、社会党が衆議院第一党になり、「そいつぁえらいこっちゃ」と発言。社会党首班政権の片山内閣で内閣官房長官に入閣。翌年の芦田内閣では副総理に就任した。「政権をとらない政党はネズミをとらないネコと同じだ」の名言を残した。1960年、民主社会党を結成して委員長に就任。

西尾末広
(1891 ～ 1981)

芦田・片山政権のころの出来事

西暦	年号	首相	重要事項
1946	昭和21	幣原喜重郎	1 天皇の人間宣言が行われる
			2 金融緊急措置令を公布し、預金封鎖と新円切換えを行う
			3 労働組合法を実施する
			4 対日理事会第1回会合(東京)が行われる
			総選挙で婦人代議士39名が当選する
		吉田茂	5 東京で極東国際軍事裁判はじまる。第1次吉田内閣が発足
			10 第2次農地改革はじまる
			11 日本国憲法が公布される
1947	22		1 GHQが2.1ゼネストに中止指令を出す
			3 教育基本法・学校教育法を公布。6・3制の新教育制度実施
			4 労働基本法・独占禁止法を公布
			衆・参両院の選挙で社会党が第一党に
		片山哲	5 社会党片山内閣が成立する
			8 最高裁判所をおく
			10 改正刑法(不敬罪・姦通罪廃止)を公布する
1948	23		1 改正民法・新戸籍法・児童福祉法を公布する
		芦田均	3 片山内閣が復興政策の成果が上がらず総辞職(2月)、芦田内閣が成立
			7 国家公務員法を改定、公務員の罷業権団体交渉権を廃止(政令201号)
		吉田茂	10 昭電疑獄事件がおこり(6月)、芦田内閣は総辞職、第2次吉田内閣が成立
			11 極東国際軍事裁判の判決(戦犯25被告が有罪)
1949	24		3 ドッジ・ライン(経済安定政策)を実施
			4 単一為替レートを設定(1ドル360円)
			北大西洋条約機構(NATO)成立
			8 松川事件。税制改革勧告案(シャウプ勧告)を発表
			10 中華人民共和国の成立
			11 湯川秀樹がノーベル物理学賞を受賞(日本人初)
1950	25		6 朝鮮戦争勃発。日本共産党中央委員24名を公職追放
			7 国家警察予備隊を創設。日本労働組合総評議会(総評)を結成する
			9 公務員のレッドパージはじまる
1951	26		9 サンフランシスコ対日講和会議が開かれ、平和条約・日米安全保障条約に調印する

歴代総理大臣の出身県一覧

★戦前は出生地、新憲法下議院内閣制以降は選挙区。

北海道・東北（青森・岩手・秋田・宮城・山形・福島）
北陸・信越（福井・石川・富山・新潟・長野）
北関東（群馬・栃木・茨城・埼玉）
南関東（山梨・神奈川・千葉）・東京
東 海（静岡・愛知・岐阜・三重）
近 畿（滋賀・京都・奈良・大阪・和歌山・兵庫）
中 国（鳥取・岡山・島根・広島・山口）
四 国（香川・徳島・愛媛・高知）
九 州（福岡・大分・佐賀・長崎・熊本・宮崎・鹿児島・沖縄）

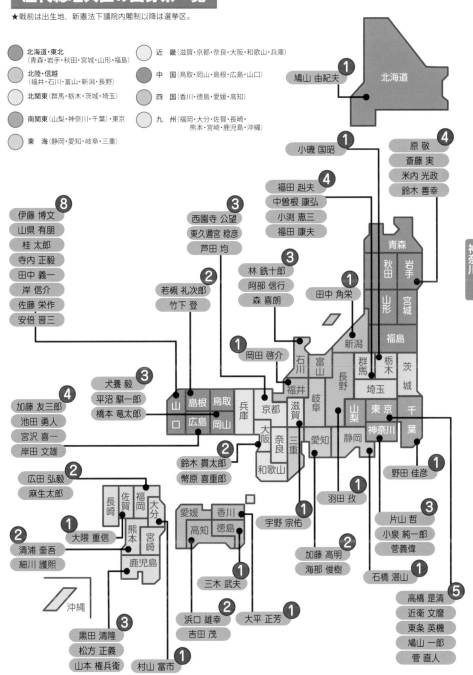

① 鳩山 由紀夫 — 北海道

① 小磯 国昭

④ 原 敬 / 斎藤 実 / 米内 光政 / 鈴木 善幸

④ 福田 赳夫 / 中曽根 康弘 / 小渕 恵三 / 福田 康夫

神奈川

⑧ 伊藤 博文 / 山県 有朋 / 桂 太郎 / 寺内 正毅 / 田中 義一 / 岸 信介 / 佐藤 栄作 / 安倍 晋三

③ 西園寺 公望 / 東久邇宮 稔彦 / 芦田 均

③ 林 銑十郎 / 阿部 信行 / 森 喜朗

**② **若槻 礼次郎 / 竹下 登

① 田中 角栄 — 新潟

① 岡田 啓介

③ 犬養 毅 / 平沼 騏一郎 / 橋本 竜太郎

④ 加藤 友三郎 / 池田 勇人 / 宮沢 喜一 / 岸田 文雄

山口 / 島根 / 鳥取 / 兵庫 / 広島 / 岡山 / 京都

**② **鈴木 貫太郎 / 幣原 喜重郎

石川 / 福井 / 富山 / 岐阜 / 滋賀 / 大阪 / 奈良 / 三重 / 愛知 / 静岡 / 長野 / 山梨 / 神奈川 / 東京 / 千葉

青森 / 秋田 / 岩手 / 山形 / 宮城 / 福島 / 群馬 / 栃木 / 茨城 / 埼玉

① 野田 佳彦

**② **広田 弘毅 / 麻生太郎

**② **清浦 奎吾 / 細川 護熙

① 大隈 重信

長崎 / 佐賀 / 福岡 / 大分 / 熊本 / 宮崎 / 鹿児島

愛媛 / 香川 / 高知 / 徳島

① 宇野 宗佑

① 羽田 孜

**② **加藤 高明 / 海部 俊樹

③ 片山 哲 / 小泉 純一郎 / 菅 義偉

① 石橋 湛山

⑤ 高橋 是清 / 近衛 文麿 / 東条 英機 / 鳩山 一郎 / 菅 直人

沖縄

③ 黒田 清隆 / 松方 正義 / 山本 権兵衛

① 村山 富市

① 三木 武夫

**② **浜口 雄幸 / 吉田 茂

① 大平 正芳

137

第 **45・48・49・50・51** 代 <ruby>吉田<rt>よしだ</rt></ruby> <ruby>茂<rt>しげる</rt></ruby>

在職 2616 日 【在任期間】第 1 次・1946 年 5 月 22 日〜1947 年 5 月 24 日
第 2 〜 5 次・1948 年 10 月 15 日〜1954 年 12 月 10 日

日本は良くなる。
必ず良くなる。

戦後、総理に就
任した頃の口癖だ
った。

就任時の年齢・67 歳。
大日本帝国憲法下の天皇組閣大命によ
る最後の首相となった。唯一、5 回に
わたって内閣総理大臣に任命された。

●生没年
1878 年 9 月 22 日〜
1967 年 10 月 20 日（89 歳没）

●出生地
東京神田駿河台
（現・東京都千代田区）

●出身校
東京帝国大学法科大学
（現・東京大学）

●選挙区
高知全県区

●所属政党
日本自由党→民主自由党
→自由党

●血液型
O 型

●ニックネーム
「ワンマン」「和製チャーチル」

●趣味
読書。英国のユーモア小説
新聞はロンドン・タイムズ。

西暦	年号	首相	重要事項
1948	昭和 23	芦田均	3 片山内閣が総辞職(2月)、芦田内閣が成立
			7 国家公務員法を改定、公務員の罷業権団体交渉権を廃止(政令 201 号)
		吉田茂	10 昭電疑獄事件がおこり(6月)、芦田内閣は総辞職、第2次吉田内閣が成立
			11 極東国際軍事裁判の判決(戦犯 25 被告が有罪)
1949	24		3 ドッジ・ライン(経済安定政策)を実施
			4 単一為替レートを設定(1 ドル 360 円) 北大西洋条約機構(NATO)成立
			8 松川事件。税制改革勧告案(シャウプ勧告)を発表
			10 中華人民共和国の成立
			11 湯川秀樹がノーベル物理学賞を受賞(日本人初)
1950	25		6 朝鮮戦争勃発。日本共産党中央委員 24 名を公職追放
			7 国家警察予備隊を創設。日本労働組合総評議会(総評)結成
			9 公務員のレッドパージはじまる
1951	26		9 サンフランシスコ対日講和会議が開かれ、平和条約・日米安全保障条約に調印する 黒沢明の「羅生門」がベネチア国際映画コンクールでグランプリを受賞
			10 社会党が左右両派に分裂する
1952	27		2 日米行政協定に調印する
			4 対日平和条約発効し、主権を回復する
			5 皇居前広場でメーデー事件がおこる(血のメーデー事件)
			6 日印平和条約に調印する
			7 破壊活動防止法を公布する
1953	28		2 テレビ本放送開始(NHK)
			3 吉田首相のバカヤロー解散、自由党が吉田派と鳩山派に分裂
			7 朝鮮休戦協定調印
			12 大みそかの「紅白歌合戦」の放送始まる。以降人気番組に
1954	29		3 ビキニ環礁での水爆実験実施、第五福竜丸が被ばく
			3 米国との間に MSA 協定が締結される
			6 衆議院本会議で乱闘事件がおこる
			7 防衛庁・自衛隊が発足
			8 原水禁運動はじまる

高知

吉田茂
の横顔

◆ 好きな食べ物

「山田屋まんじゅう」。
慶応3年創業の愛媛県の銘菓で、薄皮で中のあんこが透けて見える一口サイズのまんじゅう。国葬の日にも霊前に供えられたほど。その他では湯豆腐、蟹、ステーキ、ローストビーフ。食事にはウイスキーを欠かさなかった。

♥ 街頭演説

選挙運動で、コートを着たまま演説をしている時に「外套（ガイトウ）くらい脱いだらどうだ」と野次をとばした聴衆に対して「これが本当のガイトウ（街頭）演説であります」と答えた。

♠ トレードマーク

葉巻をくわえ、羽織袴に白足袋、手には鳩杖。ネクタイも英国製だけを愛用。
葉巻は1日に7、8本。ハバナ産しか吸わない。

♣ 犬猿の仲

河野一郎とは犬猿の仲として知られ、三木武夫によると河野一郎邸が放火され、燃えている時に、ステッキを振り回して喜んだという。

◆ 居留守

ある日、会いたくなかった客人に対して居留守を使ったが、その客人に居留守がばれてしまった。居留守を抗議する客人に対して吉田茂の返答は「本人がいないと言っているのだからそれ以上確かな事はないだろう」。

♣ 「ご臨終に間に合いましたね」

心筋梗塞で倒れた時、かけつけた甥の武見太郎（医師会会長）にかけた言葉。

吉田茂内閣の顔ぶれ

吉田茂内閣成立　昭和21年5月22日

内閣総理大臣	吉田 茂		→昭22.1.31─石井光次郎
外務大臣	吉田 茂（兼）	運輸大臣	平塚常次郎
内務大臣	大村清一		→昭22.1.31─増田甲子七
	→昭22.1.31─植原悦二郎	逓信大臣	→昭21.7.1─一松定吉
大蔵大臣	石橋湛山＊		（昭21.7.1 逓信省設置）
第一復員大臣	吉田 茂（兼）	経済安定本部総務長官	膳 桂之助＊
	（昭21.6.15 同省廃止）		（昭21.8.12 経済安定本部設置）
第二復員大臣	吉田 茂（兼）		→昭22.1.31─石橋湛山＊
	（昭21.6.15 同省廃止）		→昭22.3.20─高瀬荘太郎＊
復員庁総裁	幣原喜重郎＊	物価庁長官	→昭21.8.12─膳 桂之助＊
	（昭21.6.15 復員庁設置）		（昭21.8.12 物価庁設置）
司法大臣	木村篤太郎		→昭22.1.31─石橋湛山＊
文部大臣	田中耕太郎		→昭22.3.20─高瀬荘太郎＊
	→昭22.1.31─高橋誠一郎	行政調査部総裁	→昭21.10.28─斎藤隆夫＊
厚生大臣	河合良成		（昭21.10.28 行政調査部設置）
	→昭22.5.22─吉田 茂（臨代）	国務大臣	幣原喜重郎＊※（昭22.5.3─）
農林大臣	和田博雄	国務大臣	植原悦二郎
	→昭22.1.31─吉田 茂（兼）		→昭22.1.31─星島二郎
	→昭22.2.15─木村小左衛門		一松定吉（─昭21.7.1）
商工大臣	星島二郎		→昭21.7.23─膳 桂之助＊

吉田内閣・印象に残った顔

緒方竹虎
(1888〜1956)

1952年、衆議院議員に当選、1年生ながら吉田茂に気に入られ官房長官、のち副総理に。吉田内閣総辞職の幕引きをしたため、古参の吉田派議員から「明智光秀」と呼ばれた。吉田茂引退後、自由党総裁に就任。1955年、自由民主党を結成し4人の総裁代行委員のひとりに。

広川弘禅
(1902〜1967)

吉田茂の党人派側近として力を振るい、自由党総務会長、第3次吉田内閣の農林大臣を歴任、吉田に重用される。自由党内で約30名余を従えて広川派を形成するなど一定の地位を確立。いかつい面相から「タヌキ」の異名を持つ。のちに反吉田に転じ、自由党を除名。分党派自由党の結成に参加した。

（—昭22.1.31）

→昭22.3.20—**高瀬荘太郎** *

国務大臣　　**斎藤隆夫** *

国務大臣　→昭21.6.19—**金森徳次郎**

国務大臣　→昭22.2.26—**田中万逸**

（—昭22.5.22）

内閣書記官長　→昭21.5.29—**林 譲治**

（昭22.5.3改称）

内閣官房長官　→昭22.5.3—**林 譲治**

内閣法制局長官　**入江俊郎**

内閣副書記官長

→昭21.6.14—**周東英雄**

（昭22.5.3改称）（—昭22.4.30）

備考
① （兼）＝兼任、（臨代）＝臨時代理を示す。
② 氏名の後の「*」：同一人が就任期間の全期間又は一定期間に2つ以上の職を担当したことを示す。

サンフランシスコ講和条約の調印

サインする吉田茂。まわりは全権委員の、池田勇人（蔵相）、苫米地義三（国民民主党）、星島二郎（自由党）、徳川宗敬（参議院緑風会）、一万田尚登（日銀総裁）。

　朝鮮戦争をきっかけとして、アメリカは日本との講和条約の締結を急ぐようになった。第3次吉田内閣は、冷戦構造のなかではアメリカを中心とする西側諸国との単独講和しか道はないとし、また、講和を締結して独立したあとは、アメリカの軍事力に依存して日本の安全を守ることを考えた。国内で対立した非武装中立・軍事基地反対を柱とする全面講和の勢力をおさえて、1951（昭和26）年9月、サンフランシスコで48か国との間の平和条約に調印した（翌年4月条約が発効、日本は主権を回復）。

高知

幣原喜重郎

しではら き じゅうろう

在職 226 日 【在任期間】1945 年 10 月 9 日〜1946 年 5 月 22 日

就任時の年齢・73 歳
戦前は外務大臣を 4 回経験。

●**生没年**
1872 年 9 月 13 日〜
1951 年 3 月 10 日
（78 歳没）

●**出生地**
大阪府門真一番村（現・門真市）

●**出身校**
東京帝国大学法科大学
（現・東京大学）

●**選挙区**
華族議員（貴族院）
1947 〜 1949 年大阪府第 3区
（総理辞任後）

●**所属政党**
同和会→日本進歩党→民主党
→同志クラブ→民主クラブ→民主自由党

●**総理就任時**
当時は政界から引退していて、世間では存在をすっかり忘れられていたため「幣原さんは、まだ生きていたのか」などと言われた。

身を粉にして努力いたします。

当時、すでに政界を引退していて、首相に指名されたことを嫌がっていたが、昭和天皇の説得などもあり引き受けた。

幣原政権のころの出来事

西暦	年号	首相	重要事項
1945	昭和20	鈴木貫太郎	4 米軍が沖縄本島に上陸、鈴木内閣が成立 ドイツ降伏
			8 広島・長崎に原爆投下、ソ連対日宣戦布告
		東久邇宮 稔彦	8 ポツダム宣言を受諾して無条件降伏。東久邇内閣の成立
			9 連合国軍総司令部(GHQ)が東京に設置される
		幣原喜重郎	10 治安維持法が廃止され、特高警察なども廃止。政治犯が釈放される
			11 日本社会党・日本自由党・日本進歩党などの政党が結成される GHQが財閥解体を指令する
			12 改正選挙法を公布する(婦人選挙権獲得) 第1次農地改革はじまる
1946	21		1 天皇の人間宣言が行われる
			2 金融緊急措置令を公布し、預金封鎖と新円切換えを行う
			3 労働組合法を施行する
			4 対日理事会第1回会合(東京)が行われる 総選挙で婦人代議士39名が当選する
		吉田茂	5 東京で極東国際軍事裁判はじまる。第1次吉田内閣が発足
			10 第2次農地改革はじまる
			11 日本国憲法が公布される
1947	22		1 GHQが2.1ゼネストに中止指令を出す
			3 教育基本法・学校教育法を公布。6・3制の新教育制度実施
			4 労働基準法・独占禁止法を公布 衆・参両院の選挙で社会党が第1党に
		片山哲	5 社会党片山内閣が成立する
			8 最高裁判所をおく
			10 改正刑法(不敬罪・姦通罪廃止)を公布する
1948	23		1 改正民法・新戸籍法・児童福祉法を実施する
		芦田均	3 片山内閣が復興政策の成果が上がらず総辞職(2月)、芦田内閣が成立
			7 国家公務員法を改定、公務員の罷業権団体交渉権を廃止(政令201号)
		吉田茂	10 昭電疑獄事件がおこり、芦田内閣は総辞職、第2次吉田内閣が成立
			11 極東国際軍事裁判の判決(戦犯25被告が有罪)
1949	24		3 ドッジ・ライン(経済安定政策)を実施

大
阪

幣原喜重郎の横顔

◆ 英語

英語が得意。英字新聞を和訳し、その和訳文を再び英訳することを繰り返して英語を覚えた。

♥ 総理経験者の衆議院議長

1949 年、衆議院議長に就任したが、在任中に死去。内閣総理大臣経験者の衆議院議長は初めて。

♠ 首相臨時代理の最長記録

浜口雄幸内閣時代、浜口首相の銃撃負傷により、首相臨時代理を務めた。臨時代理在任期間は 116 日で最長記録。ちなみに総理大臣在任期間は 226 日。

♣ 幣原外交

加藤高明内閣で外相となり若槻内閣、浜口内閣、第 2 次若槻内閣と、4 代の内閣で「幣原外交」を推進。英米流の理づめの外交技術を英米人からじかに学んで国際的に高い評価を集めた。

◆ シデハラ？ヒデハラ？

「幣原」は、欧米人にとっては発音しづらいものであったらしく、外国人記者から「貴方の名前はシデハラ？それともヒデハラ？」という質問に対し、「私（男性）はヒーデハラ（He デハラ）で、家内（女性）はシーデハラ（She デハラです」と答えた。

幣原喜重郎内閣の顔ぶれ

幣原喜重郎内閣成立　昭和 20 年 10 月 9 日

内閣総理大臣	幣原喜重郎	→昭 21.1.13—三土忠造（兼）
外務大臣	吉田 茂	→昭 21.1.26—村上義一
内務大臣	堀切善次郎	戦災復興院総裁 →昭 20.11.5—小林一三 *
	→昭 21.1.13—三土忠造	（昭 20.11.5 戦災復興院設置
大蔵大臣	渋沢敬三	昭 22.12.30 同院廃止）（—昭 21.3.9）
陸軍大臣	下村 定	［注 昭 21.3.30 まで国務大臣制］
	（昭 20.12.1 同省廃止）	国務大臣 松本烝治
第一復員大臣	幣原喜重郎（兼）	国務大臣 次田大三郎（—昭 21.1.13）
	（昭 20.12.1 第一復員省設置）	→昭 21.2.26—石黒武重
海軍大臣	米内光政	国務大臣 →昭 20.10.30—小林一三 *
	（昭 20.12.1 同省廃止）	（—昭 21.3.9）
第二復員大臣	幣原喜重郎（兼）	→昭 21.2.26—楢橋 渡
	（昭 20.12.1 第二復員省設置）	内閣書記官長 次田大三郎（兼）
司法大臣	岩田宙造	→昭 21.1.13—楢橋 渡
文部大臣	前田多門	→昭 21.2.26—楢橋 渡（兼）
	→昭 21.1.13—安倍能成	内閣法制局長官 楢橋 渡
厚生大臣	芦田 均	→昭 21.1.13—石黒武重
農林大臣	松村謙三	→昭 21.2.26—石黒武重（兼）
	→昭 21.1.13—副島千八	内閣副書記官長 三好重夫（—昭 21.1.13）
商工大臣	小笠原三九郎	→昭 21.3.2—木内四郎
運輸大臣	田中武雄	

備考
① （兼）＝兼任を示す。
② 氏名の後の「*」：同一人が就任期間の全期間又は一定期間に 2 つ以上の職を担当したことを示す。

幣原内閣・印象に残った顔

徳田球一
（1894～1953）

1928年、三・一五事件に先だって検挙され、18年間投獄される。戦後出獄、野坂参三らと日本共産党を再建。1945年12月、再建日本共産党の書記長となり、共産党のリーダーとして活躍。翌年の衆院選挙で当選、1949年の総選挙では35議席を獲得した。強烈な個性で人気を集め、「トッキュー」と呼ばれた。

松村謙三
（1883～1971）

幣原内閣で農相に就任。第1次農地改革を手がける。のち改進党に属し、幹事長に。三木武夫とともに非主流派。戦後、官僚政治に一貫して対立の姿勢で臨んだ。晩年は「日中総連絡役」として日中関係の正常化に尽力したが、日中正常化を見届けることなく、前年の1971年に死去。東久邇内閣で厚相兼文相、鳩山一郎内閣で文相を歴任。

大阪

女性議員の誕生

　1946（昭和21）年4月10日の戦後初の衆議院選挙の結果、日本初の女性議員39名が誕生した。1945年11月21日の勅令により治安警察法が廃止され、女性の結社権が認められ、同年12月17日の改正衆議院議員選挙法公布により、女性の国政参加が認められたことによる（地方参政権は翌年の1946年9月27日の地方制度改正により実現）。

ひがしくにのみやなるひこ
東久邇宮稔彦

在職 54 日 【在任期間】1945 年 8 月 17 日〜1945 年 10 月 9 日

就任時の年齢・57 歳
史上唯一、皇族が首相となった
内閣。在任期間は 54 日間で史
上最短。

● **生没年**
1887 年 12 月 3 日生〜
1990 年 1 月 20 日
（102 歳没）

● **出生地**
京都府

● **出身校**
陸軍大学校

● **選挙区**
貴族院議員（皇族議員）

● **党派**
挙国一致

● **ニックネーム**
自称「やんちゃ孤独」

● **皇族の首相**
首相に就任する際「真っ平ご免で
す」といったん断ったものの、昭和
天皇の要請もあり、引き受けた。

> 全国民総懺悔（そうざんげ）することが
> わが国再建の第一歩であり、
> わが国団結の第一歩と
> 信ずる。

1945 年 8 月、戦
後最初に首相となっ
た東久邇宮稔彦が
記者会見で。
いわゆる一億総ざん
げ論。

東久邇宮稔彦
の横顔

◆ 皇籍を離れる

「敗戦の責任をとって直宮家以外の皇族は全員皇籍を離脱すべき」と主張、他の皇族をあわてさせた。1947 年 10 月に皇族の身分を離れる。

♥ 一億総ざんげ

組閣直後「全国民が総ざんげすることが、わが国再建の弟一歩」と一億総ざんげ論を展開して、さまざまな議論を呼んだ。「国民諸君、私はみなさんから直接手紙をいただきたい」と新聞で呼びかけた。

♠ 長寿では歴代総理 1 位

総理在任期間は 54 日間で史上最短だが、歴代総理経験者の中では、最長の 102 歳まで生きた。

♣ 晩年

白内障のため目が不自由になり、ひっそり暮らしていた。聡子夫人と死別後、神奈川県在住の女性が知らない間に妻として入籍していたことがわかり、話題をまいたが、最高裁で婚姻無効が確認された。

 東久邇内閣の顔ぶれ

東久邇稔彦内閣成立　昭和 20 年 8 月 17 日

内閣総理大臣	東久邇宮稔彦	農林大臣	千石興太郎
外務大臣	重光 葵		（昭 20.8.26 農林省設置）
	→昭 20.9.15―吉田 茂	軍需大臣	中島知久平
内務大臣	山崎 巌		（昭 20.8.26 同省廃止）
大蔵大臣	津島寿一	商工大臣	中島知久平
陸軍大臣	東久邇宮稔彦（兼）		（昭 20.8.26 商工省設置）
	→昭 20.8.23 →下村 定	運輸大臣	小日山直登
海軍大臣	米内光政	国務大臣	近衛文麿
司法大臣	岩田宙造	国務大臣	緒方竹虎
文部大臣	松村謙三（兼）	国務大臣	→昭 20.8.19―小畑敏四郎
	→昭 20.8.18―前田多門	内閣書記官長	緒方竹虎（兼）
厚生大臣	松村謙三	内閣法制局長官	村瀬直養
大東亜大臣	重光 葵（兼）	内閣副書記官長	高木惣吉
	（昭 20.8.26 同省廃止）		（昭 20.9.19 設置）
農商大臣	千石興太郎		
	（昭 20.8.26 同省廃止）	備考　（兼）＝兼任を示す。	

 東久邇内閣・印象に残った顔

重光葵
(1887 〜 1957)

戦前は東条内閣、小磯内閣で外相を務め、東久邇内閣でも外相となり、政府代表として戦艦ミズーリ号上で降伏文書に調印した。戦後は A 級戦犯として公職追放。追放解除後は改進党総裁に就任。鳩山一郎内閣で副総理・外相として入閣した。1956 年、国連加盟に際し、日本代表として国連総会で「日本は東西の架け橋になる」と演説した。

京都

147

解散

内閣による戦後衆議院解散の時期と呼称

日本国憲法第七条により衆議院を解散する。

郵政民営化は必要ないのか、国民の皆さんに聞いてみたい

なれ合い解散（不信任案可決）

● 1948（昭和23）年12月23日　第2次吉田内閣

第2次吉田内閣は少数与党政権であったため、早期に解散総選挙の実施をめざしたが、当時、新憲法で内閣は不信任案可決なしに解散をできるのか、という議論が巻き起こっていた。結局、GHQの仲介が入り、野党提出の内閣不信任案を与党含めてみんなで賛成し可決させた上で、衆議院を解散するという方法を取った。こうして与野党のシナリオどおりに解散したため、「なれ合い解散」と呼ばれている。第24回総選挙の結果、民主自由党が単独過半数を得る大勝に。社会・民主両党は大きく議席を落とした。日本国憲法施行後、最初の総選挙。

抜き打ち解散

● 1952（昭和27）年8月28日　第3次吉田内閣

GHQによって「公職追放」されていた政治家が復帰。それまで権勢を振るった自由党の吉田茂に対し、復帰してきた鳩山一郎を中心とする勢力が、吉田退陣を求めて政局が混乱した。吉田首相は不意をつく形で解散に打ってでたことから「抜き打ち解散」と呼ばれた。第25回総選挙の結果、自由党は過半数を維持。

党の支援を得られなかった鳩山派のメンバー64人は「民主化同盟」を作って反吉田色を鮮明にし、「民主化同盟」が離党すれば、自由党は過半数割れする情勢になった。

バカヤロー解散（不信任案可決）

● 1953（昭和28）年3月14日　第4次吉田内閣

吉田茂首相が衆議院予算委員会で、右派・社会党の西村栄一議員との質疑応答で「バカヤロー」と発言。これがもととなって、内閣不信任案が提出・可決され、衆議院を解散したため「バカヤロー解散」と呼ばれた。第26回総選挙で自由党は第一党を守ったが過半数を大きく割り込み、決選投票で何とか吉田茂は首相指名を受けたが、求心力は大きく低下した。

選挙前に自由党を離党した鳩山一郎は、翌年、民主党を結成。その後、不信任案提出の動きで吉田内閣は追い詰められて退陣した。

天の声解散

● 1955（昭和30）年1月24日　第1次鳩山内閣

吉田内閣のあとを継いだ鳩山一郎。首相指名は民主党だけでは数的に無理で、当時、左右に分裂していた社会党の協力を得た。左右社会党は、鳩山支持の見返りとして早期解散の実行を約束していた。鳩山首相は約束どおり解散を行い、記者に「なぜ（解散が）この日に」と聞かれ「天の声を聞いたからです」と答えたことからこのように呼ばれる。第27回総選挙の結果、民主党は第一党にはなったが過半数はとれず。議席が伸びたのは左右社会党。合わせて民主党に30議席あまりと迫り、左右社会党の思惑通りになった選挙だった。同年、左右社会党が再統一。これに危機感を覚えた三木武吉は、鳩山一郎を初代総裁とする自由党と民主党との合同政党、自由民主党を結党。「55年体制」の幕があけた。

話し合い解散

● 1958（昭和33）年4月25日　第1次岸内閣

岸首相と社会党委員長、鈴木茂三郎との党首会談で、解散が決定したことから「話し合い解散」と呼ばれる。第28回総選挙の結果は、自民党、社会党ともあまり勢力は変わらなかった。

安保解散

● 1960（昭和35）年10月24日　第1次池田内閣

岸内閣は安保闘争で退陣。後継には池田勇人が就任。安保闘争の痛手があったことからイメージを変えるため、経済政策最優先の政策を打ちだした。第29回総選挙の結果、自民党は議席を増やすことに成功。社会党も少しだけ議席を取り戻し、民社党は惨敗した。

ムード解散　所得倍増解散　予告解散

● 1963（昭和38）年10月23日　第2次池田内閣

池田首相は「所得倍増計画」を前面に押しだし、高度成長時代を演出、国民の池田人気も高かった。この実績を掲げて解散したことで「所得倍増解散」と呼ばれている。第30回総選挙の結果、自民党優位はそのままで、社会党は現状維持、民社党が少しだけ回復。

148

黒い霧解散
● 1966（昭和41）年12月27日　第1次佐藤内閣

　自民党議員を中心とした疑獄事件やスキャンダルが相次ぎ、永田町を「黒い霧」が覆っていると批判されるようになったことから、「黒い霧解散」と呼ばれている。低下した求心力を回復するために佐藤首相は解散総選挙に打ってでたが、第31回総選挙の結果、自民党、社会党ともに議席を減らした。この選挙で、公明党が一挙に25議席を獲得。

沖縄解散
● 1969（昭和44）年12月2日　第2次佐藤内閣

　佐藤首相が沖縄本土返還協定調印を果たし、この勢いで解散総選挙に踏み切ったことから「沖縄解散」と呼ばれている。第32回総選挙の結果、自民党は圧勝、社会党は大敗した。

日中解散
● 1972（昭和47）年11月13日　第1次田中内閣

　7年8か月という佐藤長期政権の後、日本列島改造論で国民から人気を得た田中角栄が首相に。支持率は当時の最高で62パーセント。日中国交正常化の実現で人気も最高潮に達し、解散総選挙に打ってでたことから「日中解散」と呼ばれる。第33回総選挙の結果は意外にも予想に反して自民党の議席は微減。逆に社会党は議席を増やし、共産党は議席を倍増させた。

一般消費税解散　増税解散
● 1979（昭和54）年9月7日　第1次大平内閣

　大平首相が財政再建を図るため、選挙期間中に「一般消費税」導入に言及したため「一般消費税解散」「増税解散」と呼ばれた。有権者の反発を買い第35回総選挙の結果は自民党が敗北。

ハプニング解散（不信任案可決）
● 1980（昭和55）年5月19日　第2次大平内閣

　自民党は激しい「四十日抗争」で、首相指名候補に大平と福田が出馬する異常事態に。僅差で大平首相は続投になったが、激しい党内抗争は収まらず、福田・三木ら反主流派の策謀により不信任案が可決して「ハプニング解散」と呼ばれている。第36回総選挙期間中に大平首相が急死すると同情票が集まるなどして、自民党は圧勝した。

田中判決解散　ロッキード解散
● 1983（昭和58）年11月28日　第1次中曽根内閣

　ロッキード事件で起訴された田中角栄元首相に有罪判決。国会は混乱し、衆参両院議長のあっせんで解散となり「田中判決解散」「ロッキード解散」と呼ばれ

ている。第37回総選挙の結果、自民党は前予想通りに敗北し過半数割れに。中曽根首相は党内の批判を振り切り、1976年に自民党から分裂した新自由クラブと連立、政権を維持した。

死んだふり解散　寝たふり解散
● 1986（昭和61）年6月2日　第2次中曽根内閣

　政界に絶大な影響力を及ぼした田中角栄が脳梗塞で倒れ、政界復帰は絶望的に。中曽根首相は「角影内閣」「田中曽根内閣」などと言われ、田中角栄の顔色を伺いながらの政権運営だったが、自由の身に。国民の人気も上昇、今選挙をやれば勝てるという状況だったが、「衆院選挙区定数の不均衡が違憲状態」という最高裁の判決がでて、この解消を急いだ。解散を警戒する勢力も多く難航したが、公職選挙法改正の周知期間（施行までの期間）を30日間とり、国会閉会後に設定して警戒を解いたため改正法は成立。与党議員らは、解散はまだ無理、解散ができなくなって首相はソファーで死んだように横になってるなどと言いふらして野党を安心させていた。ところが「死んだふり」をしていた中曽根首相は国会終了後、いきなり臨時国会を開いて解散を宣言したため、「死んだふり解散」「寝たふり解散」と呼ばれる。しかも衆参同日のW選挙で、第38回総選挙は自民党が衆議院で300議席を獲得、圧勝した。

消費税解散
● 1990（平成2）年1月24日　第1次海部内閣

　自民党は消費税導入、リクルート事件などで国民から反発をかって1989年の参院選では歴史的敗北を記録。自民党はイメージ優先で海部俊樹を首相にして国民の信頼回復を試みる。海部内閣の支持が定着したところで解散に打ってでる。消費税導入賛否選となったことから「消費税解散」と呼ばれた。第39回総選挙の結果、自民党は安定多数を維持。社会党も議席を伸ばしたが「勝者のない選挙」と言われた。

嘘つき解散　政治改革解散（不信任案可決）
● 1993（平成5）年6月18日　宮沢内閣

　宮沢喜一首相が公約としていた「衆議院の選挙制度改革」を果たせなかったことから、公約違反、嘘つきと非難の嵐に。小沢一郎らが内閣不信任案に造反賛成して可決し衆議院を解散。こうしたことから「嘘つき解散」と呼ばれた。自民党から大量に議員が離党して、新生党などの新党が誕生。第40回総選挙の結果、自民党は大幅に過半数割れし、日本新党の細川護熙を首相とする8党派連立政権が誕生。この選挙で、自民党は結党以来初めて野党に転落した。

争点なき解散　名前無し解散
● 1996（平成 8）年 9 月 27 日　第 1 次橋本内閣

野党に転落した自民党は社会党との連立で政権奪回に成功。自民党の橋本竜太郎首相は、野党・新進党が態勢を固めないうちに解散に打ってでるが、解散の意味がはっきりしないため「争点なき解散」「名前無し解散」と呼ばれた。第 41 回総選挙の結果、自民党は第一党を維持。新進党は思ったほど議席を獲得できなかった。この選挙の翌年、新進党は解党した。

 ## 神の国解散　ミレニアム解散
● 2000（平成 12）年 6 月 2 日　第 1 次森 内閣

森喜朗首相の不適切な発言や行動がたびたび指摘され、とくに神道政治連盟国会議員懇談会で「日本は天皇を中心とする神の国」と発言した「神の国発言」で内閣支持率が大きく低下。内閣不信任決議案が提出されたが、同日、衆議院解散を決定。不信任案への投票を行う前に解散した。この「神の国発言」から、この解散は「神の国解散」と呼ばれている。また、2000年に解散したことから「ミレニアム解散」とも。第 42 回総選挙の結果、自民党は議席を減らしたが、公明党との連立でなんとか政権を維持した。

 ## マニフェスト解散　政権選択解散
● 2003（平成 15）年 10 月 10 日　第 1 次小泉内閣

森政権退陣後、小泉純一郎が首相に就任。発足時の内閣支持率は 80 パーセントを超える空前の人気に。田中真紀子外相の更迭で人気に少し陰りが見えたが、2003 年 9 月の自民党総裁選で再選。小泉に敵対する橋本派の分断にも成功して解散に打ってでる。野党の小沢一郎率いる自由党は民主党と合併。選挙公約「マニフェスト」を準備して決戦に挑んだことから「マニフェスト解散」「政権選択選挙」などと呼ばれた。第 43 回総選挙の結果、自民党は公明党との連立で過半数を確保し政権維持。民主党は躍進した。

郵政解散
● 2005（平成 17）年 8 年 8 日　第 2 次小泉内閣

小泉首相が「改革の本丸」と位置付けていた郵政法案が否決。即座に解散に踏み切り、記者会見でこの解散を「郵政解散」と命名した。法案に反対した自民党議員全員に公認を与えず、その選挙区には「刺客」候補を落下傘的に送り込むという戦術を展開、マスコミ報道を利用した「小泉劇場」と呼ばれる劇場型政治が大衆に受け、第 44 回総選挙の結果、自民党は歴史的圧勝、民主党は惨敗。

 ## 追い込まれ解散　がけっぷち解散
● 2009（平成 21）年 7 月 21 日　麻生内閣

福田康夫首相の後任に麻生太郎が就任。就任直後の解散がうわさされたが、景気対策を優先して解散を先送りに。その間、大臣や首相自身の問題発言で、支持率は 10％台にまでダウン。党内からはこのままでは選挙を戦えないと、退陣を求める声が。結局、9 月の衆院議員の任期満了の直前になって解散。「追い込まれ解散」「がけっぷち解散」などと呼ばれた。第 45 回総選挙の結果、民主党は単独政党としては史上最多の 308 議席を獲得する圧勝。自民党は 1955 年の結党以来初めて衆院第一党から転落する歴史的惨敗。

 ## 近いうち解散
● 2012（平成 24）年 11 月 16 日　野田内閣

野田佳彦首相は社会保障と税の一体改革関連法案の成立後の 2012 年 8 月、「近いうちに国民に信を問う」と明言。3 か月後の党首討論で自民党の安倍総裁に「次期通常国会での議員定数削減と、それまでの議員歳費削減の確約を得られれば 16 日に解散してもいいと思っている」と答弁、「近いうち解散」と呼ばれた。第 46 回総選挙の結果、民主党は惨敗。政権の座を追われることになり、安倍内閣が発足した。

 ## アベノミクス解散
● 2014（平成 26）年 11 月 21 日　第 2 次安倍内閣

安倍晋三首相は 2015 年 10 月に予定されていた消費増税の延期を判断した上で、任期途中での解散に踏み切った。この衆院解散を「アベノミクス解散」と命名。第 47 回総選挙の結果、与党が議席数の 3 分の 2 を維持。投票率は戦後最低の 52.66％を記録。

 ## 国難突破解散
● 2017（平成 29）年 9 月 28 日　第 3 次安倍内閣

7 月に行われた東京都議選で、小池百合子東京都知事率いる地域政党「都民ファーストの会」が第 1 党に躍進。勢いに乗り小池知事は「希望の党」を結成。野党第 1 党の民進党は公認候補を擁立せず、「希望の党」に公認を申請する異例の方針を決めたが、小池都知事は憲法観などの不一致がある場合は「排除する」と、全議員の合流を拒否。それに対し、枝野幸男元官房長官らは「立憲民主党」を結成。その他は無所属で出馬し、民進党は 3 分裂に。第 48 回総選挙の結果、自民党は大勝。公明党と合わせ連立与党は 313 議席に。立憲民主党は 55 議席を獲得して野党第 1 党に躍進。希望の党は「排除」発言で失速して 50 議席に。

覚えておきたい総理の顔100

政治とは
あまりにも重大な事項なので、
政治家にまかせておくことはで
きない。

ふたたび　シャルル＝ド＝ゴール

第42代 <ruby>鈴<rt>すず</rt></ruby><ruby>木<rt>き</rt></ruby><ruby>貫<rt>かん</rt></ruby><ruby>太<rt>た</rt></ruby><ruby>郎<rt>ろう</rt></ruby>

在職 133 日　【在任期間】1945 年 4 月 7 日〜1945 年 8 月 17 日

> 余は一度死と面と向かった人間である。だからこそ、生にたいしてなんの執着もなく十分に活動し得ることができるのだ。

就任時の年齢・77 歳

● **生没年**
1868 年 1 月 18 日〜
1948 年 4 月 17 日（80 歳没）

● **出生地**
和泉国大鳥郡伏尾新田
（現・大阪府堺市中区）

● **出身校**
海軍大学校

● **末期の言葉**
「永遠の平和」

● **ニックネーム**
海軍水雷艇の艇長時代は「鬼貫太郎」

● **最高齢で就任**
総理大臣就任時の年齢は、77 歳と 2 か月。これは歴代総理大臣の最高齢記録。アジア太平洋戦争（大東亜戦争）を終わらせるために総理大臣になったともいわれる。

152

鈴木政権のころの出来事

西暦	年号	首相	重要事項
1944	昭和19	東条英機	2 朝鮮に徴兵制をしく
			6 連合軍ノルマンディー上陸作戦
		小磯国昭	7 米軍がサイパン島に上陸。東条内閣が倒れ、小磯内閣が成立する
			10 連合艦隊がレイテ沖海戦で敗れる
			11 米空軍の本土空襲はじまる
1945	昭和20		2 ヤルタ会談(ローズベルト・チャーチル・スターリン)
		鈴木貫太郎	4 米軍が沖縄本島に上陸、鈴木内閣成立
			5 ドイツが無条件降伏
			8 広島・長崎に原爆投下、ソ連対日宣戦布告
		東久邇宮稔彦	8 ポツダム宣言を受諾して無条件降伏。東久邇内閣の成立
			9 連合国軍総司令部(GHQ)が東京に設置される
		幣原喜重郎	10 治安維持法が廃止され、特高警察なども廃止。政治犯が釈放される
			11 日本社会党・日本自由党・日本進歩党などの政党が結成される
			GHQが財閥解体を指令する

鈴木貫太郎内閣の顔ぶれ

鈴木貫太郎内閣成立　昭和20年4月7日

内閣総理大臣	鈴木貫太郎
外務大臣	鈴木貫太郎(兼)
	→昭20.4.9―東郷茂徳
内務大臣	安倍源基
大蔵大臣	広瀬豊作
陸軍大臣	阿南惟幾
	→昭20.8.14
海軍大臣	米内光政
司法大臣	松阪広政
文部大臣	太田耕造
厚生大臣	岡田忠彦
大東亜大臣	鈴木貫太郎(兼)
	→昭20.4.9―東郷茂徳(兼)
農商大臣	石黒忠篤
軍需大臣	豊田貞次郎

運輸通信大臣[昭20.5.19 同省廃止]	
	豊田貞次郎(兼)
	→昭20.4.11―小日山直登
運輸大臣[昭20.5.19 運輸省設置]	
	→昭20.5.19―小日山直登
国務大臣	桜井兵五郎
国務大臣	左近司政三
国務大臣	下村 宏
国務大臣	→昭20.4.11―安井藤治
内閣書記官長	迫水久常
法制局長官	村瀬直養

備考　(兼)=兼務を示す。

大阪

153

第41代 小磯国昭

<ruby>小<rt>こ</rt></ruby><ruby>磯<rt>いそ</rt></ruby><ruby>国<rt>くに</rt></ruby><ruby>昭<rt>あき</rt></ruby>

在職 260 日 【在任期間】1944 年 7 月 22 日～1945 年 4 月 7 日

> 国民大和一致、敵米英の反攻を撃砕するのみであります。

就任時の年齢・64 歳

●生没年
1880 年 3 月 22 日～
1950 年 11 月 3 日(70 歳没)

●出生地
栃木県宇都宮市

●出身校
陸軍大学校

●人物
器用で世渡り上手。陽気な性格で交友関係も多かった。声量豊かで美声のため、演説をやってもうまかったという。欠点は、相手を選ばず誰とでも会い、親しくもない相手と酒席をともにすること。

●木炭自動車内閣
ガソリンでなく木炭で走る車。ノロい上に故障が多いことから呼ばれた。
アジア太平洋戦線での敗退が続く中、この難局に立ち向かう者もなく、まったく何も出来なかった。

●陸大の成績
陸大での成績は同期 51 人中 33 番。成績はパッとしなかっが、20 番以下の成績で、総理大臣にまで出世した例はない。

●ニックネーム
「朝鮮の虎」

小磯政権のころの出来事

西暦	年号	首相	重要事項
1943	昭和18	東条英機	2 ガダルカナル島から敗退
			スターリングラードのドイツ軍撤退
			9 イタリア降伏
			10 学徒戦時動員体制を確立、学徒出陣の壮行会
			11 軍需省を設置。兵役法を改正して兵役義務を45歳までとする
			カイロ会談(ローズベルト・チャーチル・蔣介石)
1944	昭和19		2 朝鮮に徴兵制をしく
			6 連合軍ノルマンディー上陸作戦
		小磯国昭	7 米軍がサイパン島に上陸。東条内閣が倒れ、小磯内閣が成立する
			10 連合艦隊がレイテ沖海戦で敗れる
			11 米空軍の本土空襲はじまる
1945	昭和20		2 ヤルタ会談(ローズベルト・チャーチル・スターリン)
		鈴木貫太郎	4 米軍が沖縄本島に上陸、鈴木内閣が成立
			5 ドイツが無条件降伏
			8 広島・長崎に原爆投下、ソ連対日宣戦布告

栃木

小磯国昭内閣の顔ぶれ

小磯国昭内閣成立　昭和19年7月22日

内閣総理大臣	小磯国昭		→昭19.12.19―吉田 茂
外務大臣	重光 葵	運輸通信大臣	前田米蔵
内務大臣	大達茂雄	国務大臣	町田忠治
大蔵大臣	石渡荘太郎	国務大臣	児玉秀雄
	→昭20.2.21―津島寿一		→昭20.2.10―広瀬久忠
陸軍大臣	杉山 元		→昭20.2.21―石渡荘太郎
海軍大臣	米内光政	国務大臣	緒方竹虎
司法大臣	松阪広政	国務大臣	→昭19.12.19―昭20.3.1
文部大臣	二宮治重		小林躋造
	→昭20.2.10―児玉秀雄	内閣書記官長	三浦一雄(兼)
厚生大臣	広瀬久忠		→昭19.7.29―田中武雄
	→昭20.2.10―相川勝六		→昭20.2.10―広瀬久忠(兼)
大東亜大臣	重光 葵(兼)		→昭20.2.21―石渡荘太郎(兼)
農商大臣	島田俊雄	法制局長官	三浦一雄
軍需大臣	藤原銀次郎	備考	(兼)=兼務を示す。

とうじょうひでき
東条英機

在職 **1009** 日　【在任期間】1941 年 10 月 18 日〜1944 年 7 月 22 日

就任時の年齢・57 歳
東条は内閣総理大臣・陸軍大臣・
内務大臣を兼務し「東条幕府」と揶
揄された。

●**生没年**
1884 年 7 月 30 日
（戸籍上は 12 月 30 日）〜
1948 年 12 月 23 日（63 歳没）

●**出生地**
東京府東京市麹町区（現・東京都
千代田区）

●**出身校**
陸軍大学校

●**血液型**
B 型

●**性格**
真面目。何ごとも自分の目で確かめ
ないと気が済まない。気性は激しく、
小学校時代は上級生や体格のいい
相手にも向かっていくなどして「喧嘩
屋東条」の異名を取った。

●**口癖**
「まじめにやっとるか」

●**ニックネーム**
「カミソリ東条」
強権ぶりを恐れられて。
「メモ魔」
どんなに忙しいときでもメモをとってい
たことから。

戦争犯罪者、
それは勝者が
決定するもの
だ。

東条英機
の横顔

◆ 趣味

趣味らしい趣味はもたなかったが、自分の子供相手のトランプと乗馬ぐらいが唯一の楽しみだった。

♥ お酒

ほとんど酒は飲まず、たまに晩酌（ばんしゃく）をする程度。

♠ シャム猫

知人から貰ったシャム猫を飼ってから大の猫好きに。多忙な中、時々猫の様子を家人にたずね、食物や飲み水など細かい注意を与えていた。

♣ 子供や孫には非常に優しかった

孫が生まれた時にはデパートへ行ってプレゼントを買い、腕一杯に抱えていたというエピソードも。

 # 東条英機内閣の顔ぶれ

東条英機内閣成立　昭和16年10月18日

内閣総理大臣	**東条英機**
外務大臣	**東郷茂徳**
	→昭17.9.1—**東条英機**（兼）
	→昭17.9.17—**谷 正之**
	→昭18.4.20—**重光 葵**
内務大臣	**東条英機**（兼）
	→昭17.2.17—**湯沢三千男**
	→昭18.4.20—**安藤紀三郎**
大蔵大臣	**賀屋興宣**
	→昭19.2.19—**石渡荘太郎**
陸軍大臣	**東条英機**（兼）
海軍大臣	**嶋田繁太郎**
	→昭19.7.17—**野村直邦**
司法大臣	**岩村通世**
文部大臣	**橋田邦彦**
	→昭18.4.20—**東条英機**（兼）
	→昭18.4.23—**岡部長景**
農林大臣 [昭18.11.1 同省廃止]	
	井野碩哉
	→昭18.4.20—**山崎達之輔**
農商大臣 [昭18.11.1 農商省設置]	
	→昭18.11.1—**山崎達之輔**
	→昭19.2.19—**内田信也**
商工大臣 [昭18.11.1 同省廃止]	
	岸 信介
	→昭18.10.8—**東条英機**（兼）
軍需大臣 [昭18.11.1 軍需省設置]	
	→昭18.11.1—**東条英機**（兼）
逓信大臣 [昭18.11.1 同省廃止]	
	寺島 健
	→昭18.10.8—**八田嘉明**（兼）
運輸通信大臣 [昭18.11.1 運輸通信省設置]	
	→昭18.11.1—**八田嘉明**
	→昭19.2.19—**五島慶太**
鉄道大臣 [昭18.11.1 同省廃止]	
	寺島 健（兼）
	→昭16.12.2—**八田嘉明**
拓務大臣 [昭17.11.1 同省廃止]	
	東郷茂徳（兼）
	→昭16.12.2—**井野碩哉**（兼）
大東亜大臣 [昭17.11.1 大東亜省設置]	
	→昭17.11.1—**青木一男**
厚生大臣	**小泉親彦**
国務大臣	**鈴木貞一**
	→昭18.10.8—**岸 信介**
国務大臣	→昭17.6.9—**安藤紀三郎**
	→昭18.4.20—**大麻唯男**
国務大臣 →昭17.9.17—昭17.11.1—**青木一男**	
	→昭18.5.26—**後藤文夫**
国務大臣 →昭18.11.17—**藤原銀次郎**	
内閣書記官長	**星野直樹**
法制局長官	**森山鋭一**

備考　（兼）＝兼務を示す。

東条政権のころの出来事

西暦	年号	首相	重要事項
1940	昭和15	米内光政	1 阿部内閣総辞職、米内内閣が成立。親英米外交を展開
			2 津田左右吉の神代史の研究等が発禁
			3 汪兆銘の南京政府樹立
			4 米・砂糖など生活必需品の切符制が決定
		近衛文麿	7 軍の圧力により、米内内閣が総辞職。第2次近衛内閣が成立
			9 日独伊三国同盟が締結される。北部仏印への進駐はじまる
			10 各政党解散、大政翼賛会結成
			11 大日本産業報国会創設、労働運動に終止符
1941	昭和16		3 国民学校令が公布される
			4 日ソ中立条約が締結される
			6 独ソ開戦
			7 満州で関東軍特別演習が行われる
		東条英機	10 陸軍の対米強攻策に対応できず近衛内閣が総辞職、東条内閣が「軍閥内閣」として成立
			11 ワシントンで日米交渉はじまる
			12 日本軍、ハワイ真珠湾を攻撃し、アジア太平洋戦争はじまる
1942	昭和17		1 マニラ占領、軍政をしく
			2 シンガポール占領、昭南島と改称
			5 翼賛政治会創立（総裁は阿部信行）
			6 日本軍、ミッドウェー海戦に敗れて形勢逆転する 国鉄の関門海底トンネルが開通する
			9 大政翼賛会、大日本産業報国会など政治・経済も戦時体制に
			11 大東亜省を設置
1943	昭和18		2 ガダルカナル島から敗退 スターリングラードのドイツ軍撤退
			9 イタリア降伏
			10 学徒戦時動員体制を確立、学徒出陣の壮行会
			11 軍需省を設置。兵役法を改正して兵役義務を45歳までとする カイロ会談（ローズベルト・チャーチル・蒋介石）
1944	昭和19		2 朝鮮に徴兵制をしく
			6 連合軍ノルマンディー上陸作戦

松岡洋右
まつおかようすけ

【衆議院在籍期間】1930 年 2 月 21 日～1933 年 12 月 28 日

> アメリカ人には
> たとえ脅されても、
> 自分の立場が正し
> い場合は譲っては
> ならない。

日本の国際連盟脱退、日独伊三国同盟の締結、日ソ中立条約の締結など第二次世界大戦前夜の日本外交の重要な局面に代表的な外交官ないしは外務大臣として関与。第 2 次近衛内閣で外務大臣。

● 生没年
　1880 年 3 月 4 日～
　1946 年 6 月 27 日（66 歳）

● 出生地
　山口県光市

● 出身校
　明治法律学校（現・明治大）

● 初当選
　1930 年、第 17 回衆議院議員総選挙で山口県第 2 区から立候補し当選。
通算当選 2 回。

● 話し好き
　細川護貞によると、大変な話し好きで、朝から晩まで喋っていたという。細川が近衛首相の使いで書類を持って松岡のところへ伺っても、その書類を出す機会がないほど喋り続け、仕方なしにまた書類を持ち帰ったこともあったという。

第**37**代 よないみつまさ 米内光政

在職 189 日　【在任期間】1940 年 1 月 16 日～1940 年 7 月 22 日

就任時の年齢・59 歳
山本五十六、井上成美らと三国同盟・日米開戦に反対。その後最後の海軍大臣として日本をアジア太平洋戦争の終戦へと導くことに貢献。

●**生没年**
1880 年 3 月 2 日～
1948 年 4 月 20 日（68 歳没）

●**出生地**
岩手県盛岡市

●**出身校**
海軍大学校

●**ニックネーム**
海兵時代は「グズ政」
無口なことから「鈍重」。
初期の頃は見た目が立派なだけで役にたたないと言われたことから「金魚大臣」。

●**酒豪**
「酒か米内か米内か酒か」
と言われるほどの酒豪。2 升、3 升は当たり前のように飲み、酔っ払うことはほとんどなかったと言われる。

●**女性に大モテ**
長身でハンサムだったため女性によくモテた。第二艦隊司令長官に任命され、佐世保を後にするときには、佐世保駅周辺に見送りに訪れた芸者で黒山の人だかりができた。長男の剛政によると、米内の死後「米内の愛人だった」という女性にあちこちで会って困ったらしい。

人間、いついかなる場合でも、巡り合った境遇を最も意義たらしめることが大切だ。

米内政権のころの出来事

西暦	年号	首相	重要事項
1938	昭和13	近衛文麿	1 「国民政府を対手にせず」と声明する（第1次近衛声明）
			3 ヒトラーがドイツ・オーストリアの併合を宣言
			4 国家総動員法公布
			9 ミュンヘン会議（英・仏・独・伊）
			11 東亜新秩序建設を声明する（第2次近衛声明）
1939	14	平沼騏一郎	1 日独伊三国同盟に関する意見対立から近衛内閣総辞職、平沼内閣成立。新橋 - 渋谷間に地下鉄開通
			5 ノモンハン事件がおこる、日ソ両軍が衝突（8月、日本惨敗）
		阿部信行	8 独ソ不可侵条約の調印。平沼内閣は見通しを失って総辞職。陸軍大臣の阿部内閣が成立
			9 英仏がドイツに宣戦布告し、第二次世界大戦が始まる
			12 朝鮮総督府が「創氏改名」を布告
1940	15	米内光政	1 阿部内閣は第二次世界大戦への対応がとれず総辞職。米内内閣が成立、親英米外交を展開
			2 津田左右吉の神代史の研究等が発禁
			3 汪兆銘の南京政府樹立
			4 米・砂糖など生活必需品の切符制決定
		近衛文麿	7 軍の圧力により、米内内閣が総辞職。第2次近衛内閣が成立
			9 日独伊三国同盟が締結される。北部仏印への進駐はじまる
			10 各政党解散、大政翼賛会結成
			11 大日本産業報国会創設、労働運動に終止符
1941	16		3 国民学校令が公布される
			4 日ソ中立条約が締結される

岩手

米内光政内閣の顔ぶれ

米内光政内閣成立　昭和15年1月16日

内閣総理大臣	米内光政	農林大臣	島田俊雄
外務大臣	有田八郎	商工大臣	藤原銀次郎
内務大臣	児玉秀雄	逓信大臣	勝 正憲
大蔵大臣	桜内幸雄	鉄道大臣	松野鶴平
陸軍大臣	畑 俊六	拓務大臣	小磯国昭
海軍大臣	吉田善吾	厚生大臣	吉田 茂
司法大臣	木村尚達	内閣書記官長	石渡荘太郎
文部大臣	松浦鎮次郎	法制局長官	広瀬久忠

第**36**代 阿部信行

<ruby>阿<rt>あ</rt></ruby><ruby>部<rt>べ</rt></ruby><ruby>信<rt>のぶ</rt></ruby><ruby>行<rt>ゆき</rt></ruby>

在職 140 日　【在任期間】1939 年 8 月 30 日〜1940 年 1 月 16 日

就任時の年齢・63 歳
永井柳太郎など同郷出身者を多く閣僚
に起用したことから「石川内閣」といわれ
た。

●**生没年**
1875 年 11 月 24 日〜
1953 年 9 月 7 日(77 歳没)

●**出生地**
石川県金沢市

●**出身校**
陸軍大学校

●**ニックネーム**
「戦わぬ将軍」
日露戦争、シベリア出兵で出征
はしたが、戦闘に参加した経験
がないことから。
「午前三時様」
酒豪で知られ、宴会では相当
な量の酒を飲み、その日のうち
に帰宅することがなかったため。
その日に帰ってくると、体調でも
悪いのかと家族が心配したという。

●**阿部って誰？**
大命降下した時(首相に就任した時)、
国民の多くが「阿部って誰？」という感じ
だった。社会大衆党の安部磯雄代議
士と間違える人も。
陸軍内に敵がなく、天皇の受けもよかっ
たことが首相に選ばれた理由とされる。

今日のようにまるで二つの国、陸軍という国とそれ以外の国とがあるようなことでは到底政治がうまくいくわけはない。

印象に残った政治家たち①

木戸幸一
(1889 ～ 1977)

木戸孝允の孫、侯爵 木戸孝正の長男。第1次近衛内閣で文相・厚相、平沼内閣で内相。1940 (昭和15) 年、内大臣に任じられ、天皇の側近として、次第に国政の実権を握る。1941 (昭和16) 年、近衛内閣の後継者に、戦争は避けられないとみて東条英機を推挙。太平洋戦争末期には一転、和平工作に尽力。戦後、A級戦犯で終身禁固刑を言い渡されたが、1955 (昭和30) 年に仮釈放。

斎藤隆夫
(1870 ～ 1949)

1912 (大正元) 年、衆議院議員に初当選 (通算13回当選)。立憲国民党、立憲同志会、憲政会、立憲民政党に所属。1936 (昭和11) 年、二・二六事件後の議会で「粛軍演説」を行い、軍部の政治介入を厳しく批判。1940 (昭和15) 年、事変処理を糾弾し議会から除名される (反軍演説問題)。1942 (昭和17) 年の翼賛選挙では、権力からの妨害をはねのけて、最高得点で当選。戦後は日本進歩党結成に参加。第1次吉田内閣、片山内閣で国務相。

東郷茂徳
(1882 ～ 1950)

外交官試験に5回挑戦して、31歳で合格、ドイツやソ連の駐在大使などを務める。1941 (昭和16) 年、東条内閣で外相に就任、日米交渉などアジア太平洋戦争開始時の外交を担った。1942年 (昭和17) 年、大東亜省設置に反対して外相を辞任。1945年 (昭和20) 年、鈴木内閣で再び外相に就任、ポツダム宣言受諾による降伏を推進。開戦時の外相だったため、A級戦犯として禁錮20年の判決を受け、服役中に病気で死去。

阿部信行内閣の顔ぶれ

阿部信行内閣成立　昭和14年8月30日

内閣総理大臣	阿部信行		→昭14.10.16—伍堂卓雄
外務大臣	阿部信行 (兼)	逓信大臣	永井柳太郎
	→昭14.9.25—野村吉三郎	鉄道大臣	永井柳太郎 (兼)
内務大臣	小原 直		→昭14.11.29—永田秀次郎
大蔵大臣	青木一男	拓務大臣	金光庸夫
陸軍大臣	畑 俊六	厚生大臣	小原 直 (兼)
海軍大臣	吉田善吾		→昭14.11.29—秋田 清
司法大臣	宮城長五郎	内閣書記官長	遠藤柳作
文部大臣	河原田稼吉	法制局長官	唐沢俊樹
農林大臣	伍堂卓雄		
	→昭14.10.16—酒井忠正	備考　(兼)＝兼務を示す。	
商工大臣	伍堂卓雄 (兼)		

第**35**代 平沼騏一郎

ひらぬま き いちろう

在職 **238** 日　【在任期間】1939 年 1 月 5 日～1939 年 8 月 30 日

欧州の天地は複雑怪奇

就任時の年齢・71 歳

●生没年
1867 年 10 月 25 日～
1952 年 8 月 22 日（84 歳没）

●出生地
美作国津山（現・岡山県津山市）

●出身校
帝国大学法科大学（現・東京大学）

●退陣の言葉
「欧州の天地は複雑怪奇」
独ソ不可侵条約の締結に際して。

●趣味
囲碁、弓、歌曲など多趣味。

●生涯独身
生涯独身を貫く。実子がなく、兄の平沼淑郎の孫娘、中川節子と夫の恭四郎が一家養子となり、その長男が小泉内閣の時の経済産業大臣。のち、「たちあがれ日本」代表の平沼赳夫。

●西園寺公望と不仲
政権交代が行われるたびに首班候補に取り沙汰された平沼を西園寺公望は猛烈に嫌っていた。お互い仲が悪く、西園寺は平沼を「迷信家」と嫌い、平沼は西園寺のことを「新しいもの好き」と嫌った。

164

印象に残った政治家たち②

中野正剛
(1886 ～ 1943)

1920（大正9）年、ジャーナリストから転じて衆議院総選挙に出馬し当選（以後、8期連続当選）。1940（昭和15）年、大政翼賛会総務に就任したが、東条首相が独裁色を強めると、反発して脱会。1943（昭和18）年、打倒東条内閣を画策したが、警察に逮捕される。保釈後の深夜に割腹自殺。

有田八郎
(1885 ～ 1965)

東大法学部卒業後、外務省に入る。ベルギー・中国大使などを務める。1936（昭和11）年、広田内閣の外相、日独防共協定を締結。第1次近衛、平沼、米内各内閣の外相。1953（昭和28）年、衆議院議員選挙に出馬して当選。1955（昭和30）年、東京都知事選挙に革新統一候補として出馬したが落選。1961（昭和36）年、三島由紀夫の小説「宴のあと」をプライバシー侵害として訴える。

永井柳太郎
(1881 ～ 1944)

1920（大正9）年、衆議院議員に初当選（以後、8期連続当選）。加藤高明の憲政会に属し、原内閣の政策を攻撃、「西にレーニン東に原敬あり」の演説で一躍有名になった。斎藤内閣で拓務相、第1次近衛内閣で通信相、阿部内閣では鉄道大臣と通信大臣を兼任。名演説家で知られ、代表的なものだけでも50を越えた。

平沼騏一郎内閣の顔ぶれ

平沼騏一郎内閣成立　昭和14年1月5日

内閣総理大臣	平沼騏一郎	鉄道大臣	前田米蔵
外務大臣	有田八郎	拓務大臣	八田嘉明（兼）
内務大臣	木戸幸一		→昭 14.4.7―小磯国昭
大蔵大臣	石渡荘太郎	厚生大臣	広瀬久忠
陸軍大臣	板垣征四郎	班列	近衛文麿
海軍大臣	米内光政	内閣書記官長	田辺治通
司法大臣	塩野季彦		→昭 14.4.7―太田耕造
文部大臣	荒木貞夫	法制局長官	黒崎定三
農林大臣	桜内幸雄		
商工大臣	八田嘉明	備考　（兼）＝兼務を示す。	
通信大臣	塩野季彦（兼）		
	→昭 14.4.7―田辺治通		

岡山

165

第34・38・39代 近衛文麿

このえふみまろ

在職 1035 日

【在任期間】
第1次・1937年6月4日〜
1939年1月5日
第2次・第3次
1940年7月22日〜
1941年10月18日

戦争に、私は自信はない。

就任時の年齢・45歳
五摂家の近衛家第30代目当主。後陽成天皇の12世孫にあたる。

●生没年
1891年10月12日〜
1945年12月16日(54歳没)

●出生地
東京府東京市麹町区(現・東京都千代田区)

●出身校　京都帝国大学法学部(現・京都大学)

●絶大な人気
名門近衛家の若殿様、長身、ハンサム。近衛の演説を聴くため主婦や子供までラジオの前に集まるという人気ぶり。「四方八方に受けが良いことは、どこにも真の支持者がいないのだ」と自ら「マネキンガール」と称した。

●エリート
公家最高の家柄・近衛家に生まれ、一高で英文、東大で哲学、転じた京大で法律を学ぶ。40代で貴族院議長になり大臣経験もないまま45歳の若さで首相に。

近衛政権のころの出来事

西暦	年号	首相	重要事項
1937	昭和12	林銑十郎	1 広田内閣が総辞職し、宇垣に組閣の命が下ったが、陸軍の反対で流産となる。林内閣が成立(2月)
			4 ドイツ軍がゲルニカを爆撃
		近衛文麿	6 政党からの退陣要求で林内閣が総辞職。第1次近衛内閣成立。
			7 盧溝橋事件を契機として日中戦争がおこる。抗日統一戦線結成される(蔣介石、周恩来会談)
			9 国民精神総動員運動はじまる
			11 日独伊防共協定が結ばれる
			12 第1次人民戦線事件によって山川均らが検挙される
1938	13		1 「国民政府を対手にせず」と声明する(第1次近衛声明)
			3 ヒトラーがドイツ・オーストリアの併合を宣言
			4 国家総動員法公布
			9 ミュンヘン会議(英・仏・独・伊)
			11 東亜新秩序建設を声明する(第2次近衛声明)
1939	14	平沼騏一郎	1 日独伊三国同盟に関する意見対立から近衛内閣総辞職、平沼内閣成立。新橋 - 渋谷間に地下鉄開通
			5 ノモンハン事件がおこる、日ソ両軍が衝突(8月、日本惨敗)

東京

近衛文麿内閣の顔ぶれ

近衛文麿内閣成立　昭和12年6月4日

内閣総理大臣　**近衛文麿**

外務大臣　**広田弘毅**
　　　　　→昭13.5.26―**宇垣一成**
　　　　　→昭13.9.30―**近衛文麿**(兼)
　　　　　→昭13.10.29―**有田八郎**

内務大臣　**馬場鍈一**
　　　　　→昭12.12.14―**末次信正**

大蔵大臣　**賀屋興宣**
　　　　　→昭13.5.26―**池田成彬**

陸軍大臣　**杉山 元**
　　　　　→昭13.6.3―**板垣征四郎**

海軍大臣　**米内光政**

司法大臣　**塩野季彦**

文部大臣　**安井英二**
　　　　　→昭12.10.22―**木戸幸一**
　　　　　→昭13.5.26―**荒木貞夫**

農林大臣　**有馬頼寧**

商工大臣　**吉野信次**
　　　　　→昭13.5.26―**池田成彬**(兼)

逓信大臣　**永井柳太郎**

鉄道大臣　**中島知久平**

拓務大臣　**大谷尊由**
　　　　　→昭13.6.25―**宇垣一成**(兼)
　　　　　→昭13.9.30―**近衛文麿**(兼)
　　　　　→昭13.10.29―**八田嘉明**

厚生大臣[昭13.1.11 厚生省設置]
　　　　　→昭13.1.11―**木戸幸一**(兼)
　　　　　→昭13.5.26―**木戸幸一**

内閣書記官長　**風見 章**

法制局長官　**滝 正雄**
　　　　　→昭12.10.25―**船田 中**

備考　(兼)=兼務を示す。

林銑十郎
はやし せん じゅう ろう

【在任期間】1937 年 2 月 2 日〜1937 年 6 月 4 日

祭政一致の精神を発揚して

就任時の年齢・60 歳

●生没年
1876 年 2 月 23 日〜
1943 年 2 月 4 日(66 歳没)

●出生地
石川県金沢市

●出身校
陸軍大学校

●ニックネーム
「なんにもせん十郎」
首相時代に特に何もしなかったことから
名前を取って。当時の流行語。
「越境将軍」
満州事変では大命を待たずに独断で満
州に進攻。
「二人三脚内閣」
林内閣は、兼任の大臣が多かったため。
「ロボット首相」
軍部の思惑どおりに動いたことから。

●性格
豪快な八字ひげにもかかわらず温厚。
酒は一切飲まない。

●食い逃げ解散
就任早々、議会の会期末に突然解散
したことから呼ばれる。予算だけ成立さ
せておいて解散したということで「予算食
い逃げ解散」とも呼ばれる。

●趣味
ビリヤード

宇垣一成
（1868 ～ 1956）

陸軍大学校卒業後、ドイツ留学を経て日露戦争に従軍。1924（大正13）年、清浦内閣の陸相となり、第1次・第2次加藤内閣、第1次若槻内閣まで留任。1929（昭和4）年、浜口内閣で再び陸相に。1931（昭和6）年、三月事件に関与し陸相を辞任、朝鮮総督となる。1937（昭和12）年、組閣を命ぜられたが陸軍の反対で断念。1938（昭和13）年、第1次近衛内閣で外相、拓相。対華和平工作に努めた。

戦後の1953（昭和28）年、公職追放解除後の参議院選挙で全国区トップ当選。内閣流産後も何度も首相候補として名前が挙がったが、首相になれずに終わった。「政界の惑星」と呼ばれた。

石川

森 恪
（1882 ～ 1932）

三井物産を退社し、「東洋のセシル・ローズになる」という野望を掲げ政界に進出、1920（大正9）年、衆院選に当選。田中義一内閣の外務政務次官となり、田中内閣の積極外交政策に大きな影響を与えた。1931（昭和6）年、犬養内閣の書記官長。本名は「もりつとむ」。

林銑十郎内閣の顔ぶれ

林銑十郎内閣成立　昭和12年2月2日

内閣総理大臣	林 銑十郎	農林大臣	山崎達之輔
外務大臣	林 銑十郎（兼）	商工大臣	伍堂卓雄
	→昭12.3.3―佐藤尚武	逓信大臣	山崎達之輔（兼）
内務大臣	河原田稼吉		→昭12.2.10―児玉秀雄
大蔵大臣	結城豊太郎	鉄道大臣	伍堂卓雄（兼）
陸軍大臣	中村孝太郎	拓務大臣	結城豊太郎（兼）
	→昭12.2.9―杉山 元	内閣書記官長	大橋八郎
海軍大臣	米内光政	法制局長官	川越丈雄
司法大臣	塩野季彦		
文部大臣	林 銑十郎（兼）	備考　（兼）＝兼務を示す。	

第32代 広田弘毅
ひろたこうき

在職 331 日　【在任期間】1936 年 3 月 9 日〜1937 年 2 月 2 日

行き詰まりを苦にすべからず。人間は常に限界を広くもって屈託のない伸々とした生活を送るべきである。

就任時の年齢・58 歳
初の外交官出身の首相。

●生没年
1878 年 2 月 14 日〜
1948 年 12 月 23 日（70 歳没）

●出生地
福岡県那珂郡鍛冶町（現・北九州市）

●出身校
東京帝国大学法学部（現・東京大学）

●現在の議事堂に初登壇した首相
現在の国会議事堂は、広田が首相当時の
1936 年「帝国議会議事堂」として完成。

●ヒロッタ内閣
二・二六事件の後「軍部に逆らうと殺される」という風潮がこびりついてしまい、総理になりたがる人は誰もいなかった。誰もが嫌がっていた総理就任を引き受けた広田は、火中の栗を拾ったと広田にかけて「ヒロッタ内閣」と呼ばれた。

●夫人は初恋の人
静子夫人は広田の隣に住んでいた 7 歳年下の幼馴染みで初恋の人。

170

広田政権のころの出来事

西暦	年号	首相	重要事項
1935	昭和 10	岡田啓介	2 美濃部達吉の天皇機関説が問題となる
			3 衆議院で国体明徴決議案を可決する
			ドイツがベルサイユ条約を破棄
			10 イタリア、エチオピアに侵略
1936	11		1 ロンドン軍縮会議から脱退
			2 二・二六事件がおこり高橋蔵相らが暗殺される。岡田内閣が総辞職
		広田弘毅	3 軍部が組閣に干渉し、広田内閣が成立
			5 軍部(陸・海軍)大臣現役武官制の復活
			11 日独防共協定を結ぶ
			世界各地で人民戦線が活躍
1937	12	林銑十郎	1 広田内閣が総辞職し、宇垣に組閣の命が下ったが、陸軍の反対で流産となる。林内閣が成立(2月)
			4 ドイツ軍がゲルニカを爆撃
		近衛文麿	6 政党からの退陣要求で林内閣が総辞職。第1次近衛内閣成立
			7 盧溝橋事件を契機として日中戦争がおこる。抗日統一戦線結成される(蔣介石、周恩来会談)
			9 国民精神総動員運動はじまる
			11 日独伊防共協定が結ばれる
			12 第1次人民戦線事件によって山川均らが検挙される

広田弘毅内閣の顔ぶれ

広田弘毅内閣成立　昭和11年3月9日

内閣総理大臣	広田弘毅	商工大臣	川崎卓吉
外務大臣	広田弘毅(兼)		～昭 11.3.27
	→昭 11.4.2—有田八郎		→昭 11.3.28—小川郷太郎
内務大臣	潮 恵之輔	逓信大臣	頼母木桂吉
大蔵大臣	馬場鍈一	鉄道大臣	前田米蔵
陸軍大臣	寺内寿一	拓務大臣	永田秀次郎
海軍大臣	永野修身	内閣書記官長	→昭 11.3.10—藤沼庄平
司法大臣	林 頼三郎	法制局長官	→昭 11.3.10—次田大三郎
文部大臣	潮 恵之輔(兼)		
	→昭 11.3.25—平生釟三郎	備考　(兼)＝兼務を示す。	
農林大臣	島田俊雄		

第**31**代 岡田啓介

<ruby>岡<rt>おか</rt>田<rt>だ</rt>啓<rt>けい</rt>介<rt>すけ</rt></ruby>

在職 611 日 【在任期間】1934 年 7 月 8 日〜1936 年 3 月 9 日

総理大臣になると
見えなくなるものが
三つある。
（金、人間、国民）

就任時の年齢・66 歳

●**生没年**
1868 年 2 月 14 日〜
1952 年 10 月 17 日（84 歳没）

●**出生地**
若狭国（現・福井県）

●**出身校**
海軍兵学校

●**人物**
困ってもいない時には「大変だ、困った」
と言い、かなり困っている時には
「何でもないよ」と、本心と逆のことを
言ってトボける癖があった。

●**ニックネーム**
「狸」したたかさから。
「狸も狸、大狸だ。しかし、あの
狸は私たち以上に国を思う狸で
ある」
吉田茂が岡田を評して。

●**二・二六事件**
　1936 年の二・二六事件で、首脳
が次々と青年将校の銃弾に倒れるなか、
女中部屋の押し入れに逃れていたため
に無傷で脱出に成功した。
　二・二六事件で暗殺された高橋是清
元首相は、共立学校時代の岡田の英
語の先生。

岡田政権のころの出来事

西暦	年号	首相	重要事項
1933	昭和8	斎藤実	5 滝川事件がおこり、滝川幸辰京都大学教授は休職となる
			7 神兵隊事件（クーデタ計画）発覚
1934	9		4 帝人事件がおこる（株の売買をめぐる疑獄事件）
		岡田啓介	7 斎藤内閣が帝人事件で総辞職。岡田内閣が成立
			10 陸軍が「国防の本義とその強化の提唱」（陸軍パンフレット）を発行
			12 ワシントン海軍軍縮条約の破棄を宣言する、国際的に日本が孤立
			（陸軍の皇道派と統制派の対立が激しくなる）
1935	10		2 美濃部達吉の天皇機関説が問題となる
			3 衆議院で国体明徴決議案を可決する
			ドイツがベルサイユ条約を破棄
			10 イタリア、エチオピアに侵略
1936	11		1 ロンドン軍縮会議から脱退
			2 二・二六事件がおこり高橋蔵相らが暗殺される。岡田内閣が総辞職
		広田弘毅	3 軍部が組閣に干渉し、広田内閣が成立
			5 軍部（陸・海軍）大臣現役武官制の復活

福井

岡田啓介内閣の顔ぶれ

岡田啓介内閣成立　昭和9年7月8日

内閣総理大臣	岡田啓介	商工大臣	町田忠治
外務大臣	広田弘毅	逓信大臣	→昭10.9.8—床次竹二郎
内務大臣	後藤文夫		→昭10.9.9—岡田啓介（兼）
大蔵大臣	藤井真信		→昭10.9.12—望月圭介
	→昭9.11.27—昭11.2.26	鉄道大臣	内田信也
	高橋是清	拓務大臣	岡田啓介（兼）
	→昭11.2.27—町田忠治（兼）		→昭9.10.25—児玉秀雄
陸軍大臣	林 銑十郎	内閣書記官長	河田 烈
	→昭10.9.5—川島義之		→昭9.10.20—吉田 茂
海軍大臣	大角岑生		→昭10.5.11—白根竹介
司法大臣	小原 直	法制局長官	→昭9.7.10—金森徳次郎
文部大臣	—昭11.2.1 松田源治		→昭11.1.11—大橋八郎
	→昭11.2.2—川崎卓吉		
農林大臣	山崎達之輔	備考	（兼）＝兼務を示す。

斎藤実
さいとうまこと

在職 **774** 日　【在任期間】1932 年 5 月 26 日〜1934 年 7 月 8 日

就任時の年齢・73 歳
1936 年 2 月 26 日、二・二六事件により青年将校に暗殺される。

●生没年
1858 年 12 月 2 日〜
1936 年 2 月 26 日（77 歳没）

●出生地
陸奥国胆沢郡水沢
（現・岩手県奥州市）

●出身校
海軍兵学校

●まめな性格
贈物に対しては必ずといっていいほど礼状を出していた。
道に落ちているガラスの破片などは必ず拾って捨てた。

●スローモーション
当時、斎藤内閣は「スローモーション」と揶揄され、これに対して「スローモーションかもしれないが、ノーモーションではない」。

●強靭な体力
若い頃は一週間一睡もしないで平気だったというほど強靭な体力の持ち主。54 歳時、「今でも 4 日ぐらいは大丈夫」といった。

私は決して偉い人間でも何でもないんだ。全く凡人に過ぎない。ただ、何事も一生懸命努力してやってきたつもりだ。

斎藤政権のころの出来事

西暦	年号	首相	重要事項
1931	昭和6	若槻礼次郎	4 浜口首相の病状悪化により民政党の若槻内閣成立
			9 満州事変が勃発。満鉄の奉天付近での線路爆発を契機に
		犬養毅	12 軍部との調整がとれず若槻内閣総辞職、政友会の犬養内閣成立。ふたたび金輸出を禁ずる
1932	7		1 第1次上海事変が勃発
			3 満州国の建国宣言。井上準之助(2月)・団琢磨暗殺される(血盟団事件)
		斎藤実	5 五・一五事件がおこり犬養首相が暗殺される。挙国一致内閣として斎藤内閣が成立し、政党政治が断絶
1933	8		3 国際連盟から脱退する
			米でローズベルトが大統領就任、ニューディール政策を実施
			独ではヒトラーがワイマール憲法を廃棄、独裁政権に
			5 滝川事件がおこり、滝川幸辰京都大学教授は休職となる
			7 神兵隊事件(クーデタ計画)発覚
1934	9		4 帝人事件がおこる(株の売買をめぐる疑獄事件)
		岡田啓介	7 斎藤内閣が帝人事件で総辞職。岡田内閣が成立
			10 陸軍が「国防の本義とその強化の提唱」(陸軍パンフレット)を発行

岩手

斎藤実内閣の顔ぶれ

斎藤実内閣成立　昭和7年5月26日

内閣総理大臣	斎藤 実	農林大臣	後藤文夫
外務大臣	斎藤 実(兼)	商工大臣	中島久万吉
	→昭7.7.6—内田康哉		→昭9.2.9—松本烝治
	→昭8.9.14—広田弘毅	逓信大臣	南 弘
内務大臣	山本達雄	鉄道大臣	三土忠造
大蔵大臣	高橋是清	拓務大臣	永井柳太郎
陸軍大臣	荒木貞夫	内閣書記官長	柴田善三郎
	→昭9.1.23—林 銑十郎		→昭8.3.13—堀切善次郎
海軍大臣	岡田啓介	法制局長官	堀切善次郎
	→昭8.1.9—大角岑生		→昭8.3.13—黒崎定三
司法大臣	小山松吉		
文部大臣	鳩山一郎	備考　(兼)=兼務を示す。	
	→昭9.3.3—斎藤 実(兼)		

第**29**代 犬養 毅
いぬかい つよし

在職 156 日　【在任期間】1931 年 12 月 13 日〜1932 年 5 月 16 日

就任時の年齢・76 歳
1932 年、五・一五事件により軍部過激派に暗殺される。

●**生没年**
1855 年 6 月 4 日〜
1932 年 5 月 16 日（77 歳没）

●**出生地**
備中国賀陽郡庭瀬村
（現・岡山市）

●**出身校**
慶応義塾大学

●**囲碁好き**
3 度の飯よりも囲碁が好きで、日向産の材木を取り寄せて碁盤をつくるほどだった。

●**無欲**
私生活では全くの無欲。嫌いな食べ物が出ても文句を言わず、着せられる着物を黙って着ていた。

●**ニックネーム**
「憲政の神様」
尾崎行雄と並んで呼ばれた。

●**毒舌**
毒舌で有名。夫人に「ご主人の出掛けに口を慎めと必ず言ってくれ」と側近の古島一雄が頼んだほど。

話せばわかる。

印象に残った政治家たち④

鈴木喜三郎
(1867 ～ 1940)

司法省を経て貴族院議員となり、1924(大正13)年、清浦内閣の司法相に就任。翌年、立憲政友会に入党。田中内閣で内相、特高警察の拡充と治安維持法体制の強化を画策。1931(昭和6)年、犬養内閣の法相、内相に就任。1932(昭和7)年、五・一五事件で犬養が暗殺されると政友会第7代総裁となるが、衆議院で絶対多数を占めていたにもかかわらず後継首相に指名されなかった。鳩山一郎は義弟。

大山郁夫
(1880 ～ 1955)

政治学者・社会運動家、早大教授。大正デモクラシーを指導、1926(昭和元)年、無産政党の組織化をはかり労農党委員長。一時アメリカに亡命。戦後、帰国し平和運動に邁進した。

五・一五事件

1932(昭和7)年5月15日の日曜日、首相官邸で一人くつろぐ犬養の所に夕方、武装した海軍青年将校たちがいきなり乱入してきた。犬養は少しも慌てず彼らを応接室に案内。その時「靴くらい脱いだらどうだ」と怒鳴ったという。将校たちは政界の腐敗について抗議をし、犬養は「なんだ。そんなことか。それなら話せばわかることだ」と言ったのに対し、将校たちは「問答無用！」と犬養の顔に銃を撃った。将校たちが去った後、女中たちが駆けつけると、撃たれた犬養はまだ意識があり「さっきの男を連れて来い。言って聞かせることがある」と言葉を発したが、その5時間後、手当ての甲斐なく死去した。

犬養毅内閣の顔ぶれ

犬養毅内閣成立　昭和6年12月13日

内閣総理大臣	犬養 毅 昭7.5.16死去 →昭7.5.16—高橋是清(臨兼)	司法大臣	鈴木喜三郎 →昭7.3.25—川村竹治
外務大臣	犬養 毅(兼) →昭7.1.14—芳沢謙吉	文部大臣	鳩山一郎
		農林大臣	山本悌二郎
内務大臣	中橋徳五郎 →昭7.3.16—犬養 毅(兼) →昭7.3.25—鈴木喜三郎	商工大臣	前田米蔵
		逓信大臣	三土忠造
		鉄道大臣	床次竹二郎
大蔵大臣	高橋是清	拓務大臣	秦 豊助
陸軍大臣	荒木貞夫		
海軍大臣	大角岑生	内閣書記官長	森 恪
		法制局長官	島田俊雄

岡山

177

第27代 <ruby>浜<rt>はま</rt></ruby><ruby>口<rt>ぐち</rt></ruby><ruby>雄<rt>お</rt></ruby><ruby>幸<rt>さち</rt></ruby>

在職 652 日　【在任期間】1929 年 7 月 2 日〜1931 年 4 月 14 日

たとえ玉砕（ぎょくさい）すとも男子の本懐（ほんかい）ならずや。

就任時の年齢・59 歳
初の明治生まれの内閣
総理大臣。

●生没年
1870 年 5 月 1 日〜
1931 年 8 月 26 日（61 歳没）

●出生地
土佐国長岡郡五台山村（現・高知市）

●出身校
帝国大学法科（現・東京大学）

●人物
非常に頑固でまじめ。無口で非社交的。
人に笑顔を見せることもほとんどなかった
ほど。

●ニックネーム
「ライオン宰相」その風貌から。

●名前の由来
名前の「雄幸」は両親が女子誕生を願
い「お幸」という女の子用の名前を用意
していたが男の子が生まれてきたので
「雄」という字にして「雄幸」にした。

●ラジオ
当時最新のメディアだったラジオを通じ
て、国民に直接自身の政策を訴えた初
めての首相である。

浜口政権のころの出来事

西暦	年号	首相	重要事項
1929	昭和4	田中義一	4 日本共産党への弾圧。大検挙を実施(四・一六事件)
		浜口雄幸	7 田中内閣は内外の政策で破綻し総辞職。浜口内閣が成立
			10 ニューヨーク株式暴落。世界恐慌おこる
			東京はじめ各地ではげしい労働争議がおこる
1930	5		1 浜口内閣が金輸出の解禁を行う
			4 ロンドン海軍軍縮条約が成立。この条約に対し軍部・右翼の反対がおこる(統帥権の干犯事件)
			9 桜会が結成される。ファシズム激化
			11 浜口首相が狙撃される(翌年死亡)
1931	6		1 ロンドン海軍軍縮条約を公布
		若槻礼次郎	4 浜口首相の病状悪化により民政党の若槻内閣成立
			9 満州事変が勃発。満鉄の奉天付近での線路爆発を契機に
		犬養毅	12 軍部との調整がとれず若槻内閣総辞職、政友会の犬養内閣成立。ふたたび金輸出を禁ずる

東京駅で狙撃される

　1930(昭和5)年11月14日、東京駅のホームで右翼の青年に狙撃され、慌てて駆けつけた外務大臣の幣原に対し「かかることは男子の本懐である」という名セリフを発した。東大病院で緊急手術を受け、一命は取り留めた。その後、臨時首相代理として幣原が議会に出席するが、野党・政友会は「浜口を出せ！出ないのなら総辞職せよ！」と言ってきかず、浜口は医師の反対を振り切りフラフラの状態で議会に登場。政友会の質問に対し、よろめきながら演壇に向かい、声をふりしぼりながら行った答弁に対し、「聞こえないぞ！」と野次が飛ぶ。容態は悪化するばかりで、その後再入院。若槻礼次郎に後を頼み総辞職。総辞職から4か月後に、死去した。

浜口雄幸内閣の顔ぶれ

浜口雄幸内閣成立　昭和4年7月2日

内閣総理大臣	浜口雄幸	農林大臣	町田忠治
外務大臣	幣原喜重郎	商工大臣	俵 孫一
内務大臣	安達謙蔵	逓信大臣	小泉又次郎
大蔵大臣	井上準之助	鉄道大臣	江木 翼
陸軍大臣	宇垣一成	拓務大臣	松田源治
海軍大臣	財部 彪	班 列	→昭5.6.16―昭5.12.10
	→昭5.10.3―安保清種		阿部信行
司法大臣	渡辺千冬	内閣書記官長	鈴木富士弥
文部大臣	小橋一太	法制局長官	→昭4.7.3―川崎卓吉
	→昭4.11.29―田中隆三		

第**26**代 田中義一
<small>た　なか　ぎ　いち</small>

在職 805 日 【在任期間】1927 年 4 月 20 日〜1929 年 7 月 2 日

就任時の年齢・63 歳

● **生没年**
1864 年 7 月 25 日〜
1929 年 9 月 29 日（65 歳没）

● **出生地**
長門国阿武郡萩（現・山口県萩市）

● **出身校**
陸軍大学校

● **大衆に人気**
地方遊説などで、初体面の人などに
「よう、ごきげんよう！」「しばらくじゃった
のう」などと、ニコニコ顔で話しかけて、
そのかざらない人柄で人気を集めた。

● **オシャレ**
総理在任中にひととおりの大礼服を全
部つくり（田中ほど大礼服を作った総
理はいない）、普段でも紋つきの羽織、
袴、モーニングを着たりと、着替えを
するのが大好き。

● **ニックネーム**
「おらが総理」「おらが大将」
田中義一の口癖「おらが、おらが（俺
がの意味）」から。かつて、寿屋（現・
サントリー）が田中義一のこのあだ名を
ヒントに「オラガビール」を発売してい
た。

田中政権のころの出来事

西暦	年号	首相	重要事項
1927	昭和2	若槻礼次郎	3 片岡蔵相の失言(銀行破綻)により、取り付け騒ぎが拡大(金融恐慌へ)
		田中義一	4 金融恐慌などの勃発から若槻内閣が総辞職し、政友会田中内閣成立。モラトリアムを実施
			5 第1次山東出兵を実施
			6 立憲民政党結成(総裁浜口雄幸)
			12 上野-浅草間の地下鉄開通
1928	3		2 第1回普通選挙実施
			3 共産党員の全国的な大検挙が行われる(三・一五事件)
			4 第2次山東出兵(5月には第3次出兵)
			6 張作霖が北京から引きあげる途中、奉天で爆殺される(満州某重大事件)。治安維持法を改正、特高警察を全国に設置する
			10 蔣介石、国民政府主席に就任
1929	4		4 日本共産党への弾圧。大検挙を実施(四・一六事件)
		浜口雄幸	7 田中内閣は内外の政策で破綻し総辞職。浜口内閣が成立
			10 ニューヨーク株式暴落。世界恐慌おこる
			東京はじめ各地ではげしい労働争議がおこる
1930	5		1 浜口内閣が金輸出の解禁を行う
			4 ロンドン海軍軍縮条約が成立　この条約に対し軍部・右翼の反対がおこる(統帥権の干犯事件)

田中義一内閣の顔ぶれ

田中義一内閣成立　昭和2年4月20日

内閣総理大臣	田中義一		→昭3.5.25—勝田主計
外務大臣	田中義一(兼)	農林大臣	山本悌二郎
内務大臣	鈴木喜三郎	商工大臣	中橋徳五郎
	→昭3.5.4—田中義一(兼)	逓信大臣	望月圭介
	→昭3.5.23—望月圭介		→昭3.5.23—久原房之助
大蔵大臣	高橋是清	鉄道大臣	小川平吉
	→昭2.6.2—三土忠造	拓務大臣 [昭4.6.10 拓務省設置]	
陸軍大臣	白川義則		→昭4.6.10—田中義一(兼)
海軍大臣	岡田啓介	内閣書記官長	鳩山一郎
司法大臣	原 嘉道	法制局長官	前田米蔵
文部大臣	三土忠造	備考　(兼)=兼務を示す。	
	→昭2.6.2—水野錬太郎		

第25・28代 **若槻礼次郎**

わかつきれいじろう

在職 690 日 【在任期間】第1次・1926年1月30日～1927年4月20日
第2次・1931年4月14日～1931年12月13日

もし自分の尽力によって、なんとかまとまりがつくならば、自分の生命と名誉の如きは何とも思わない。

就任時の年齢・59歳

●生没年
1866年3月21日～
1949年11月20日(83歳没)

●出生地
出雲国松江(現・島根県松江市)

●出身校
帝国大学法科大学(現・東京大学)

●人物
「外では辛抱強く粘り強い受け身のタイプとして知られたが、家庭での顔は短気で気むずかしい。とくに掃除にはうるさく、外出する時に玄関にチリでも落ちていようものなら、ものすごく機嫌が悪かったという。

●国会答弁
どんな暴論に対しても怒ったりせずに、平凡な理屈を述べて相手を煙にまくのが得意。

西暦	年号	首相	重要事項
1925	大正14	加藤高明	1 日ソ基本条約の調印
			3 ラジオ放送がはじまる
			5 治安維持法を施行、普通選挙法が公布される
			8 第2次加藤内閣（憲政会単独内閣）が成立
			12 農民労働党結成（書記長浅沼稲次郎）、即日禁止される
1926	15	若槻礼次郎	1 加藤首相の急逝により、憲政会若槻内閣成立
			4 浜松日本楽器・共同印刷などの争議がおこる
			7 蒋介石の中国革命軍が北伐を開始
			9 日本最初の普通選挙、浜松市会議員選挙を実施
	昭和元		12 日本共産党の再建大会開催。社会民衆党の結党。大正天皇が崩御、「昭和」と改元される
1927	2		3 片岡蔵相の失言（銀行破綻）により、取り付け騒ぎが拡大（金融恐慌へ）
		田中義一	4 金融恐慌などの勃発から若槻内閣が総辞職し、政友会田中内閣成立。モラトリアムを実施
			5 第1次山東出兵
			6 立憲民政党結成（総裁浜口雄幸）
			12 上野 - 浅草間の地下鉄開通
1928	3		2 第1回普通選挙実施
			3 共産党員の全国的な大検挙が行われる（三・一五事件）

若槻礼次郎内閣の顔ぶれ

若槻礼次郎内閣成立　大正15年1月30日

内閣総理大臣	若槻礼次郎		→大15.6.3—町田忠治
外務大臣	幣原喜重郎	商工大臣	片岡直温
内務大臣	若槻礼次郎（兼）		→大15.9.14—藤沢幾之輔
	→大15.6.3—浜口雄幸	逓信大臣	安達謙蔵
大蔵大臣	浜口雄幸	鉄道大臣	仙石 貢
	→大15.6.3—早速整爾		→大15.6.3—井上匡四郎
	→大15.9.14—片岡直温	内閣書記官長	塚本清治
陸軍大臣	宇垣一成	法制局長官	山川端夫
海軍大臣	財部 彪		
司法大臣	江木 翼	備考　（兼）= 兼務を示す	
文部大臣	岡田良平		
農林大臣	早速整爾		

島根

183

第**24**代 加藤高明
（か　と　う　た　か　あ　き）

在職 **597** 日　【在任期間】1924 年 6 月 11 日〜1926 年 1 月 28 日

就任時の年齢・64 歳
東京帝国大学出身初の首相。
憲政会から出たはじめての首相。
男子普通選挙を実現。

●生没年
1860 年 1 月 25 日〜
1926 年 1 月 28 日（66 歳没）

●出生地
尾張国（現・愛知県）

●出身校
東京帝国大学法学部（現・東京大
学）

●本格的政党時代のスタート
選挙で第一党を占めた政党の党首
を首班とする、事実上日本初の内閣。
主要閣僚はそうそうたるメンバーの
顔触れで、総理経験者の高橋是清、
後の総理となる若槻礼次郎、浜口
雄幸、幣原喜重郎、犬養毅らの名
前が。

●エリートコース
東大法学部を首席で卒業、三菱に
入社し英国留学、帰国後は三菱本
社副支配人の地位につき、三菱の
創業者・岩崎弥太郎・喜勢夫妻の
長女・春路と結婚。官界入り後大
蔵省に移り銀行・監査・主税の三
局長を歴任。外務大臣を 4 内閣で
歴任し、まさにエリートコースを突っ
走った。

一国の政治は、少なくとも、其の時代に於ける国民の平均道徳以上を目標としなくてはならぬ。

加藤政権のころの出来事

西暦	年号	首相	重要事項
1923	大正12	加藤友三郎	8 加藤首相の急逝により、山本内閣組閣(9月に成立)
		山本権兵衛	9 関東大震災(関東地方に M7.9 の大地震)おきる。「亀戸事件」 「甘粕事件」などが引きおこされる
			12 虎ノ門事件(摂政裕仁〔後の昭和天皇〕の車に発砲)がおこる。 責任をとって山本内閣は辞表提出
1924	13	清浦奎吾	1 清浦内閣が成立(貴族院議員のみの「特権内閣」)
			5 政友会・憲政会・革新倶楽部3派が提携して、清浦内閣に 対する第2次憲政擁護運動をおこす
		加藤高明	6 総選挙で3派大勝し、護憲三派内閣(加藤内閣)が成立(政党 政治が再開)
			12 婦人参政権獲得期成同盟会を市川房枝らが結成
1925	14		1 日ソ基本条約の調印
			3 ラジオ放送がはじまる
			5 治安維持法施行、普通選挙法が公布される
			8 第2次加藤内閣(憲政会単独内閣)が成立
			12 農民労働党結成(書記長浅沼稲次郎)、即日禁止される
1926	15	若槻礼次郎	1 加藤首相の急逝により、憲政会若槻内閣成立
			4 浜松日本楽器・共同印刷などの争議がおこる

愛知

 ## 加藤高明内閣の顔ぶれ

加藤高明内閣成立　大正13年6月11日

内閣総理大臣	**加藤高明**　大15.1.28 死去	→大14.4.17—**岡崎邦輔**
	→大 15.1.28—**若槻礼次郎**(臨時)	→大14.8.2—**早速整爾**
外務大臣	**幣原喜重郎**	商工大臣［大 14.4.1 商工省設置］
内務大臣	**若槻礼次郎**	→大14.4.1—**高橋是清**
大蔵大臣	**浜口雄幸**	→大14.4.17—**野田卯太郎**
陸軍大臣	**宇垣一成**	→大14.8.2—**片岡直温**
海軍大臣	**財部彪**	逓信大臣　**犬養毅**
司法大臣	**横田千之助**	→大14.5.30—**安達謙蔵**
	→大 14.2.5—**高橋是清**(臨兼)	鉄道大臣　**仙石貢**
	→大 14.2.9—**小川平吉**	
	→大 14.8.2—**江木翼**	内閣書記官長　**江木翼**
文部大臣	**岡田良平**	→大14.8.2—**塚本清治**
農商務大臣［大 14.4.1 同省廃止］　**高橋是清**	法制局長官　→大14.8.2—**塚本清治**
農林大臣［大 14.4.1 農林省設置］	→大14.8.10—**山川端夫**
	→大 14.4.1—**高橋是清**(兼)	備考　(兼)=兼務、(臨兼)=臨時兼務を示す。

第23代 清浦奎吾
きようらけいご

在職 157 日 【在任期間】1924 年 1 月 7 日〜1924 年 6 月 11 日

人生、ぬらりと生きてひょんと死ぬ。そんなものじゃあないのかね。

就任時の年齢・73 歳

●**生没年**
1850 年 3 月 27 日〜
1942 年 11 月 5 日（92 歳没）

●**出生地**
肥後国（熊本県）

●**出身校**
咸宜園
かんぎえん

●**私生活**
質素。枢密院議長の立場にありながら、洗いざらしの足袋を平気ではいていた。

●**出世**
平民の出身で学歴もなく、政財界にこれといったコネもなかったが、山県有朋の目にとまり、あれよあれよという間に出世した。山県の死後、元老に次ぐ地位の枢密院議長に就任、ついには総理大臣に。

●**鰻香内閣**
うなぎ
鰻のカバヤキの香りだけという意味。組閣では、ほぼ全閣僚を貴族院議員から選び、護憲三派が激しく非難。何の成果もあげられず、わずか 5 か月で総辞職した。

印象に残った政治家たち⑤

井上準之助
(1869 ~ 1932)

日本銀行第9、11代総裁。元貴族院議員。第2次山本内閣、浜口内閣で蔵相。山本内閣で関東大震災の救済で実績を挙げ、浜口内閣時代は経済の安定を狙って金解禁を実施。強引な手法のため批判も多く、1932(昭和7)年、選挙演説会場前で血盟団員のピストルで狙撃されて暗殺された(血盟団事件)。

内田康哉
(1865 ~ 1936)

明治・大正・昭和にわたって外務大臣を務めた唯一の人物。外相在職期間は通算7年5か月で歴代最長記録、「政友会の万年外相」と呼ばれた。1921(大正10)年の原敬暗殺、1923(大正12)年の加藤友三郎急逝の際、2度、内閣総理大臣臨時代理を務めた。1932(昭和7)年、斎藤実内閣の外相に就任すると「日本は焦土となっても満州をまもる」として満州国を承認し、国際連盟脱退を断行した。

町田忠治
(1863 ~ 1946)

1912(明治45)年、衆院選に初当選(10回当選)。第1次若槻内閣、浜口内閣、第2次若槻内閣で農相、岡田内閣で商工相蔵相。1935(昭和10)年、立憲民政党総裁に就任。1940(昭和15)年、解党し、大政翼賛会に加わった。1944(昭和19)年、小磯内閣で国務相。第二次世界大戦後の1945(昭和20)年、日本進歩党総裁となったが、翌年公職追放により辞任。愛称は風貌からノンキナトウサン(当時の人気漫画)。

清浦奎吾内閣の顔ぶれ

清浦奎吾内閣成立　大正13年1月7日

内閣総理大臣	清浦奎吾	文部大臣	江木千之
外務大臣	松井慶四郎	農商務大臣	前田利定
内務大臣	水野錬太郎	逓信大臣	藤村義朗
大蔵大臣	勝田主計	鉄道大臣	小松謙次郎
陸軍大臣	宇垣一成		
海軍大臣	村上格一	内閣書記官長	小橋一太
司法大臣	鈴木喜三郎	法制局長官	→大13.1.10—佐竹三吾

熊本

第21代 加藤友三郎
かとうともさぶろう

在職 440 日　【在任期間】1922 年 6 月 12 日～1923 年 8 月 24 日

就任時の年齢・61 歳
東郷平八郎・山本権兵衛とともに「海軍の三祖」と称された。

●生没年
1861 年 4 月 1 日～
1923 年 8 月 24 日（62 歳没）

●出生地
安芸国広島（現・広島市）

●出身校
海軍大学校

●無口
人と対座しながら、数時間黙っていることがあるほど無口。「一日中黙りこんでいて石のように動かない」と言われた。

●「残燭（ざんしょく）内閣」
内閣誕生の過程で、原敬、高橋是清と続いた政友会の支持をとりつけて、政友会内閣の残り火のような内閣という評判の悪さと、病弱で帝国議会にも欠席するなどして、いつしかロウソクの燃えカスにたとえられてこう呼ばれた。

●ニックネーム
「ミイラ」「ロウソク」
青白く、細長い顔で、痩せた身体がたとえられて。

国防は軍人の専有物にあらず

加藤政権のころの出来事

西 暦	年 号	首 相	重 要 事 項
1921	大正 10	原敬	5 日本社会主義同盟に解散命令
		高橋是清	11 原首相が東京駅で暗殺される。政友会の高橋内閣成立
			12 ワシントン軍縮会議に参加する
1922	11		2 ワシントン海軍軍縮条約に調印。ハーグ常設国際司法裁判所、発足
		加藤友三郎	3 全国水平社が結成され、京都で創立大会が開かれる
			6 高橋内閣が内閣改造に失敗し、政党政治が中断。加藤内閣が成立
			7 堺利彦らにより日本共産党が組織される（非合法政党）
			11 革新俱楽部が結成される
1923	12		2 普選即行国民大会が東京芝公園で行われる
			8 加藤首相の急逝により、山本内閣組閣（9月に成立）
		山本権兵衛	9 関東大震災（関東地方に M7.9 の大地震）おきる。「亀戸事件」「甘粕事件」などが引きおこされる
			12 虎ノ門事件（摂政裕仁〔後の昭和天皇〕の車に発砲）がおこる。責任をとって山本内閣は辞表提出
1924	13	清浦奎吾	1 清浦内閣が成立（貴族院議員のみの「特権内閣」）

 ## 加藤友三郎内閣の顔ぶれ

加藤友三郎内閣成立　大正11年6月12日

内閣総理大臣	加藤友三郎	大 12.8.24 死去
	→大 12.8.25—内田康哉（臨兼）	
外務大臣	内田康哉	
内務大臣	水野錬太郎	
大蔵大臣	市来乙彦	
陸軍大臣	山梨半造	
海軍大臣	加藤友三郎（兼）	
	→大 12.5.15—財部彪	
司法大臣	岡野敬次郎	
文部大臣	鎌田栄吉	
農商務大臣	荒井賢太郎	
通信大臣	前田利定	
鉄道大臣	大木遠吉	
内閣書記官長	宮田光雄	
法制局長官	馬場鍈一	

備考　（兼）＝兼務、（臨兼）＝臨時兼務を示す。

広島

関東大震災

　1923 年 9 月 1 日午前 11 時 58 分、関東地方をマグニチュード 7.9 という大地震がおそった。昼の食事を支度する時間帯で、家庭で火を使っていたこともあって、都内各地で火災が発生した。地震のために水道なども破壊され、消火活動がほとんどできなかったことから、被害は拡大した。

　加藤友三郎は首相在任中のまま死去したが、その8日後にこの大震災が発生。外相の内田が総理大臣を兼任したものの、「首相不在」のなかでの震災・復興対策となった。

高橋是清
たかはしこれきよ

在職 212 日　【在任期間】1921 年 11 月 13 日〜1922 年 6 月 12 日

就任時の年齢・67 歳
1936 年 2 月 26 日、二・二六事件により青年将校に暗殺される。

●生没年
1854 年 9 月 19 日〜
1936 年 2 月 26 日（81 歳没）

●出生地
武蔵国江戸芝中門前町
（現・東京都港区芝大門）

●出身校
ヘボン私塾（現・明治学院）

●茶碗酒
酒を覚えたのは、わずか 12 歳の時というほどの酒好き。衆議院議員になってからも、衆議院本会議場で議会のさなか、茶碗に酒を酌み、堂々と飲んでいたという。

●五十円札の肖像
1951 年から 1958 年にかけて発行された 50 円券の肖像。歴代日銀総裁のなかで唯一肖像が日本銀行券に使用された。

●ニックネーム
「ダルマ蔵相」「達磨」
その容貌から。

栄枯盛衰は人生の常である。

床次竹二郎
(1867 ～ 1935)

ポストをもとめてハイペースで脱党を繰り返し、政党政治に混迷をもたらした。原内閣、高橋内閣の内相、犬養内閣の鉄道相、岡田内閣の逓信相を歴任。「万年首相候補」と呼ばれたが、岡田啓介内閣の逓信相在任中の1935（昭和10）年死去。

牧野伸顕
(1861 ～ 1949)

大久保利通の次男、吉田茂は女婿。西園寺内閣で文相、農商相、第1次山本内閣で外相を歴任。1919（大正8）年、第一次世界大戦後のパリ講和会議では日本の次席全権大使を務めた。その後、宮内大臣、内大臣となり宮廷の実権を握った。1936（昭和11）年、二・二六事件で襲撃されたが、難を免れた。

東京

（50円札のイラスト）

 高橋是清内閣の顔ぶれ

高橋是清内閣成立　大正10年11月13日

内閣総理大臣	高橋是清	逓信大臣	野田卯太郎
外務大臣	内田康哉	鉄道大臣	元田肇
内務大臣	床次竹二郎	内閣書記官長	→大10.11.24―三土忠造
大蔵大臣	高橋是清（兼）	法制局長官	横田千之助
陸軍大臣	山梨半造		→大11.3.28―馬場鍈一
海軍大臣	加藤友三郎		
司法大臣	大木遠吉	備考　（兼）＝兼務を示す。	
文部大臣	中橋徳五郎		
農商務大臣	山本達雄		

後藤新平
ごとうしんぺい

第 2 次山本内閣では内相兼帝都復興院総裁を歴任、関東大震災後の東京復興計画を立案。2011（平成 23）年の東日本大震災で後藤新平の名がふたたび注目を集めた。

金を残して死ぬ者は下だ。
仕事を残して死ぬ者は中だ。
人を残して死ぬ者は上だ。

第 2 次、第 3 次桂内閣で逓相、寺内内閣で内相、外相を歴任。

●生没年
1857 年 7 月 24 日～
1929 年 4 月 13 日（71 歳没）

●出生地
陸奥国胆沢郡塩釜村（現・岩手県奥州市）

●出身校
福島・須賀川医学校

●性格
曲がったことが大嫌い。
頼まれるといやとは言えない。

●トレードマーク
白い髭と鼻眼鏡

●ニックネーム
「大風呂敷」計画する規模の大きさから。

●放送の父
現在の日本放送協会の前身、東京放送局の初代総裁を務め「放送の父」と呼ばれた。

田中正造

たなかしょうぞう

伝説の実力者 ③

【衆議院在籍期間】1890 年〜1901 年

日本初の公害事件と言われる足尾銅山鉱事件を告発した政治家として有名。

真の文明は山を荒らさず、川を荒らさず、村を破らず、人を殺さざるべし。

●生没年
1841 年 12 月 15 日〜
1913 年 9 月 4 日(71 歳)

●出生地
下野国小中村(現・栃木県佐野市小中町)

●初当選
1890(明治 23)年、第 1 回衆議院議員総選挙に栃木第 3 区から出馬し、初当選。当選回数 6 回

●足尾銅山鉱毒事件
明治時代初期から栃木県と群馬県の渡良瀬川周辺で起きた足尾銅山の公害事件。その解決を国会で求めるが叶わず、議員を辞職して在野の運動家として事件の解決に一生を捧げた。1901 年、明治天皇に直訴(じきそ)したのは有名。その後、鉱毒事件は社会問題にまで広まったが解決せず、悲痛な思いで谷中村に住み、治水の名のもとに滅亡に追い込まれようとした谷中村を救おうと、農民とともに村の貯水池化に反対し再建に取り組んだが、1913 年に死去。財産はすべて鉱毒反対運動などに使い果たし、死んだときは無一文だったという。

第19代 原 敬（はら たかし）

在職 1133 日　【在任期間】1918 年 9 月 29 日～1921 年 11 月 4 日

就任時の年齢・62 歳
日本初の本格的政党内閣とされる。

●生没年
1856 年 3 月 15 日～
1921 年 11 月 4 日（65 歳没）

●出生地
陸奥国盛岡（現・岩手県盛岡市）

●出身校
司法省法学校

●ニックネーム
「平民宰相」「無爵宰相」
爵位の受け取りを固辞し続け
たため。

●「賀正」の発案者
年賀状の書き出しで使われる「賀
正」の発案者。総理の時、簡単明
瞭を好み、「賀正」を用いて、これを
「総理大臣年賀状」と呼び、以後、
民間でも使われるようになった。

●「わんこそば」の由来
盛岡に帰省してそばを食べ、「そばは、
わんこに限る」と言ったことから。「わ
んこ」とはお椀のこと。

●暗殺
1921（大正 10）年 11 月、東京
駅で 18 歳の少年に刺されて死亡。
少年の動機は「有名になりたか
った」。その背後関係は不明のまま。

総理大臣となりた
りとて、特にエライ
と言ふ訳にあらず。

原政権のころの出来事

西暦	年号	首相	重要事項
1917	大正6	寺内正毅	4 アメリカがドイツに宣戦布告
			9 金輸出を禁止して金本位制を停止する
			11 石井・ランシング協定調印（中国の門戸開放など）
1918	7		1 アメリカのウィルソン大統領が講和に向けた14か条の原則を発表
			7 米価暴騰し、富山県から米騒動がおこり、全国に波及する
			8 シベリア出兵を宣言
		原敬	9 米騒動への対応を弾劾され、寺内内閣が総辞職。政友会の原敬内閣成立する（政党政治の開始）
			11 第一次世界大戦が終わる（19年1月、パリ講和会議開催）
1919	8		2 普通選挙要求の大示威運動がおこる。婦人の政治結社への加入が許される
			3 三・一独立運動がおこる（朝鮮、京城）。モスクワでコミンテルン創立大会
			5 五・四運動が北京でおきる（反日運動）
			6 ベルサイユ講和条約締結。国際連盟規約および国際労働規約も締結
			8 北一輝が日本改造法案大綱を書く
1920	9		5 東京の上野公園で日本最初のメーデーが行われる
			11 国際連盟に加入し、常任理事国となる
			12 大杉栄・堺利彦らが日本社会主義同盟を結成
1921	10		5 日本社会主義同盟に解散命令
		高橋是清	11 原首相が東京駅で暗殺される。政友会の高橋内閣成立

岩手

原敬内閣の顔ぶれ

原敬内閣成立　大正7年9月29日

内閣総理大臣　原 敬　大10.11.4 死去
　　　　　　　→大 10.11.4—内田康哉（臨兼）
外務大臣　内田康哉
内務大臣　床次竹二郎
大蔵大臣　高橋是清
陸軍大臣　田中義一
　　　　　　　→大 10.6.9—山梨半造
海軍大臣　加藤友三郎
司法大臣　原 敬（兼）

　　　　　　　→大 9.5.15—大木遠吉
文部大臣　中橋徳五郎
農商務大臣　山本達雄
逓信大臣　野田卯太郎
鉄道大臣 [大 9.5.15 鉄道省設置]
　　　　　　　→大 9.5.15—元田 肇
内閣書記官長　高橋光威
法制局長官　横田千之助

備考
（兼）＝兼務、（臨兼）＝臨時兼務を示す。

195

第18代 寺内正毅

てらうちまさたけ

在職 721 日　【在任期間】1916 年 10 月 9 日～1918 年 9 月 29 日

重箱の隅を
つっくよう
だが

就任時の年齢・64 歳
山県有朋、桂太郎に次ぐ
長州軍閥の大御所。

●生没年
1852 年 2 月 24 日～
1919 年 11 月 3 日（67 歳没）

●出生地
周防国山口
（現・山口県山口市）

●神経質
細かいことに気のつく性格。陸軍士
官学校の校長時、部下の作成した
命令書などの草案を赤、青、黄の
色鉛筆で念入りにチェックし、よく出
来たものだろうが直しを入れた。

●ニックネーム
「ビリケン」
当時流行した米国マンガの主人公・
ビリケン人形にそっくりだったことから。
これに、政党嫌い＝非立憲（ひりっ
けん）をひっかけて「ビリケン内閣」と
呼ばれた。

●右腕
西南戦争で右腕を負傷し、不自由
になる。

●趣味
古美術のコレクター

寺内政権のころの出来事

西暦	年号	首相	重要事項
1916	大正5	大隈重信	1 吉野作造が憲政の本義を説き民本主義を唱える（「中央公論」1月号）。
			3 アインシュタインが一般相対性理論を発表
		寺内正毅	10 大隈内閣総辞職。寺内内閣の成立（超然官僚内閣）。憲政会結成（総裁加藤高明）
1917	6		3 ロシア革命がおきる（2月革命）
			4 アメリカがドイツに宣戦布告
			9 金輸出を禁止して金本位制を停止する
			11 石井・ランシング協定調印（中国の門戸開放など）
1918	7		1 アメリカのウィルソン大統領が講和に向けた14か条の原則を発表
			7 米価暴騰し、富山県から米騒動がおこり、全国に波及する
			8 シベリア出兵を宣言
		原敬	9 米騒動への対応を弾劾され、寺内内閣が総辞職。政友会の原敬内閣成立する（政党政治の開始）
			11 第一次世界大戦が終わる（19年1月、パリ講和会議開催）
1919	8		2 普通選挙要求の大示威運動がおこる。婦人の政治結社への加入が許される
			3 三・一独立運動がおこる（朝鮮、京城）。モスクワでコミンテルン創立大会
			5 五・四運動が北京でおきる（反日運動）
			6 ベルサイユ講和条約締結。国際連盟規約および国際労働規約も締結

寺内正毅内閣の顔ぶれ

寺内正毅内閣成立　大正5年10月9日

内閣総理大臣	寺内正毅	海軍大臣	加藤友三郎
外務大臣	寺内正毅（臨兼）	司法大臣	松室 致
	→大5.11.21—本野一郎	文部大臣	岡田良平
	→大7.4.23—後藤新平	農商務大臣	仲小路 廉
内務大臣	後藤新平	通信大臣	田 健治郎
	→大7.4.23—水野錬太郎	内閣書記官長	児玉秀雄
大蔵大臣	寺内正毅（兼）	法制局長官	有松英義
	→大5.12.16—勝田主計		
陸軍大臣	大島健一		

備考　（兼）＝兼務、（臨兼）＝臨時兼務を示す。

山本権兵衛
やまもとごんべえ

在職 549 日 【在任期間】第 1 次・1913 年 2 月 20 日〜1914 年 4 月 16 日
第 2 次・1923 年 9 月 2 日〜1924 年 1 月 7 日

就任時の年齢・60 歳
日本海軍の生みの親。

●生没年
1852 年 11 月 26 日〜
1933 年 12 月 8 日
（81 歳没）

●出生地
薩摩国鹿児島（現・鹿児島県鹿児島市）

●人物
常日頃から身だしなみをきちんとしていた。衣類のほころびなどは自分で縫った。酒、煙草、勝負事はいっさいしない。

●ニックネーム
「海軍の父」
帝国海軍の実質的建設者。
「ボッケモン」
薩摩弁で「何をしでかすかわからない肝の太い奴」という意味で幼い頃に呼ばれていたあだ名。

● 2 度とも悲運の首相物
大正時代に 2 度首相を経験しているが、2 度とも自身とは無関係の事件で辞任。1 度目は海軍の汚職、ジーメンス事件の責任を取らされ、2 度目は在任中に急死した加藤友三郎の後任で虎ノ門事件（摂政狙撃事件）で総辞職。どちらも大事件に巻き込まれるという不運で短期間での辞任を余儀なくされてしまった。

功労者は勲章をやればいいのです。実務につけると百害を生じます。

山本政権のころの出来事

西暦	年号	首相	重要事項
1913	大正2	桂太郎	1 全国の新聞記者が東京で憲政擁護大会を開く
			2 尾崎行雄が議会で特権内閣弾劾演説を行う。議会停会で新聞社・交番襲撃事件がおこる(大正政変)
		山本権兵衛	2 桂内閣が倒れ、山本内閣が成立する
			12 立憲同志会結成(総裁加藤高明)
1914	3		1 ジーメンス事件(海軍収賄事件)が発覚する
			2 憲政擁護大会が開かれる(日比谷公園の国民大会で藩閥根絶、海軍粛正を決議)
		大隈重信	4 大隈内閣成立(3月の山本内閣の総辞職を受けて)
			6 オーストリア皇位継承者がセルビア人青年に暗殺される(サラエボ事件)
			7 オーストリアがセルビアに宣戦布告し、第一次世界大戦の勃発。翌月、日本参戦
1915	4		1 日本政府が中国袁世凱政権に対華21か条要求を示す
			5 中国が日本の21か条要求を受け入れる(中国では国恥記念日となる)
			8 第1回全国中等学校優勝野球大会(現・全国高等学校野球選手権大会)が開催
1916	5		1 吉野作造が憲政の本義を説き民本主義を唱える(「中央公論」1月号)
			3 アインシュタインが一般相対性理論を発表
		寺内正毅	10 大隈内閣総辞職。寺内内閣の成立(超然官僚内閣)。憲政会結成(総裁加藤高明)

山本権兵衛内閣の顔ぶれ

山本権兵衛内閣成立　大正2年2月20日

内閣総理大臣	山本権兵衛	→大3.3.6—	奥田義人
外務大臣	牧野伸顕	文部大臣	奥田義人
内務大臣	原 敬	→大3.3.6—	大岡育造
大蔵大臣	高橋是清	農商務大臣	山本達雄
陸軍大臣	木越安綱	通信大臣	元田 肇
	→大2.6.24—楠瀬幸彦	内閣書記官長	山之内一次
海軍大臣	斎藤 実	法制局長官	岡野敬次郎
司法大臣	松田正久	→大2.9.20—	倉富勇三郎
	→大2.11.11—奥田義人(臨兼)	備考　(臨兼)＝臨時兼務を示す。	

鹿児島

199

第12・14代 西園寺公望
さい おん じ きん もち

在職 1400 日

【在任期間】第1次・1906年1月7日〜1908年7月14日
第2次・1911年8月30日〜1912年12月21日

就任時の年齢・56歳

●**生没年**
1849年12月7日〜
1940年11月24日（91歳没）

●**出生地**　山城国京（現・京都市）

●**出身校**　ソルボンヌ大学

●**最後の元老**
1924年、松方正義が死去し「最後の元老」に。「元老」とは、戦前にあって天皇の命令で任命された法律外の存在だが、政府の最高首脳であった。憲法に規定はないが次期首相を決める力をもっていた。
第1次桂内閣以降「元老」が総理大臣となることはなくなった。西園寺の死後、「元老」の制度も消滅。

●**ルイ・ヴィトン**
大山巌、後藤象二郎らとともにルイ・ヴィトンの日本人顧客となった最初の人。

●**一流品**
衣類はもちろん、日本酒は灘、ぶどう酒はフランス、葉巻はハバナなど、つねに一流品を愛用。

いやしくも大命を拝して宰相となるならば、鼻で三斗の酢を飲むの苦を味わう覚悟がなければ宰相たるの資格はない。

200

西園寺政権のころの出来事

西暦	年号	首相	重要事項
1910	明治43	桂太郎	5 大逆事件がおこり幸徳秋水らが捕らえられる
			8 韓国併合、9月、京城に総督府(初代総督は寺内正毅)をおく
1911	44		2 日米新通商航海条約調印。条約改正が完成し関税自主権を取得する
			6 平塚らいてうが青鞜社をつくり女性解放運動を始める
			7 南北朝正閏問題がおこり、南朝を正統と定める
		西園寺公望	8 第2次桂内閣が総辞職し、第2次西園寺内閣に
			10 辛亥革命がはじまる
			12 東京市電1,000人の大ストライキが行われる。ノルウェーの探検家アムンゼンが人類史上はじめて南極点への到達に成功
1912	45		1 イギリスの探検家スコットが南極点に到達。日本の白瀬探検隊が南緯80度まで到達
			3 第2次西園寺内閣が普通選挙法を提出し、衆議院を通過したが、貴族院で否決
			7 明治天皇崩御。「大正」と改元
	大正元		11 西園寺内閣は軍備拡張計画の延期をはかるが、陸軍相の辞職などによって総辞職(12月)
		桂太郎	12 山県有朋の推挙により、第3次桂内閣成立する。第1次憲政擁護運動がおこる
1913	2		1 全国の新聞記者が東京で憲政擁護大会を開く

京都

西園寺公望内閣の顔ぶれ

西園寺公望内閣成立 明治39年1月7日

内閣総理大臣	西園寺公望	→明41.3.25—千家尊福	
外務大臣	加藤高明	文部大臣	西園寺公望(臨兼)
	→明39.3.3—西園寺公望(臨兼)		→明39.3.27—牧野伸顕
	→明39.5.19—林 董	農商務大臣	松岡康毅
内務大臣	原 敬	通信大臣	山県伊三郎
大蔵大臣	阪谷芳郎		→明41.1.14—原 敬(兼)
	→明41.1.14—松田正久(兼)		→明41.3.25—堀田正養
	→明41.3.25—松田正久	内閣書記官長	石渡敏一
陸軍大臣	寺内正毅		→明41.1.4—南 弘
海軍大臣	斎藤 実	法制局長官	→明39.1.13—岡野敬次郎
司法大臣	松田正久	備考 (兼)=兼任、(臨兼)=臨時兼任を示す。	

桂 太郎
かつら たろう

在職 2886 日

【在任期間】第 1 次・1901 年 6 月 2 日〜1906 年 1 月 7 日
第 2 次・1908 年 7 月 14 日〜1911 年 8 月 30 日
第 3 次・1912 年 12 月 21 日〜1913 年 2 月 20 日

総理在職日数 2886 日は 2019 年 11 月、安倍内閣が追い抜くまで歴代 1 位だった。

●生没年
1848 年 1 月 4 日〜
1913 年 10 月 10 日（65 歳没）

●出生地
長門国阿武郡萩町
（現・山口県萩市）

●桂園時代
首相就任以後、西園寺公望と交代で首相を務め「桂園時代」と呼ばれた。

●戦前の最長と最短命の内閣
首相在任期間は史上最長だが、第 3 次桂内閣は在任 62 日と戦前の史上最短命政権。ちなみに第 1 次桂内閣は 4 年半続き、戦前の最長内閣を記録。

●ニックネーム
「ニコポン宰相」
ニコニコしながら肩をポンとたたいて相手の気持ちをつかむ。
「巨頭公」
大きな頭が特徴で、死後解剖したところ、脳の目方が成人男子の平均を 250 グラム上回る 1600 グラムもあった。

一日に十里の路を行くよりも、十日に十里行くぞ楽しき

桂太郎内閣の顔ぶれ

桂太郎内閣成立　明治34年6月2日

内閣総理大臣	桂 太郎
外務大臣	曾禰荒助（臨兼）
	→明34.9.21─小村寿太郎
内務大臣	内海忠勝
	→明36.7.15─児玉源太郎（兼）
	→明36.10.12─桂 太郎（兼）
	→明37.2.20─芳川顕正
	→明38.9.16─清浦奎吾（兼）
大蔵大臣	曾禰荒助
陸軍大臣	児玉源太郎（兼）
	→明35.3.27─寺内正毅
海軍大臣	山本権兵衛
司法大臣	清浦奎吾
	→明36.9.22─波多野敬直
文部大臣	菊池大麓
	→明36.7.17─児玉源太郎（兼）
	→明36.9.22─久保田 譲
	→明38.12.14─桂 太郎（兼）
農商務大臣	平田東助
	→明36.7.17─清浦奎吾（兼）
	→明36.9.22─清浦奎吾
逓信大臣	芳川顕正
	→明36.7.17─曾禰荒助（兼）
	→明36.9.22─大浦兼武
内閣書記官長	柴田家門
法制局長官	奥田義人
	→明35.9.26─一木喜徳郎

備考　（兼）＝兼任、（臨兼）＝臨時兼任を示す。

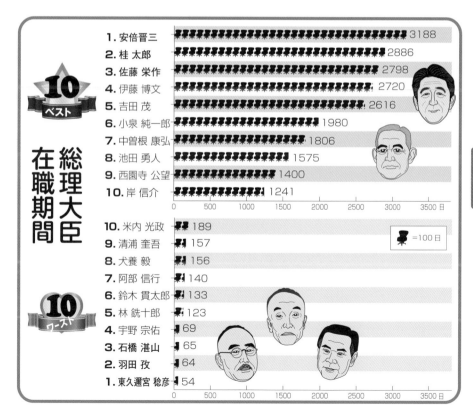

総理大臣 在職期間

10 ベスト

1. 安倍晋三　3188
2. 桂 太郎　2886
3. 佐藤 栄作　2798
4. 伊藤 博文　2720
5. 吉田 茂　2616
6. 小泉 純一郎　1980
7. 中曽根 康弘　1806
8. 池田 勇人　1575
9. 西園寺 公望　1400
10. 岸 信介　1241

10 ワースト

10. 米内 光政　189
9. 清浦 奎吾　157
8. 犬養 毅　156
7. 阿部 信行　140
6. 鈴木 貫太郎　133
5. 林 銑十郎　123
4. 宇野 宗佑　69
3. 石橋 湛山　65
2. 羽田 孜　64
1. 東久邇宮 稔彦　54

🪑 ＝100日

山口

桂政権のころの出来事

西暦	年号	首相	重要事項
1901	明治 34	伊藤博文	2 官営八幡製鉄所の第一高炉に火が入る
			5 安部磯雄・片山潜・幸徳秋水らが社会民主党を結成、直ちに禁止される
		桂太郎	6 伊藤内閣が増税案を提出して貴族院と衝突。伊藤内閣は倒れ、第 1 次桂内閣が成立する
			12 田中正造が足尾鉱毒事件で天皇に直訴をはかる
1902	35		1 日英同盟締結
			12 桂内閣が海軍拡張計画のための地租増徴案で衆議院と衝突、これを解散する
1903	36		4 「万朝報」紙が対露非戦論を展開
			11 第 1 回早慶対抗野球試合、三田の慶応グランドで開催
			12 桂内閣が外交問題でまた衆議院を解散
			ライト兄弟初の動力飛行に成功
1904	37		2 日露戦争がおこり、議会は政府に全面協力
			9 与謝野晶子「君死にたまふこと勿れ」を発表(「明星」9 月号)
			12 日本軍、旅順の二〇三高地を占領。旅順開城へ
1905	38		1 ロシア革命おきる(血の日曜日事件)
			5 日本海海戦、日本海軍、ロシアのバルチック艦隊を破る
			9 ポーツマス条約(日露講和条約)締結。日比谷焼き打ち事件おきる
1906	39	西園寺公望	1 桂内閣が倒れ、第 1 次西園寺内閣が成立
			堺利彦らが日本社会党を結成(翌年禁止)
			以後 1913 年まで長州藩閥桂太郎と政友会総裁西園寺公望が交互に内閣を組織する(桂園時代)
			8 関東都督府の設置(旅順)
			11 南満州鉄道株式会社設立(初代総裁は後藤新平)
1907	38		2 足尾銅山で大ストライキ勃発
			6 樺太庁開庁。足尾鉱毒問題で遊水池設置を栃木県谷中村に強制執行
1908	41	桂太郎	7 西園寺内閣が赤旗事件(6 月)などの影響から総辞職。桂内閣が成立
			10 米フォード社が T 型自動車を発売
			12 東洋拓殖株式会社、漢城(後の京城)に設立
1909	42		8 東京市(市長、尾崎行雄)からワシントン市に桜苗木 2000 本の寄贈を決定

伝説の実力者 ④ 睦奥宗光（むつむねみつ）

【衆議院在籍期間】1890年7月1日〜1891年12月25日

明治の外交官。坂本竜馬の海援隊に加わって活躍。不平等条約の改正に尽くす一方、日清戦争を外相として主導。晩年は総理大臣を目指したが持病の肺病で挫折。

政治はアートなり、サイエンスにあらず。

●生没年
1844年8月20日〜
1897年8月24日（53歳没）

●出生地　紀伊国和歌山（現・和歌山市）

●出身校　神戸海軍操練所

●初当選
和歌山県第1区衆議院議員・当選1回。
山県内閣、松方内閣で農商相。
第2次伊藤内閣で外相。

●趣味
政治以外の趣味はほとんどもたず。病床に伏しても常に政治のことを考えていたという。

●陸奥亮子
妻、亮子は「ワシントン社交界の華」と呼ばれるほど美貌の女性として有名。宗光がアメリカ大使として渡米した時、アメリカ人もその美貌に驚いたという。

●蹇蹇録（けんけんろく）
「蹇蹇録」とは、陸奥宗光が日清戦争を中心とする外交政略を記述したもので1892（明治25）年から執筆を開始。外務省の機密文書を引用しているため長く非公開とされていたが、1929（昭和4）年に初めて公刊された。

第**8・17**代 <ruby>大隈重信<rt>おおくましげのぶ</rt></ruby>

在職 1040 日　【在任期間】第 1 次・1898 年 6 月 30 日〜1898 年 11 月 8 日
　　　　　　　　　第 2 次・1914 年 4 月 16 日〜1916 年 10 月 9 日

就任時の年齢・60 歳
東京専門学校（現・早稲田大学）
創立者。

●**生没年**
1838 年 3 月 11 日〜
1922 年 1 月 10 日（83 歳没）

●**出生地**
肥前国佐賀（現・佐賀県佐賀市）

●**出身校**
佐賀藩蘭学寮

●**最高齢記録**
総理大臣退任時の年齢は満 78 歳
6 か月。日本の歴代総理大臣中最
高齢の記録。

●**日本初の始球式**
1908 年、アメリカ大リーグ選抜チ
ームが来日、早稲田大学との親善
試合が行われ、このとき始球式をつ
とめたのが大隈重信で、記録に残
る日本での最初の始球式だった。
大隈の投球はストライクゾーンから大
きく外れたボール球だったが、総長
に恥をかかせてはいけないとの思い
から、打者はわざと空振りをしてスト
ライクに。これ以降、始球式では、
どんな球でも敬意を表して空振りをす
る習慣が生まれたという。

●**ニックネーム**
「ザル碁の大隈」
手数は多いが脇の甘い性格から。

〜であるんである。

有名な口癖。

西暦	年号	首相	重要事項
1897	明治30	松方正義	7 労働組合期成会が結成される
			10 貨幣法が施行され、金本位制が確立する
			朝鮮の国号が大韓と定められる
			12 内閣不信任案が提出され、衆議院は解散。松方内閣も総辞職
1898	31	伊藤博文	1 第3次伊藤内閣が成立
		大隈重信	6 自由・進歩両党が合同して憲政党を結成。憲政党の隈板内閣が成立する(はじめての政党内閣)
			7 台湾総督府の設立を決める
		山県有朋	11 隈板内閣が倒れ、山県内閣が成立。憲政党が分裂して憲政党・憲政本党となる
			12 地租改正条例改正、増税案を可決
1899	32		5 第1回ハーグ国際平和会議開催
			9 アメリカが中国の門戸開放を求める
1900	33		3 治安警察法を公布する。衆議院議員選挙法を改正(選挙権の納税資格を直接国税10円に減額)
			6 義和団が「扶清滅洋」を唱えて、列強の北京公使館を包囲(北清事変)
			8 義和団の鎮圧に8か国連合軍が北京に侵入
			9 伊藤博文が立憲政友会を組織し憲政党を吸収
		伊藤博文	10 第4次伊藤内閣が成立する
1901	34		2 官営八幡製鉄所の第一高炉に火が入る
			5 安部磯雄・片山潜・幸徳秋水らが社会民主党を結成、直ちに禁止される

大隈重信内閣の顔ぶれ

大隈重信内閣成立　明治31年6月30日

内閣総理大臣	**大隈重信**		→明 31.10.27—**犬養 毅**
外務大臣	**大隈重信**(兼)	農商務大臣	**大石正巳**
内務大臣	**板垣退助**	逓信大臣	**林 有造**
大蔵大臣	**松田正久**	内閣書記官長	→明 31.7.7—**武富時敏**
陸軍大臣	**桂 太郎**	法制局長官	→明 31.7.27—**神鞭知常**
海軍大臣	**西郷従道**		
司法大臣	**大東義徹**	備考	
文部大臣	**尾崎行雄**	(兼)= 兼任を示す。	

佐
賀

207

板垣退助
いたがきたいすけ

国民的人気が高く、自由民権運動の推進者として知られる。後に大隈重信とともに日本最初の政党内閣を組織した。

自由党総理。第2次伊藤内閣、第2次松方内閣、第1次大隈内閣で内務大臣。

> 板垣死すとも
> 自由は死せず

●生没年
1837年5月21日〜
1919年7月16日（82歳没）

●出生地　土佐国高知（現・高知市）

●趣味　日本刀の収集

●隈板（わいはん）内閣
1898（明治31）年、対立していた大隈重信の進歩党と合同して憲政党を組織、日本初の政党内閣である大隈内閣で内務大臣として入閣。そのためこの内閣は大隈の「隈」と板垣の「板」を合わせて隈板（わいはん）内閣と呼ばれた。

●岐阜事件
1882（明治15）年岐阜で遊説中、暴漢に襲われて負傷。この時に「板垣死すとも自由は死せず」と言ったといわれているが、事実であるかは不明。
「痛くてたまらんから病院に連れていってくれ」と言ったという説もある。

●紙幣
戦後、政府紙幣の50銭札、日本銀行券の100円札に肖像が使われている。

Q1　次の4人の歴代内閣総理大臣で、通算在任日数が一番長かったのは誰でしょう?

A伊藤博文

B桂太郎

C吉田茂

D佐藤栄作

Q2　「三角大福」といわれたこの4人の歴代内閣総理大臣のうち、一番最後に総理大臣になったのは誰でしょう?

A三木武夫

B田中角栄

C大平正芳

D福田赳夫

Q3　次の4人の歴代内閣総理大臣のうち、知事を経験したことがあるのは誰でしょう?

A宮沢喜一

B細川護熙

C村山富市

D小泉純一郎

Q4　次の4人の歴代総理大臣で、父親も総理大臣だったのは誰でしょう?

A安部晋三

B福田康夫

C麻生太郎

D鳩山由紀夫

第4・6代 松方正義
まつかたまさよし

在職 943 日

【在任期間】第 1 次・1891 年 5 月 6 日～1892 年 8 月 8 日
第 2 次・1896 年 9 月 18 日～1898 年 1 月 12 日

就任時の年齢・56 歳
日本銀行の創立、金本位制度の確立など財政指導者として功績を残した。

● 生没年
1835 年 3 月 23 日～
1924 年 7 月 2 日（89 歳没）

● 出生地
薩摩国（現・鹿児島県）

● 出身校
造士館

● 人物
温厚、八方美人。明治・大正天皇の信頼が厚かったと言われている。松方が報告に行くと、異例の長時間になった。

● ニックネーム
首相の指導力を発揮するどころか、コロコロ意見を変えることから「後入斉」と呼ばれた。

● 子沢山
明治天皇が、何人の子供がいるか尋ねられた際、返答につまって、「後日調査の上ご報告申し上げます」と答えたというエピソードは有名。

● 松方デフレ
1896 年、第 2 次松方内閣で金本位制を確立。政府発行の不換紙幣の整理など改革を断行し、深刻なデフレを招き「松方デフレ」と呼ばれた。

我に奇策あるに非ず唯正直あるのみ

西暦	年号	首相	重要事項
1891	明治24	山県有朋	1 内村鑑三の不敬事件おきる
		松方正義	5 大津事件おきる(巡査がロシア皇太子を襲う)
			12 第2議会で軍艦建造案などの重要議案をことごとく否決、議会を解散
1892	25		2 第2回衆議院議員総選挙(官民が衝突、品川内相の選挙干渉が非難される)
		伊藤博文	8 第3議会で松方内閣総辞職、伊藤内閣成立
1893	26		2 第4議会で建艦費を削り、内閣不信任案を提出して可決
			12 第5議会で官紀振粛の上奏案を可決し、軟弱外交政策を非難(議会を解散)
1894	27		4 甲午農民戦争の勃発
			6 政府の内治外交に対する弾劾上奏案を可決
			7 条約改正が成功し(日英通商航海条約調印)、治外法権を撤廃
			8 日清戦争がはじまる。民党は政府に全面協力する
1895	28		4 下関条約が締結される。三国干渉によって遼東半島を清国に還付する
			8 台湾総督府の設置、軍政実施
			10 日本公使の三浦梧楼が朝鮮の閔妃を殺害。反日感情高まる(この年はコレラが大流行)
1896	29		4 民法第1・2・3編が公布される

 松方正義内閣の顔ぶれ

松方正義内閣成立　明治24年5月6日

内閣総理大臣	松方正義	司法大臣	山田顕義
外務大臣	青木周蔵		→明24.6.1—田中不二麿
	→明24.5.29—榎本武揚		→明25.6.23—河野敏鎌(兼)
内務大臣	西郷従道	文部大臣	芳川顕正
	→明24.6.1—品川弥二郎		→明24.6.1—大木喬任
	→明25.3.11—副島種臣	農商務大臣	陸奥宗光
	→明25.6.8—松方正義(兼)		→明25.3.14—河野敏鎌
	→明25.7.14—河野敏鎌		→明25.7.14—佐野常民
大蔵大臣	松方正義(兼)	逓信大臣	後藤象二郎
陸軍大臣	大山巖	班列	→明24.6.1—大木喬任
	→明24.5.17—高島鞆之助	内閣書記官長	→明24.6.16—平山成信
海軍大臣	樺山資紀	法制局長官	→明24.6.10—尾崎三良

備考　(兼)＝兼任を示す。

鹿児島

第3・9代 山県有朋

<ruby>山<rt>やま</rt></ruby><ruby>県<rt>がた</rt></ruby><ruby>有<rt>あり</rt></ruby><ruby>朋<rt>とも</rt></ruby>

在職 1210 日

【在任期間】第 1 次・1889 年 12 月 24 日～1891 年 5 月 6 日
第 2 次・1898 年 11 月 8 日～1900 年 10 月 19 日

就任時の年齢・51 歳
軍や政界に大きな
影響力を与えた元老。

●生没年
1838 年 6 月 14 日～
1922 年 2 月 1 日（83 歳没）

●出生地
長門国阿武郡川島村（現・山口県萩市）

●出身校
松下村塾

●人物
慎重、神経質。人を信用せず、初対面では、ほとんど口をきかないほどの用心深さ。自分を信任してくれる者には義理堅いところがあり、親近した者とは太い絆で結ばれた。人を見る目、人の動かし方は図抜けていたともいわれる。

●不人気
近代日本の基礎をつくった政治家で、功績も大きいが、物欲・権力欲が強いというイメージのため、国民の人気はなかった。国葬でも、同時期に死去した大隈重信に比べて淋しいものだったと言われる。

●ニックネーム
「日本軍閥の祖」
「キリギリス」風貌から。

わしは一介の武<ruby>弁<rt>ぶべん</rt></ruby>

山県政権のころの出来事

西暦	年号	首相	重要事項
1888	明治21	黒田清隆	4 市制・町村制を制定する 宮中に枢密院をおき議長に伊藤博文。黒田内閣の成立
			6 枢密院で憲法草案の審議を開始
1889	22		2 大日本帝国憲法が発布される。皇室典範を制定、衆議院議員 選挙法・貴族院令を公布
			7 東海道線(新橋 - 神戸間)開通
		山県有朋	12 黒田首相が辞表提出(10月)、山県内閣が成立
1890	23		1 自由党の結党式(5月には愛国公党が結党)
			4 民法財産編などを公布
			5 府県制・郡制を制定し3府43県とする
			7 第1回衆議院議員総選挙
			9 愛国公党・自由党・大同倶楽部が合体して立憲自由党を結成 (党首板垣退助)
			10 教育勅語が発布される
			11 第1回帝国議会開催。山県内閣提出の次年度予算を大削減
1891	24		1 内村鑑三の不敬事件おきる
		松方正義	5 大津事件おきる(巡査がロシア皇太子を襲う)
			12 第2議会で軍艦建造案などの重要議案をことごとく否決、 議会を解散
1892	25		2 第2回衆議院議員総選挙(官民が衝突、品川内相の選挙干渉 が非難される)
		伊藤博文	8 第3議会で松方内閣総辞職、伊藤内閣成立

山
口

山県有朋内閣の顔ぶれ

山県有朋内閣成立　明治22年12月24日

内閣総理大臣	**山県有朋**	→明23.5.17—**芳川顕正**
外務大臣	**青木周蔵**	農商務大臣　**岩村通俊**
内務大臣	**山県有朋**(兼)	
	→明23.5.17—**西郷従道**	→明23.5.17—**陸奥宗光**
大蔵大臣	**松方正義**	逓信大臣　**後藤象二郎**
陸軍大臣	**大山 巌**	班列　**大木喬任**
海軍大臣	**西郷従道**	内閣書記官長　→明22.12.26—**周布公平**
	→明23.5.17—**樺山資紀**	法制局長官　**井上 毅**
司法大臣	**山田顕義**	備考
文部大臣	**榎本武揚**	(兼)=兼任を示す。

213

黒田清隆
くろ　だ　きよたか

在職 **544** 日 【在任期間】1888 年 4 月 30 日～1889 年 10 月 25 日

政府は超然として政党の外に立つ。
（ちょうぜん）

就任時の年齢・47 歳

●**生没年**
1840 年 11 月 9 日～
1900 年 8 月 23 日
（59 歳没）

●**出生地**
薩摩国鹿児島郡新屋敷通町
（現・鹿児島市）

●**薩摩閥の代表**
伊藤博文と山県有朋が長州閥のトップに
立ったように、黒田は薩摩閥のトップに。
伊藤の後に総理になったのは、長州の
後は薩摩に、という配慮のためとされて
いる。

●**酒乱伝説**
普段は慎重で、むしろ温かい人柄だった
らしいが、酔うと一転、ピストルを持ちだ
して怒鳴りちらしたり、友人宅だろうが日
本刀を振り回す酒乱ぶり。1878 年の
夫人・清の死去は「黒田が酔って妻を斬
り殺したのではないか」という噂まで立っ
た。酔っぱらって政敵である井上馨邸に
忍び込んだこともある。

星 亨
(1850 ～ 1901)

1892（明治25）年、衆議院議員に当選、衆議院議長に就任。隈板内閣で外相として入閣予定だったが、大隈重信と対立、憲政党を分裂させた。伊藤博文と結んで立憲政友会に勢力を張る。第4次伊藤内閣の逓相に就任するが、収賄事件により辞任。1901（明治34）年東京市会議長在職中に暗殺される。剛腕政治で名前の「ほしとおる」にかけて「おし通る」と言われ、あらゆる疑獄、疑惑に関わり「公盗の巨魁」と呼ばれた。

小村寿太郎
(1855 ～ 1911)

明治時代を代表する外交官。1901（明治34）年、第1次桂内閣の外相となり、日英同盟に調印。日露戦争後、ポーツマス講和会議首席全権としてポーツマス条約に調印、日露戦争を終結へ導く。1908年、第2次桂内閣の外務大臣に再任。1911年、日米通商航海条約を調印し関税自主権の回復を果たした。父親による借財のため、生涯を通じ返済に苦労したと言われ、雨の日は傘がないから濡れて歩き、もらいタバコをうれしそうに吸ったと伝えられる。その容貌とすばやい行動力からニックネームが「ねずみ公使」。

尾崎行雄
(1858 ～ 1954)

1890（明治23）年、第1回総選挙に当選し、1953（昭和28）年の総選挙で落選するまで63年間連続25回当選した。文相、東京市長、司法相などを歴任。1912（大正元年）年の第1次護憲運動では、第3次桂内閣打倒に奔走、犬養毅と共に「憲政の神様」と呼ばれた。1960年代にプロ野球、東映フライヤーズの投手として活躍した尾崎行雄は、政治家・尾崎行雄にあやかって同じ名を付けられた。

黒田清隆内閣の顔ぶれ

黒田清隆内閣成立　明治21年4月30日

内閣総理大臣	黒田清隆 →明22.10.25 辞任 →明22.10.25─三条実美（兼）	農商務大臣	榎本武揚（臨兼） →明21.7.25─井上 馨 →明22.12.23
外務大臣	大隈重信	逓信大臣	榎本武揚
内務大臣	山県有朋		→明22.3.22─後藤象二郎
大蔵大臣	松方正義	班列	伊藤博文
陸軍大臣	大山 巌		→明22.10.30
海軍大臣	西郷従道	内閣書記官長	→明21.5.28─小牧昌業
司法大臣	山田顕義	法制局長官	井上 毅
文部大臣	森 有礼 →明22.2.12 →明22.2.16─大山 巌（臨兼） →明22.3.22─榎本武揚	備考 （兼）＝ 兼任、（臨兼）＝臨時兼務を示す。	

鹿児島

伊藤・黒田政権のころの出来事

西暦	年号	首相	重要事項
1881	明治14		10 国会開設の詔を発して、10年後に国会を開くことにする（明治14年政変）
			11 板垣退助が自由党を結成する
1882	15		3 伊藤博文が憲法・制度の調査のために渡欧する（翌年帰国）上野動物園開園、上野博物館開館
			4 大隈重信が立憲改進党を結成する
			10 日本銀行創設、営業開始
1883	16		11 鹿鳴館が日比谷に完成
1884	17		3 宮中に制度取調局をおく（憲法起草）
			7 華族令を定める（公侯伯子男の5爵）
			10 埼玉県秩父地方の農民が蜂起（秩父事件）
			12 甲申事変（金玉均ら朝鮮王宮を占拠）おきる
1885	18		9 坪内逍遥が『小説神髄』を刊行
		伊藤博文	12 太政官制を廃し、内閣制度を実施する。伊藤博文が内閣総理大臣に就任
1886	19		4 学校令の公布（小学校・中学校・師範学校）
			10 英ノルマントン号が紀州沖で沈没。日本人乗客全員死亡（ノルマントン号事件）
1887	20		10 後藤象二郎らが大同団結運動をおこす
			12 保安条例が公布され尾崎行雄が皇居3里外へ追放される
1888	21	黒田清隆	4 市制・町村制を制定する 宮中に枢密院をおき議長に伊藤博文。黒田内閣の成立
			6 枢密院で憲法草案の審議を開始
1889	22		2 大日本帝国憲法が発布される。皇室典範を制定、衆議院議員選挙法・貴族院令を公布
			7 東海道線（新橋‐神戸間）開通
		山県有朋	12 黒田首相が辞表提出（10月）、山県内閣が成立
1890	23		1 自由党の結党式（5月には愛国公党が結党）
			4 民法財産編などを公布
			5 府県制・郡制を制定し3府43県とする
			7 第1回衆議院議員総選挙
			9 愛国公党・自由党・大同倶楽部が合体して立憲自由党を結成（党首板垣退助）
			10 教育勅語が発布される
			11 第1回帝国議会開催。山県内閣提出の次年度予算を大削減

伝説の実力者 ❻ 井上 馨（いのうえ かおる）

黒田内閣で農相、第2次伊藤内閣で内相、第3次伊藤内閣で蔵相などを歴任、引退後も元老として政財界に大きな影響力を与えた。

> これからの総理は赤電報（外国電報）が読めなくてはダメだ。

●生没年
1836年1月16日〜1915年9月1日（79歳没）

●出生地
周防国湯田村（現・山口県山口市）

●性格
一旦惚れ込んだ人には満身の誠意を傾注して世話をやいた。世話好き。

●幻の井上内閣
第4次伊藤内閣退陣後、大命降下を受けて総理大臣に就任する予定になっていたが、渋沢栄一が蔵相就任を断ったため辞退。桂太郎にその地位を譲った。

●帝国ホテル
1890（明治23）年当時外相の井上馨の提案により、近代化の進む日本を世界に認めさせる象徴として建設された。

●鹿鳴館
1883（明治16）年日本の欧化主義の最先端として「鹿鳴館」を建設。井上馨の欧化政策の象徴的存在となった。

●遺書
ほぼ毎年、遺言書を更新していた。

第1・5・7・10代 伊藤博文

いとうひろふみ

在職 2720 日

【在任期間】第 1 次・1885 年 12 月 22 日〜1888 年 4 月 30 日

第 2 次・1892 年 8 月 8 日〜1896 年 8 月 31 日／第 3 次・1898 年 1 月 12 日〜

1898 年 6 月 30 日／第 4 次・1900 年 10 月 19 日〜1901 年 5 月 10 日

就任時の年齢・44 歳

幕末の長州藩士、明治時代を代表する政治家。アジア最初の立憲体制の生みの親。

●**生没年**

1841 年 10 月 16 日〜

1909 年 10 月 26 日(68 歳没)

●**出生地**

周防国熊毛郡束荷村

(現・山口県光市)

●**出身校**

松下村塾

●**芸者好き**

「公務の余暇に芸者を相手にするのが何よりの楽しみ」と公言するほどの女好き。酒席には必ず芸者をはべらせ、同席した芸者は複数モノにした。40 度の高熱でうなされている時でも両側に芸者ふたりをはべらせたという。

●**千円札の肖像**

1963 年、偽札が横行したため、新千円札を発行。新たな肖像の候補に伊藤博文と渋沢栄一が挙がったが、ヒゲをたくわえた人物の方が良いと言うことで伊藤博文が選ばれた。千円札の肖像に敗れた渋沢栄一だが、2024 年に発行予定の新紙幣の一万円札の肖像に決定。紙幣の値段では伊藤博文に勝った。

大いに屈する人を恐れよ、いかに剛にみゆるとも、言動に余裕と味のない人は大事をなすにたらぬ。

三条実美
(1837 ～ 1891)

幕末・明治前期の公家・政治家。1871（明治4）年、太政大臣に就任、1885（明治18）年の太政官制廃止まで務めた。内閣制度創設後は内大臣となり、1889（明治22）年、黒田清隆内閣崩壊の際に一時内閣総理大臣を兼任。天皇陛下が次の山県有朋に組閣の大命を下したのは2か月後だったため、この期間はひとつの内閣が存在したものとして、「三条暫定内閣」と呼ぶことになった。

後藤象二郎
(1838 ～ 1897)

幕末の武士（土佐藩士）、明治時代の政治家。坂本竜馬とともに大政奉還の実現に尽力した。明治には政治家として活躍。1889（明治22）年、黒田内閣の通信相。その後、第1次山県、第1次松方各内閣に留任。第2次伊藤内閣の農商務相時、収賄事件の責任をとって辞任。日本人で初めてルイ・ヴィトンの製品を愛用した人物。

青木周蔵
(1844 ～ 1914)

1886（明治19）年、第1次伊藤内閣の外務次官。以後、第1次山県、第1次松方内閣で外相を歴任。1894（明治27）年、駐英公使として陸奥宗光外相と条約改正に尽力、日英通商航海条約改正に成功した。第2次山県内閣時は外相として北清事変に対処した。

伊藤博文内閣の顔ぶれ

伊藤博文内閣成立　明治18年12月22日

内閣総理大臣	伊藤博文	農商務大臣	谷 干城
外務大臣	井上 馨		→明20.7.26—土方久元
	→明20.9.17—伊藤博文（兼）		→明20.9.17—黒田清隆
	→明21.2.1—大隈重信	通信大臣	榎本武揚
内務大臣	山県有朋		
大蔵大臣	松方正義	内閣書記官長	田中光顕（兼）
陸軍大臣	大山 巌	法制局長官	→明18.12.23—山尾庸三（兼）
海軍大臣	西郷従道		→明21.2.7—井上 毅
司法大臣	山田顕義		
文部大臣	森 有礼	備考　（兼）＝兼任，（臨兼）＝臨時兼務を示す。

219

歴代内閣総理大臣の初就任時の年齢

最年少 10ベスト

順位	代		氏名	年齢
1位	1代		伊藤 博文	44歳
2位	34代		近衛 文麿	45歳
3位	2代		黒田 清隆	47歳
4位	9代		山県 有朋	51歳
5位	90代		安倍 晋三	52歳
6位	11代		桂 太郎	53歳
7位	64代		田中 角栄	54歳
7位	95代		野田 佳彦	54歳
9位	79代		細川 護熙	55歳
10位	6代		松方 正義	56歳
10位	12代		西園寺 公望	56歳

最年長 10ベスト

順位	代		氏名	年齢
1位	42代		鈴木 貫太郎	77歳
2位	29代		犬養 毅	76歳
3位	44代		幣原 喜重郎	73歳
3位	30代		斎藤 実	73歳
3位	23代		清浦 奎吾	73歳
6位	78代		宮沢 喜一	72歳
6位	55代		石橋 湛山	72歳
7位	91代		福田 康夫	71歳
7位	67代		福田 赳夫	71歳
7位	52代		鳩山 一郎	71歳
7位	35代		平沼 騏一郎	71歳
7位	99代		菅 義偉	71歳

209頁 実力テストの解答

Q1 総理通算在任日数が一番長かったのはだれ？
　　正解　B 桂太郎
　　桂太郎　2886日／佐藤栄作　2798／伊藤博文　2761／吉田茂　2616日。
　　ちなみに総理在任期間最長記録は安倍晋三の3188日

Q2 「三角大福」で最後に総理大臣になったのはだれ？
　　正解　C 大平正芳
　　田中角栄→三木武夫→福田赳夫→大平正芳の順に総理大臣に。

Q3 知事を経験した総理大臣はだれ？
　　正解　B 細川護熙
　　1983年から熊本県知事を2期務めた。

Q4 父親も総理大臣だったのはだれ？
　　正解　B 福田康夫
　　父親は第67代総理大臣の福田赳夫。ともに就任時の年齢は71歳。

おしまいに

「覚えておきたい総理の顔100」いかがだったでしょうか？

　「覚えておきたい総理の顔」が最初に発売されたのは民主党政権時代の2012年8月でした。当時は総理大臣が約1年のサイクルでコロコロと交代し、まるで年中行事のようになっているとあとがきに書きました。
　その4年後、A5サイズの「覚えておきたい総理の顔スマート版」として刊行。当時は、政権に返り咲いた安倍内閣が長期政権を維持。その後、2020年9月に辞職するまで連続在任日数が大叔父である佐藤栄作を超えて歴代最長を記録しました。
　そして今回、記念すべき第100代内閣総理大臣が誕生したということで、新たに「覚えておきたい総理の顔100」が出来上がりました。
　この本が完成されるまでの間、歴代総理大臣、政治家の皆さんのさまざまな語録、エピソードなどを調べて、小さなノートに書き続けてきました。歴代総理の似顔絵も、恐れず、ひるまず、とらわれず、新たに描きました。おかげさまで「覚えておきたい総理の顔100」は、より読みやすく、より面白く、よりパワーアップした最高の一冊になりました。私はウソは申しません。

　幼少の頃から政治家の人間観察が大好きで、最初に覚えた田中角栄、三木武夫、福田赳夫、大平正芳など、総理大臣の似顔絵を学校の教科書なんかに描いて遊んでいました。そのうち、ほかの政治家も覚えるようになり、三木武吉（みきぶきち）、大野伴睦（おおのばんぼく）、緒方竹虎（おがたたけとら）といった、私が生まれる前に活躍された政治家の名前の響きにはまったり、政治の政策とかよりも「角福戦争」「加藤の乱」といった派閥争いや権力闘争が面白くて、ますます政治家のキャラクターにはまっていきました。
　将来、仕事で政治家の似顔絵を描いたりするとはまったく思ってもみませんでしたが、こうして歴代総理大臣の似顔絵をこのような立派な本にまでしていただいて、大変うれしく思っている次第です。
　出版の機会を与えてくださいました清水書院の中沖栄さん、中村雅芳さん、アルベルト高野さん、清水書院の皆さん、その他たくさんの方々、そして、この本を手にとってくださったステキな皆様、本当にありがとうございました。心から感謝しています。

本間康司

●主な参考文献
「素顔の宰相　日本を動かした政治家83人」 冨森叡児／著　朝日ソノラマ
「総理の値打ち」 福田和也／著　文藝春秋
「ビジュアル版・人間昭和史　政界の首領」 講談社
「図解　宰相列伝　近代日本を築いた50人」 東京新聞編集局編集企画室編　東京新聞出版局
「軍人宰相列伝 山県有朋から鈴木貫太郎まで三代総理実記」 小杉久三／著　光人社
「日本の歴代総理大臣がわかる本」 岩見隆夫／著　三笠書房
「三木武吉」 三木会　大日本印刷株式会社
「365日今日はこんな日」 講談社
「戦後総理の放言・失言」 吉村克己／著　文春文庫
「明治・大正・昭和　近代日本の100人」 世界文化社

★雑誌
「サンデー毎日」毎日新聞社／「週刊読売」読売新聞社／「週刊朝日」朝日新聞社／
「週刊サンケイ」扶桑社

★新聞／読売新聞／毎日新聞／産經新聞／東京新聞／
北海道新聞／山形新聞／信濃毎日新聞／新潟日報／岐阜新聞／北日本新聞／北國新聞／
中国新聞／高知新聞／西日本新聞／大分合同新聞／四国新聞／佐賀新聞／南日本新聞／
沖縄タイムス／その他

その他にもたくさんの文献を参考とさせていただきました。

～ 初代から100代まで ～
歴代内閣総理大臣一覧

初代	伊藤博文	第2代	黒田清隆	第3代	山県有朋	第4代	松方正義	第5代	伊藤博文
第6代	松方正義	第7代	伊藤博文	第8代	大隈重信	第9代	山県有朋	第10代	伊藤博文
第11代	桂太郎	第12代	西園寺公望	第13代	桂太郎	第14代	西園寺公望	第15代	桂太郎
第16代	山本権兵衛	第17代	大隈重信	第18代	寺内正毅	第19代	原敬	第20代	高橋是清
第21代	加藤友三郎	第22代	山本権兵衛	第23代	清浦奎吾	第24代	加藤高明	第25代	若槻礼次郎
第26代	田中義一	第27代	浜口雄幸	第28代	若槻礼次郎	第29代	犬養毅	第30代	斎藤実
第31代	岡田啓介	第32代	広田弘毅	第33代	林銑十郎	第34代	近衛文麿	第35代	平沼騏一郎
第36代	阿部信行	第37代	米内光政	第38代	近衛文麿	第39代	近衛文麿	第40代	東条英機
第41代	小磯国昭	第42代	鈴木貫太郎	第43代	東久邇宮稔彦	第44代	幣原喜重郎	第45代	吉田茂
第46代	片山哲	第47代	芦田均	第48代	吉田茂	第49代	吉田茂	第50代	吉田茂

■ 明治時代	■ 昭和時代（戦前）	■ 平成時代		
■ 大正時代	□ 昭和時代（戦後）	■ 令和時代		

第51代 吉田茂	第52代 鳩山一郎	第53代 鳩山一郎	第54代 鳩山一郎	第55代 石橋湛山
第56代 岸信介	第57代 岸信介	第58代 池田勇人	第59代 池田勇人	第60代 池田勇人
第61代 佐藤栄作	第62代 佐藤栄作	第63代 佐藤栄作	第64代 田中角栄	第65代 田中角栄
第66代 三木武夫	第67代 福田赳夫	第68代 大平正芳	第69代 大平正芳	第70代 鈴木善幸
第71代 中曽根康弘	第72代 中曽根康弘	第73代 中曽根康弘	第74代 竹下登	第75代 宇野宗佑
第76代 海部俊樹	第77代 海部俊樹	第78代 宮沢喜一	第79代 細川護煕	第80代 羽田孜
第81代 村山富市	第82代 橋本竜太郎	第83代 橋本竜太郎	第84代 小渕恵三	第85代 森喜朗
第86代 森喜朗	第87代 小泉純一郎	第88代 小泉純一郎	第89代 小泉純一郎	第90代 安倍晋三
第91代 福田康夫	第92代 麻生太郎	第93代 鳩山由紀夫	第94代 菅直人	第95代 野田佳彦
第96代 安倍晋三	第97代 安倍晋三	第98代 安倍晋三	第99代 菅義偉	第100代 岸田文雄

223

著者略歴

本間康司（ほんま こうじ）

　1968年生まれ、東京都出身。

　1993年から共同通信配信記事のイラストに登場。1998年の小渕内閣から
党執行部の横顔、新閣僚の横顔の似顔絵を担当。

　組閣のイラストでは、組閣当日（共同通信から）入手した写真などを資料に
描いているが、入閣した政治家のなかには、突然髪型を変えたり髪の毛を染め
たりして記者会見に現れ、写真資料とは別人のような人もいるのでびっくり！
する。似てる似てないはともかく、新聞、本、雑誌など、今までに、たぶん
5000人以上の似顔絵を提供。

主な著書

『長嶋語録かるた』（日本テレビ出版　2001年）

『覚えておきたい人と思想100』（清水書院　2014年）

『思い出しクイズ昭和の顔』 前編／後編（清水書院　2015年）

『覚えておきたい幕末・維新の100人＋1』（清水書院　2017年）

『覚えておきたい戦国武将100』（清水書院　2018年）

『覚えておきたいオリンピックの顔』（清水書院　2019年）

『覚えておきたい横綱の顔』（清水書院　2020年）

歴代総理のガイドブック

覚えておきたい 総理の顔100

2021年　10月25日　初版発行

著　者　　本間 康司
　　　　　ほんま こうじ

発行者　　野村 久一郎
発行所　　株式会社 清水書院
　　　　　〒102-0072
　　　　　東京都千代田区飯田橋3-11-6
　　　　　電話 03-(5213)-7151
印刷所　　広研印刷 株式会社
製本所　　広研印刷 株式会社

　　　　　　　　　　定価はカバーに表示
●落丁・乱丁本はお取り替えいたします。

ISBN 978-4-389-50139-6　　　　　　　　Printed in Japan